SMITH · KRISENZEITEN MEISTERN

KEITH UND IRENE SMITH

Krisenzeiten meistern

Überleben in der Zivilisation

PIETSCH VERLAG STUTTGART

Einbandgestaltung: Siegfried Horn, unter Verwendung eines Dias von Adelheid Heine-Stillmark.

Die Originalausgabe ist erschienen bei
Thomas Nelson, Melbourne, Australien,
unter dem Titel: »Hard Times Handbook«

Die Übertragung ins Deutsche besorgte:
Marianne Miehe

ISBN 3-613-50047-7

1. Auflage 1987

Eine Abteilung des Buch- und Verlagshauses Paul Pietsch GmbH & Co. KG.

Gesamtherstellung: Druckerei Jantsch GmbH, 8870 Günzburg.
Printed in Germany.

Inhalt

Vorwort

Überleben und erfolgreich sein

DIE LAGE

Wir erkämpfen uns unseren Weg durch schlechte Zeiten, die die härtesten seit der großen Weltwirtschaftskrise der 30er Jahre sind. Als wir dieses Buch schrieben, waren 738 000 Australier als Arbeitslose registriert - etwa 9,5% aller Arbeitskräfte. Im Jahre 1983 waren über einen Zeitraum von wenigstens acht Wochen mehr als eine Million Menschen ohne Arbeit.

In dem Bestreben, die Wirtschaft anzukurbeln, versicherten Politiker, Wirtschaftler und Geschäftsleute, daß eine Erholung eingetreten sei. Obgleich es stimmt, daß einige große Firmen wie BHP die Gehälter und Gewinne erhöht haben und sich die Grundstückspreise gebessert haben, hat dies nicht viel dazu beigetragen, dem armen Mann auf der Straße zu helfen.

Bei dieser befremdlichen »Erholung« von der Wirtschaftskrise haben wir noch immer einen hohen Anteil an Arbeitslosigkeit, Inflation, Zinsen und Steuern und hohe Defizite der Staats- und Bundesfinanzen, die zusammengefaßt schwere Zeiten bescheren, ob man nun Arbeit hat oder nicht.

- **Arbeitslosigkeit** vertieft die Schlucht zwischen den »Habenden« und »Nichthabenden« und fördert den Klassenunterschied zwischen ihnen.
- **Inflation** mindert die Gehälter, Ersparnisse und Arbeitslosenunterstützung. Das Geld ist weniger wert und seine Kaufkraft geringer.
- **Hohe Zinsen** bedeuten, daß man für Kredite zum Haus-, Auto- oder Haushaltsgegenständekauf mehr zahlen muß.
- **Hohe Steuern** bringen diejenigen um ihre Früchte, die mehr produzieren oder mehr verdienen.
- **Defizite** bedienen sich zukünftiger Gelder (unserer Kinder), um heutige Schulden abzudecken. Dies kann zu einer weiteren, ernsthafteren, wirtschaftlichen Krise führen.

Diese Erholung von der Krise der frühen achtziger Jahre unterscheidet sich von vorangegangenen. Es folgte kein Boom wie bei der Krise der frühen siebziger Jahre infolge des Kreditdrucks aus dem Jahre 1960.

Wir glauben, daß dies eine Veränderung im wirtschaftlichen Gleichgewicht signalisiert, die einen Wechsel in unserer Gesellschaft hervorruft. Regierungen und Wirtschaftler können die Wirtschaft nicht steuern. Wir können aus dem Schuldenberg nicht heraus und uns auch nicht auf einen Wohlstand durch Marktkräfte verlassen.

In den letzten Jahren des 20sten Jahrhunderts wird das Wirtschaftswachstum unweigerlich zurückgehen aufgrund des Versiegens natürlicher Bodenschätze. Wir haben nicht länger das Recht, einen kontinuierlichen Anstieg unseres Lebensstandards zu erwarten. Wir werden noch unsere Scheibe Kuchen in einem großen, reichen Land wie Australien haben, werden diesen Kuchen aber teilen müssen, uns mit einer kleineren Scheibe als bisher begnügen müssen und werden auf uns gestellt sein!

Es sieht nicht so aus, als würde es noch jemals in Australien eine Vollbeschäftigung geben. Wahrscheinlich wird es auf die Dauer eine permanente Arbeitslosigkeit geben, und viele Menschen werden jahrelang ohne Arbeit sein, wie es damals anläßlich der großen Wirtschaftskrise der Fall war. Wir fürchten, daß uns die Regierung einzureden versuchen wird, daß 6% Arbeitslose »normal« sind, wie es in den Vereinigten Staaten geschieht.

Was können wir tun?

Wir haben diesem Problem viele Gedanken gewidmet, und wir sind davon überzeugt, daß wir zu einem zufriedenen Leben beitragen können, egal, wie schlecht die Dinge auch stehen mögen. Wir können unser Leben mit mehr Verantwortung führen, können uns der zentralen Massenverteilung von Nahrungsmitteln und Energie für Licht und Wärme entziehen.

Das Handbuch für Krisenzeiten zeigt, wie man sein Leben am besten gestalten kann, wie man überlebt und erfolgreich sein kann. Wir haben hier die Möglichkeiten zusammengetragen, die das Leben wirksamer gestalten, Wärme zu haben, gesund zu sein, sauber und nett angezogen sowie gut ernährt zu werden in einer verantwortlichen, ökologischen Weise unter Anpassung an das Leben in einer Stadt. Wir können weniger konsumieren und können unser verschwenderisches Leben ändern und dadurch mehr für uns selbst schaffen. Wir können Energie sparen, unser Wasser durch die Sonne und unsere Häuser mit Holz erwärmen; unsere Nahrung auf dem Dach oder im Vorgarten ziehen und Zeit und Erfolg investieren - anstelle von Geld - und den Lohn der Befriedigung und Selbstachtung ernten. Wenn jeder Haushalt seine Eigenverantwortlichkeit in dieser Weise erhöht, können wir unsere Städte von innen her verändern und sich ihrer Energiequellen und Bodenschätze verantwortlicher bedienen.

Dies sind nur kleine Schritte, preiswert und klangvoll, dennoch führen sie zusammen genommen zu einer Art häuslicher Wirtschaftlichkeit, die uns zum Umgehen der Risiken veranlassen wird. Wie ein Boxer wird man befähigt sein, sich zu ducken, auszuweichen und sich seinen eigenen Weg durch den wirtschaftlichen Wirrwarr zu ebnen.

Wo immer Sie sind, was immer ihre Umstände sein mögen, Sie können Geld sparen, indem Sie unter ihren Verhältnissen leben. Wir nennen dies die Strategie der Genügsamkeitstheorie. Genügsamkeit ist weise. Sie bedeutet, seine eigenen Wege zu gehen und nicht eine Mark auszugeben, wenn man sie nicht hat. Genügsamkeit ist eine altmodische Tugend, die nur darauf gewartet hat, in entbehrungsreichen Zeiten zurückzukommen.

Wir hoffen, daß Sie in diesem Buch einiges Neue entdecken werden. Es mag Sie dazu anregen, Ihr eigenes Brot oder Joghurt zuzubereiten, für Notfälle, wie Lebensmittelknappheit oder Elektrizitätsausfall gerüstet zu sein oder sich von teuren Fleischmahlzeiten auf proteinreiches Getreide und Gemüse umzustellen.

Das Handbuch für Krisenzeiten ist ein Kochbuch für Laien, mit 150 Rezepten für billige und gesunde Lebensmittel und enthält einen Abschnitt mit 180 Haushaltshinweisen, zu denen Poliermittel, Reinigungsmittel, Keime, Insektenvertilgungsmittel, das Restaurieren von Möbeln, die Bodenbehandlung, Wände, Fenster, Kleidung, Lederwaren und Küchenutensilien gehören.

Seit zwölf Jahren schreiben wir nun über das einfache Leben und das Selbstvertrauen in unserem vierteljährlich erscheinenden Magazin »Earth Garden«, und wir glauben, daß es niemals eine Zeit gab, die diese Informationen mehr gebraucht hätte; dies gilt sowohl für die Stadt- als auch die Landbevölkerung. Jeder Mensch muß etwas tun, sollten sich die Zeiten bessern. Dies soll unser Beitrag sein. Richtlinien für harte Zeiten werden in »Earth Garden« fortgesetzt werden. Sollten Sie irgendwelche Vorschläge haben, die für andere nützlich sein könnten, schreiben Sie uns bitte oder sollten Sie irgendwelche Informationen über unser Magazin wünschen, geben Sie uns eine Nachricht an PO Box 378 Eppling, NSW 2121 Australien.

Frieden und Liebe — Keith und Irene Smith.

Danksagung

Viele Rezepte, Ratschläge, praktische Ideen und weitere Informationen dieses Buches verdanken wir den Lesern von »Earth Garden«. Wir sind für ihre Hilfe dankbar und ihre Namen werden in den entsprechenden Beiträgen erwähnt.

Unser Dank gilt insbesondere Elaine Norling für ihre Illustrationen, die dieses Buch so attraktiv und sinnvoll gestalten.

Handbuch für Krisenzeiten

Eine neue Idee für das Stadtleben.

Dieses Buch mag unser Leben verändern. Hier gibt es eine Fülle praktischer Informationen und Ratschläge, um mehr mit weniger Mitteln zu erreichen. Das Handbuch für Krisenzeiten lehrt, wie man unabhängiger von der zentralen Verteilung von Lebensmitteln und Energie für Licht und Heizung leben kann, wie man sich warmhält und gut ernährt, und dies für den kleinsten Geldaufwand.

- Seien Sie vorbereitet auf Notfälle
  Stromausfall, Entbehrungen, Bevorratung
- Die Genügsamkeitstheorie
- Nehmen Sie Ihren Lebensmittelbedarf in die Hand
  Tauschhandel, Märkte, Lebensmittel-Kooperationen
- Verdienen Sie Geld ohne eine Anstellung
  Ausweg aus der Krise, Recycling
- Vegetarische Gerichte
  Getreide, Hülsenfrüchte, Gemüse, 0,50-Pfennig-Gerichte, billige Fleischgerichte
- Gartenhaltung in der Stadt
  Kompost und Laubabdeckung, Dachgarten und Vordergarten Gemüse
  Bereiten Sie Ihre eigenen Lebensmittel zu:

• Brot • Joghurt • Käse • Hefe • Müsli • Keimlinge • Suppen • Konservierungsmittel • Kerzen • Seifen • Öllampen • Konservenbüchsen • Öfen • Reinigungsmittel für den Haushalt • Wachspoliermittel • Zeitungsnotizen • Kleister • Tinte • Salben • Insektenvertilgungsmittel • und vieles mehr!

Überlebensfertigkeiten

- *Einundzwanzig Beispiele aus schlechten Zeiten*
- *Die Genügsamkeitstheorie*
- *Einfache Vergnügen*
- *Geldverdienen ohne Arbeit*
- *Tauschhandel*

EINUNDZWANZIG BEISPIELE AUS SCHLECHTEN ZEITEN

Wenn die Zeiten schlecht sind, müssen wir auf unsere eigenen Hilfsmittel zurückgreifen, ein einfaches Leben führen und das Beste aus dieser Situation machen. Da gibt es keine Wunder oder eine gute Fee, die die verwickelten finanziellen Probleme dieser Welt lösen könnten.

Ob man in der Stadt oder auf dem Land lebt: es gibt viele kleine Schritte, um sich anzupassen. Zusammen genommen, verändern sie die Lebensansicht und zeigen gleichzeitig eine Überlebensstrategie auf, die einem mehr Selbstvertrauen gibt.

Unsere Empfehlung für schlechte Zeiten ist: einfach zu leben, gesund und glücklich zu bleiben – und zu überleben!

Ein jährliches Einkommen von 20 Pfund, jährliche Ausgaben von 19.96 bedeuten Glück. Ein jährliches Einkommen von 20 Pfund und jährliche Ausgaben von 20.06 Pfund führen zur Misere. Charles Dickens, David Copperfield, 1850

---

1 **Beginnen Sie, wo Sie jetzt sind.** Betrachten Sie Ihre Situation logisch und gefühllos. Berücksichtigen Sie Ihr Einkommen und Ihre Rücklagen und versuchen Sie einen Weg zu finden, Ihre Ausgaben zu verringern. Essen Sie nicht mehr im Restaurant; auch die Aufgabe des Rauchens und Trinkens sollte ganz oben auf Ihrer Liste stehen.

2 **Machen Sie keine Schulden.** Geben Sie weniger aus als Sie verdienen. Nehmen Sie keine Kredite auf und meiden Sie Kundenkarten von Warenhäusern sowie Bank- oder andere Kreditkarten. Zinsen erhöhen nur den Gesamtbetrag, den Sie letztlich zu zahlen haben, während andererseits das »Plastikgeld« dazu verführt, Geld auszugeben, das man gar nicht hat.

3 **Gehen Sie zur Natur zurück.** Kaufen Sie nichts Fertiges, was Sie selbst herstellen können. Zahlen Sie nicht für Dienstleistungen, wenn Sie die Dinge selbst machen können. Wenn Sie kaufen müssen, ziehen Sie Gebrauchtware in Betracht. Dies kann bedeuten, daß Sie Ihr eigenes Müsli zubereiten, ein altes Kleid modernisieren oder Ihr Auto selbst warten.

4 **Seien Sie auf Notfälle vorbereitet.** Für den Fall eines Stromausfalls halten Sie Kerzen oder Petroleumlampen bereit. Legen Sie sich einen Lebensmittelvorrat für einige Tage (oder zwei Wochen) an.

5 **Essen Sie das Richtige.** Schützen Sie Ihre Gesundheit, indem Sie sich natürlicher, nicht bearbeiteter Nahrungsmittel bedienen. Vermeiden Sie Gepökeltes, Zucker und Salz. Verwenden Sie anstelle teurer Fleischstücke billigere oder ersetzen Sie diese durch proteinreiches Getreide oder Hülsenfrüchte.

Meiden Sie »bequeme« Lebensmittel und Fertiggerichte.

Ein Vorstadtgarten kann gewöhnlich eine Familie erhalten. Ich kenne eine Frau, die die besten Freiland-Tomaten hatte, die ich je in einem Blumentopf, zwölf Stockwerke hoch in einem Wohnblock, sah. Sie waren viel zu weit oben, um von Krankheiten befallen zu werden.

John Seymour, The Complete Book of Self-Sufficiency, 1976

---

6 **Kaufen Sie Lebensmittel en gros.** Nicht verderbliche Vorräte wie Getreide, Mehl, Reis, Hafermehl, Honig, Kochöl, getrocknete Bohnen und Erbsen können leicht gelagert werden. Tun Sie sich mit Freunden zusammen und gründen Sie eine Einkaufsgemeinschaft, um Rabatte beim Großhändler oder Gemüsemärkten zu erhalten oder treten Sie einer Lebensmittel-Kooperative bei.

7 **Pflanzen Sie einige Ihrer Nahrungsmittel selbst an.** Bedienen Sie sich hierbei Ihres Hausgartens, der Veranda oder des Dachgartens. Beginnen Sie mit einem kleinen Garten, wenn Ihnen der Raum zur Verfügung steht, sagen wir einmal etwa 3 Meter lang und einen halben Meter breit, umgeben von Ziegeln oder Planken. Dies ist groß genug, um unsere dreiköpfige Familie mit Salatzutaten - Salat, Rettich, Schnittlauch und Kräutern - das ganze Jahr über zu versorgen.

Immer wird man einen Platz für eine oder zwei Tomatenpflanzen oder für kleine Cocktailtomaten in einem Topf finden. Beginnen Sie mit der Selbstpflanzung, nehmen Sie mehr Gartenkübel und

Spalierwände, Töpfe, Dosen, Fässer oder andere Behältnisse in Gebrauch.

8 **Konservieren, lagern und stellen Sie mehr Lebensmittel selbst her.** Wecken Sie den Überschuß Ihrer Gartenprodukte und der zu günstigen Marktpreisen erworbenen Früchte und Gemüse ein. Was immer Sie kaufen und lagern, spart Geld, wenn die Preise konstant ansteigen.

Benutzen Sie eine Getreidemühle zur Mehlherstellung für Ihr hausgemachtes Brot, einen Mixer, eine Fruchtpresse für frische Getränke und eine Küchenmaschine, um die Gemüse zu Salaten zu zerkleinern. Bereiten Sie Ihr eigenes Joghurt und Weichkäse zu.

9 **Tauschhandel.** Tauschen Sie Ihre eigenen Erzeugnisse gegen das ein, was Sie nicht selbst herstellen können. Tauschen Sie überschüssiges Gemüse und andere Nahrungsmittel gegen andere Gegenstände ein; Arbeit gegen Arbeit; Arbeit für Güter; Hilfe für Hilfe; eine Klavierstunde für Brennholz; einen Haarschnitt für einige Eier; eine Autoreparatur für Bauarbeiten und so weiter. Tauschhandel verringert Ihre Abhängigkeit von barer Münze.

10 **Kaufen Sie das Beste.** Sollten Sie Werkzeuge oder Maschinen benötigen, kaufen Sie das Beste, auch wenn es kostspieliger sein sollte. Sie werden länger halten und Ihnen, langfristig gesehen, Geld ersparen.

. . . Durch den Anfang und indem man die Dinge ihrer eigentlichen Ursache zuordnet und eine rationelle Entscheidung trifft, ist jeder Mann in der Lage, Mechanisches zu meistern. Ich habe mich in meinem Leben niemals mit einem Werkzeug befaßt, aber nunmehr rechtzeitig durch Arbeit, Anwendung und Planung kam ich schließlich zu der Überzeugung, daß ich eigentlich nichts gewollt habe, es aber dennoch geschafft haben würde, hätte ich Werkzeuge gehabt. . . .

Daniel Defoe, The Life and Adventures of Robinson Crusoe, 1719.

---

11 **Reparieren und Erhalten.** Reparieren und erhalten Sie ihre Besitztümer. Kümmern Sie sich um die Dinge und sie müssen nicht ersetzt werden. Hierzu gehören Küchengeräte, Werkzeuge, Schuhe, Bekleidung und Möbel.

12 **Verwenden Sie alles wieder, was Sie können.** Kleidungsstücke können umgearbeitet, abgeschnitten oder neu gemacht werden. Essensreste bringe man auf den Komposthaufen, Zeitungen können, in »Rollen« gewickelt, verheizt und Kartons zum Anpflanzen von Sämlingen verwendet werden. Nichts verschwenden, keine Not.

13 **Sparen Sie Energie.** Sparen Sie an den Rechnungen, die Sie für Licht und Gas zahlen müssen. Man ziehe sich im Winter wärmer an, mache mehr Gymnastik, nehme zusätzliche Bettdecken und erwärme nur das Wohnzimmer mit dem Kamin oder einen eisernen Ofen. Isolieren Sie Ihr Haus und sehen Sie sich nach der Möglichkeit um, einen Heizofen oder einen durch Sonnenenergie betriebenen Wassererhitzer zu benutzen.

14 **Sparsamkeit im Haushalt.** Sparen Sie auf einfache Weise Geld, indem Sie Ihre eigenen Reinigungsmittel, Polierpasten, Wachs und Klebstoff herstellen. Dieses Buch gibt hierfür Hunderte von Anregungen. Wenn Sie eingekaufte Produkte benutzen, versuchen Sie die verwendete Menge gering zu halten, zum Beispiel ½ Becher oder weniger (anstelle eines Bechers) Seifenpulver für jede Waschmaschinenladung.

15 **Halten Sie sich fit.** Der beste Weg hierzu ist, mit zwei Kilometern bis zu einer Stunde täglichem Spazierengehen zu beginnen. Gehen tut dem Herzen gut und ist nicht mit dem Streß des Joggens verbunden. Waldwandern kann zu einem fesselnden Hobby an der frischen Luft werden. Es wird eine Vielzahl von Sportarten wie Schwimmen oder Radfahren und Gartenarbeit empfohlen. Das holt Sie hinter dem Ofen hervor und in die frische Luft.

16 **Sparen Sie Benzin.** Das Betreiben eines Autos wird zunehmend teurer. Sparen Sie, indem Sie sich auf dem Weg zur und von der Arbeit ein Auto teilen, kaufen Sie ein kleineres Auto, das weniger Benzin konsumiert. Fahren Sie mit der Eisenbahn oder dem Bus, wo immer dies möglich ist, fahren Sie Fahrrad oder laufen Sie.

17 **Arbeit zu Hause.** Man entwickle seine Fähigkeiten und beginne ein kleines Gewerbe, das man zu Hause betreiben kann; und das unabhängig von einem Arbeitgeber Geld einbringt. Sie können nicht entlassen werden, wenn Sie Ihr eigener Chef sind! Sie sparen an Kleidung, Büromiete und Verkehrsmitteln und können andererseits die Aufwendungen für den Büroteil Ihres Hauses von der Steuer absetzen.

18 **Zentralisieren.** Kehren Sie zu Ihrem Wohnbereich zurück und versuchen Sie, Ihre Bedürfnisse in nahegelegenen Geschäften oder anderen Quellen zu befriedigen. Nehmen Sie Arbeit in Ihrer Umgebung an. Dies mindert die Kosten für lange Anfahrtwege und Benzin.

19 **Nachbarschaftshilfe.** Diese Lektion haben wir während der Wirtschaftskrise der 30er Jahre gelernt. Man teile den Lebensmitteleinkauf, das Mieten oder Kaufen eines Hauses mit anderen. Machen Sie sich mit Ihren Nachbarn bekannt und arbeiten Sie mit ihnen bei der Hausreparatur zusammen; legen Sie einen Gemeindegarten an, pflanzen Sie Bäume in Ihrer Straße oder teilen Sie sich den Rasenmäher und einen Trockenreiniger mit zwei oder drei weiteren Familien.

Kommt es zur Tat, brauchen wir offensichtlich kleine Einheiten, da die Tat eine streng persönliche Angelegenheit ist . . .

E. F. (Fritz) Schumacher, Small is Beautiful, 1973

---

20 **Vorsorge für den Notfall.** Wenn die Dinge tatsächlich unangenehm werden, werden Sie über jede Kleinigkeit glücklich sein, die Sie gesammelt haben, wie Kerzen, Seife, Samen, einen Erste-Hilfe-Kasten oder Nadeln und Faden - für Ihre eigene Nutzung oder als Tauschobjekt.

Kleinigkeiten, wie Silbermünzen, Whiskyflaschen und Zigaretten (man erinnere sich des letzten Krieges) sind ideale Tauschobjekte gegen Nahrungsmittel. Große und teure Gegenstände, wie Antiquitäten, Gemälde und Schmuck, Teppiche und Möbel sind zwar gute Investitionen, lassen sich zu Zeiten einer Wirtschaftskrise aber nur schwierig zu ihrem tatsächlichen Wert verkaufen.

21 **Selbstvertrauen.** Ihr Ziel sollte ein gewisser Unabhängigkeitsgrad vom Hauptstrom der Wirtschaft sein - sorgen Sie, soweit es geht, für Ihre eigenen Lebensmittel, Bekleidung und Unterkunft. Arbeiten Sie darauf hin, indem Sie Ihr eigenes Gemüse und Obst anbauen. Ziehen Sie in ein größeres Haus und teilen Sie es mit Ihren Freunden oder erwerben Sie Grundbesitz auf dem Land. Sie können dann Ihr eigenes Haus bauen, sich Haustiere wie Geflügel, Kaninchen, Enten, Bienen, eine Ziege oder eine Kuh für die Milch halten und haben Ihr eigenes Viehfutter und Brennholz. Wenn Sie sich selbst erhalten können, werden Sie weniger von »äußeren« Einflüssen abhängig.

DIE GENÜGSAMKEITSTHEORIE

Die Genügsamkeitstheorie beruht auf der einfachen Botschaft: »Leben Sie unter Ihren Verhältnissen, wie immer sie auch sein mögen.« Mit anderen Worten, geben Sie weniger aus als sie verdienen, leben Sie einfacher und machen Sie das Beste aus Ihrem Leben.

Wenn Sie gewillt sind, genügsam zu leben, treffen Sie eine verantwortungsbewußte Entscheidung:

1 Trennen Sie Ihre Bedürfnisse von Ihren Wünschen;
2 erkennen Sie, wenn es genug ist und
3 haben Sie Selbstvertrauen.

Dies ist eine Erkenntnis in sich selbst. Es bedeutet, daß man in sich selbst investiert hat. Man hat die Kontrolle über seine eigene kleine, persönliche Haushaltsführung übernommen, so daß mehr hereinkommt als hinausgeht.

Sie haben begonnen, sich aus der Massenökonomie zu lösen, aus der Spirale, für Geld zu arbeiten im Austausch gegen Güter und Kredite (Rechnungen).

Vereinfachen, vereinfachen. Anstelle von drei Mahlzeiten täglich nehmen Sie, wenn es nötig ist, nur eine zu sich; anstelle von hundert Gedecken fünf; und reduzieren Sie andere Dinge im gleichen Verhältnis.

Henry David Thoreau, Walden, 1854.

Wir wissen, daß diese Ideen nicht neu sind, daß sie altmodisch und vernünftig sind. Die Vorzüge, die sich jedoch von diesen einfachen Konzepten herleiten lassen, sind mannigfaltig. Sie werden sofort neue Motivationen haben, die Herausforderung mit dem Herkömmlichen zu brechen und am fesselnden Spiel, zum täglichen Leben, zu Ernährung, Kleidung und Behausung beizutragen, teilzunehmen.

Das Ergebnis wird Selbstvertrauen und Selbstachtung sein. Dies ist insbesondere wichtig für Menschen, die nach Monaten oder sogar Jahren der Arbeitslosigkeit den Respekt vor sich selbst verloren haben und sich von der Gesellschaft ausgestoßen fühlen.

Ein einfaches Leben zu leben, vermindert die Spannung und den Streß, wie er mit der beruflichen Hektik verbunden ist. Zudem arbeiten Sie für sich selbst und nicht für einen Chef oder eine anonyme, seelenlose Firma.

Genügsamkeit ist ein altmodisches, heute ungebräuchliches Wort und Genügsamkeit eine altmodische, selten geübte Tugend, die auf kommende harte Zeiten wartet. Ein genügsamer Mensch ist weder durchschnittlich, noch enthaltsam, noch geizig, noch knausrig, aber bedachtsam, wirtschaftlich in der Handhabung von Rücklagen und Geld und Ersparnissen, vernünftig und vorsichtig, immer auf den Wert blickend. Die Schotten haben hierfür ein anderes Wort – sparsam. Um aus der 1939er Ausgabe von Webster's Lexikon zu zitieren: Genügsam steht im Gegensatz zu verschwenderisch, luxuriös oder vergeuden; sparsam bezieht sich auf die Industrie, ein gutes Management und Wohlhabenheit; z. B. obgleich wohlhabend, ist er genügsam und sparsam. Genügsame Menschen verschwenden nicht und haben keine Not; sie passen ihre Mäntel den Kleidern an; sie glauben, genug ist so gut wie ein Fest; sie versuchen, sich vom Alten zu trennen und vereinfachen, vereinfachen!

Wenn Sie einen Sinn für dieses Leben mit einfach zu erreichenden Zielen und eine Richtung haben, wie dieses Ziel zu erreichen ist, können Sie auf dieser Philosophie Ihr eigenes Leben aufbauen. Es wird jeden Tag etwas Positives als Ergebnis Ihres festgefaßten Entschlusses geben: »Ich will weniger.« Es ist gleich dem Zurückweisen fremder Hilfe.

Sie sollten zuerst an Ihr eigenes Überleben und die Zufriedenheit Ihrer Familie denken, an eine gerechte Verteilung, Komfort, gute Ernährung und eine adäquate Unterkunft. Dies wird Ihnen mehr Befriedigung geben, als Aktien oder ein neues Auto zu kaufen.

Dieses Besinnen auf den persönlichen Wert und die Aussicht kommt gerade rechtzeitig, da wir in ein Zeitalter wirtschaftlicher Teuerung und Arbeitslosigkeit eintreten. Die Wünsche und Bestrebungen der Boomperiode haben in einer Ära geringen Wachstums (mit Ausnahme bei der Inflation) keinen Platz, in der die natürlichen Energiereserven der Erde zu versiegen beginnen.

Wenn Sie von Arbeitslosenunterstützung oder einer Pension leben oder sich Gedanken machen, wie Sie Ihre Licht- oder Gasrechnung bezahlen, werden Sie zwangsläufig Ihre Ausgaben verringern müssen. Wenn Sie Ihre Kleidung bis zum letzten Fetzen tragen, einen Gebrauchtwagen fahren, einen fleischlosen Tag pro Woche einlegen, Ihr eigenes Getreide mahlen, um aus dem Mehl Ihr eigenes Brot zu backen, oder einige Ihrer Nahrungsmittel im Hausgarten anbauen, sind Sie genügsam.

Es ist natürlich unmöglich, aus unserer Gesellschaft gänzlich auszusteigen. Sie werden das »System« nicht zurückweisen oder sagen »Ich will diesen Kapitalismus (Kommunismus) nicht«. Sie nehmen weiter teil mit dem legalen oder moralischen Minimum nach Ihrer eigenen Entscheidung.

Seien Sie wählerisch. Wenden Sie sich der Genügsamkeit zu, verwenden Sie keine ungesunden Lebensmittel; anstelle von minderwertigen Produkten nehmen Sie haltbare und funktionstüchtige Gegenstände; zweckmäßige Kleidung sollte vor Modetrends und Marotten Vorrang haben. Genügsamkeit bedeutet Antimaterialismus. Sie schaltet den Makler aus, Überschuß und Verschwendung.

Genügsam leben ist ein neuer Weg, die Welt zu betrachten und läßt eine Menge ihrer Künstlichkeit transparent erscheinen. Ein Mangel an Luxus wird kein »Verlust« sein. Nachdem Ihre Bedürfnisse erfüllt sind, werden die Ziele darin bestehen, ein kultiviertes, intelligentes, betriebsames Leben, erfüllt von Neuem und Zufriedenheit, zu führen.

Seien Sie genügsam. Ihr Leben mag äußerlich einfach, innerlich jedoch reich sein.

Einfachheit ist leicht, sorgenfrei, ordentlich, liebenswert - kein selbststrafender asketischer Weg. Gary Snyder, Four Changes, 1969

EINFACHE VERGNÜGEN

Nach dem, was mir meine Eltern erzählten (und ich kann mich noch dunkel daran erinnern), wird man mit schlechten Zeiten fertig und kann sie überwinden, wenn in der Familie eine positive, glückliche Einstellung herrscht. Einfache Vergnügen, einfache, gut zubereitete Mahlzeiten, mehr Zeit, die man mit Menschen statt mit Dingen verbringt.

Mutters Fähigkeit, über den Dingen zu stehen und über sich hinauszuwachsen, unterstützt von dicken Suppen (beispielsweise Gerste, Gemüse und Knödeln), viel Gesang, Lesen und sich betätigen sind mir in angenehmer Erinnerung.

»Aufwendige Lebenshaltung« ist heimtückisch - sie kriecht an Ihnen empor, und bevor Sie es merken, zappeln Sie im Netz, es ist jedoch eine Angewohnheit, gegen die man etwas unternehmen kann - indem man seine Einstellung ändert. Helen Staubner, Exeter, NSW.

Im Verlaufe der Jahre mußte ich in einer Reihe schwieriger Situationen überleben; hätte ich das den Menschen heutzutage zur Verfügung stehende Wissen gehabt, etwa über den Wert von Bohnensprossen und rohen Haferflocken oder Fruchtsäften, wäre es mir besser ergangen. Ich blicke auf die härtesten Zeiten mit Nostalgie zurück. Sie bringen ein sich liebendes Paar auf eine Weise zusammen, wie es in guten Zeiten niemals geschehen würde.

GELDVERDIENEN OHNE GEREGELTE ARBEIT

Wenn Sie keine Arbeit oder Anstellung finden, sollten Sie versuchen, Gelegenheiten zu schaffen, um sich selbst etwas zu verdienen. Das Geheimnis ist, nach etwas zu suchen, was Menschen brauchen und Sie zur Verfügung stellen können, oder eine Dienstleistung zu erbringen.

Sie müssen bereit sein, ungewöhnliche Arbeiten zu verrichten, die langweilig oder ermüdend sind und die die Menschen nicht selber übernehmen möchten. Sie sollten viel Derartiges finden! Sie brauchen wenig Kapital oder Ausrüstung, jedoch ist Enthusiasmus, Zähigkeit, guter Wille und »Schufterei« erforderlich. Ein Vorteil besteht darin, daß Sie oft zu Hause arbeiten oder Ihr Haus als Basis benutzen können.

Hier einige Ideen und Beispiele:

1 Sie können sich als Fensterputzer betätigen. Rüsten Sie sich mit einem Eimer und Reinigungsmittel, sauberen Lappen und Schwämmen aus. Wählen Sie ein Gebiet, klopfen Sie an die Haustüren und bieten Sie Ihre Dienste als Fensterputzer an. Eventuell werden Sie Arbeit bekommen. Sie sollten ebenfalls anbieten, kleine Reparaturen auszuführen. Sie können in örtlichen Zeitungen inserieren, einen

Zettel im Supermarkt oder anderen öffentlichen Plätzen anpinnen, oder sich sogar Visitenkarten drucken lassen, bis Sie einen regelmäßigen Kundenstamm gefunden haben. Geschäftsfenster müssen ebenfalls gereinigt werden. Hierzu sollten Sie Ihrer Ausrüstung einen Gummischrubber hinzufügen.

2 In gleicher Weise können Sie beginnen, Rasen zu mähen, Hausgärten zu reinigen, Wände und Autos zu waschen, zu streichen, Teppiche zu reinigen, Babysitting oder Bügelarbeiten auszuführen. Wenn Sie die Fähigkeit haben, können Sie ein kleines Geschäft eröffnen. Schreiben von Manuskripten für Studenten, Anwälte oder Autoren, das Versenden von Werbematerial durch die Post. Verteilen von Handzetteln in Hausbriefkästen oder Kunstgewerbegegenstände zum Verkauf zu fertigen sind weitere Möglichkeiten.

3 Zwei Mädchen im Ort begannen zu Hause Zwiebelkuchen zu backen und verkauften ihn über die Delikatessenabteilung des Einkaufszentrums. Das Erzeugnis war köstlich und es sprach sich herum. Bald mußten sie zweimal in der Woche backen, dann dreimal. Jetzt ist es eine Vollbeschäftigung geworden, und sie können keine weiteren Aufträge annehmen. Sie können versuchen, Brot aus natürlichen Zutaten oder gefüllte Pasteten oder Bohnenkeimlinge zu backen. Wer weiß?

4 Als die Zeiten in London schlecht waren, half sich ein anderes Mädchen, die Miete für eine Kellerwohnung durch Anfertigen von Papierblumen zu bezahlen. Zunächst war es hart, aber sie verbesserte ihre Technik und schon bald verkaufte sie Sträuße farbenfroher, handgemachter Blumen in Kaufhäusern und Boutiquen.

Man kann immer wieder Dienste anbieten oder Bedarfslücken schließen. Als Alkoholtests für betrunkene Autofahrer in Neu-Südwales eingeführt wurden, begann ein arbeitsloser Schauspieler in Sydney einen »Chauffeurservice« und fuhr Menschen von Parties in ihren eigenen Wagen nach Hause. Wie man sich vorstellen kann, blühte sein Geschäft über Weihnachten:

Dann könnte man unterrichten. Wenn man die Fähigkeit und Fertigkeit besitzt, anderen etwas beizubringen, könnte man beispielsweise Stunden in Musik, Kochen, Gärtnerei, Nähen, Schwimmen, Spinnen, Schreibmaschineschreiben und Stenographie geben.

Benutzung der Bibliothek

Die Bibliothek ist eine Quelle für Informationen und ein Platz, sich besser zu informieren und zu bilden. Gehen Sie zu Ihrer örtlichen Bibliothek oder in die Staatsbibliothek oder eine in der Universität oder Technischen Hochschule. Nehmen Sie einen Bleistift und ein Notizbuch mit und Sie können detailliert die Themen vertiefen, von denen Sie mehr wissen möchten. Fragen Sie den Bibliothekar, wenn Sie mit dem Kartenindex-System nicht zurecht kommen.

Während der Wirtschaftskrise der 30er Jahre waren die Bibliotheken stets überfüllt. In den Vereinigten Staaten sagte John Steinbeck, der im Juni 1960 für das Esquire-Magazin schrieb, über diese Tage: »Zur Unterhaltung hatten wir die öffentliche Bibliothek, endlose Gespräche, lange Spaziergänge und jede Menge Spiele.« Er begann seine Erzählungen und Novellen in der Bibliothek zu schreiben.

Besuchen Sie die Bibliothek und leihen Sie Bücher aus, lesen Sie sowohl die aktuellen Zeitschriften als auch die alten Magazine und Bücher. Befassen Sie sich mit einem Projekt und schreiben Sie täglich auf, was Sie darüber gelernt haben. In der Bibliothek kann man über Reparaturen, Lebensmittellagerung, Kochen, Gartenarbeit, über Wissenschaft und Technik, die Wirtschaft, andere Kulturen, Wege des Lebens und was Menschen auf den Weg gebracht hat, den sie beschreiten, eine Menge erfahren. Sie können sich Kenntnisse aneignen.

Sie können sich einen breiten Bereich an Fähigkeiten oder Fertigkeiten ganztags oder in Abendklassen oder während der Ferien an Technischen Hochschulen, der Volkshochschule, Erwachsenenbildungsgruppen und an Universitäten aneignen. Technische und andere Ausbildungsstätten lehren Hunderte von Gebieten, vom Mauern und Schriftmalerei bis zum Catering und Friseurhandwerk als auch eine Menge nicht technischer Fertigkeiten. Zu den Lehrgebieten gehören Ernährung, ethische Küche (wie chinesisch kochen), Brotbacken und sogar organische Gartenhaltung und Lehmbauten. Setzen Sie sich mit Ihrem nächstgelegenen Bildungszentrum bezüglich weiterer Informationen in Verbindung.

Sie sind niemals zu alt zum Lernen oder um Ihren Beruf zu wechseln. Wenn Sie vorzeitig in den Ruhestand getreten sind: warum nicht eine Fremdsprache lernen oder ein Student reiferen Alters an einer Universität werden? Sie können sich speziellen Aufnahmeprüfungen an der

Universität unterziehen, wenn Sie die erforderliche Qualifikation nicht besitzen. In einigen Fällen gewährt das Bildungsressort Hilfe beim Studium.

Ich nahm eine 7-Pfund-Dose mit wunderbarem kandiertem Honig und ging ungefähr 2 Kilometer die Straße hinunter... hiermit begann meine Karriere als Tauschhändler. Sehen Sie, sagte ich, ich gebe Ihnen diese Dose mit Honig, wenn Sie uns eine Weile mit Milch und Butter versorgen können, soviel, wie Sie als Gegenwert für angemessen halten. Sie stürzten sich darauf. Ich ging dann in der Gegenrichtung zum Obstgärtner und tat das gleiche mit ihm. Auch er war erfreut. Wenn Sie Tauschhandel treiben, erzeugen Sie einen Geist, der genau das Gegenteil üblicher Geschäfte ist. Wenn Sie etwas kaufen, ist jeder auf seinen eigenen Vorteil bedacht. Wenn Sie handeln, ist jeder Partner bestrebt, daß Sie einen Nutzen daraus ziehen. Ich handele nun seit 35 Jahren. Fred Robinson, Honey is Money (Earth Garden Nr. 1).

TAUSCHHANDEL

Handel kann einfach als »Tauschgeschäft« oder Austausch einer Sache für eine andere bezeichnet werden, wobei kein Geld im Spiel ist.

Sie können von Ihnen produziertes Gemüse gegen einen Artikel eintauschen, den Sie benötigen und von dem Sie annehmen, daß er gleichwertig ist, wie beispielsweise eine Steingutschüssel. Sie können auch mit Ihrer eigenen Arbeit oder Dienstleistung für etwas, das Sie selbst oder ein anderer benötigt, handeln. Dies hat den Vorteil des Ausschaltens eines Mittelmannes und ebenfalls des Steuerbeamten, da keine Bargeldtransaktion stattgefunden hat.

Tauschhandel wird regelmäßig von den Nationen beim Austausch von Getreide und anderen Waren vorgenommen. Er lebte während der Wirtschaftskrise der 30er Jahre und während des Zweiten Weltkrieges wieder auf, als amerikanische Zigaretten, Nylonstrümpfe und Schokolade in ganz Europa als Währung anerkannt wurden.

Einige offensichtliche Dinge für einen Tauschhandel waren Samen, Kräuter, Topfpflanzen, Eier, Brot, Milch und Nahrungsmittel aller Art, Honig, Seife, Bekleidung, Werkzeuge und individuelle Handarbeiten wie geflochtene Körbe, Kerzen, Steingut und Lederwaren.

Das getauschte Fahrrad

Jeglicher Überschuß, den wir haben und nicht brauchen, wird getauscht, vielleicht nicht Zug um Zug, sondern in anderer Form. So geht beispielsweise unsere Milch zu verschiedenen Freunden und wir erhalten als Gegenleistung Eier, Babysitting, Farm- und Tierhütung, Arbeit und Hilfe auf der Farm und vielleicht eine Ladung Brennholz.

Ich koche immer Mengen an Marmelade und diese wird oft gegen Gemüse eingetauscht, das wir nicht haben, oder in Eier oder andere Produkte.

Tauschhandel sollte nicht bei Lebensmitteln aufhören. Zum letzten Weihnachtsfest entschieden wir uns, unseren beiden Söhnen Kym und Glenn Fahrräder zu schenken. Bob fragte herum und schon bald bot uns ein Freund ein Fahrrad gegen einen Satz Betonrohre an, die er als Pferdetränke benutzen wollte.

Ein anderer Freund bot das zweite Fahrrad an. Als Gegenleistung sollte Bob für ihn ein größeres Fahrrad herrichten. Für nur wenige Mark für Farbe und neue Reifen hatten wir so zwei wirklich schöne Fahrräder.

Die Tauschliste ist endlos. In diesen Tagen, in denen das Geld für jedermann knapp ist, könnte keine bessere Methode angewandt werden, der Not ein Ende zu bereiten.

Wenn die Lichter ausgehen

- Ausrüstung für den Stromausfall
- Beleuchtungskunde
- Wenn der Kühlschrank versagt
- Feuer anmachen
- Kerzenherstellung
- Energie-Alternativen

1983 wurden 13 000 Menschen heimatlos und 1½ Millionen Menschen waren ohne Energie, als Hurrikan Alicia die Küste von Texas traf. Der Strom war an den meisten Orten für mehrere Tage unterbrochen und es brauchte Wochen, die Leitungen zu reparieren.

Es wird wieder Stromausfälle über kürzere oder längere Zeiträume geben. Wenn die Elektrizitätszufuhr versagt, werden die Lichter an Ihrem Wohnsitz ausgehen.

Das nächste Mal sind Sie für den Notfall gerüstet, wenn Sie in Ihrem Haus eine Ausrüstung für Stromausfall greifbar lagern, zum Beispiel in der Speisekammer, der Bügelkammer oder Wäscherei.

Stromausfälle können durch unterschiedliche Ursachen entstehen, im schlimmsten Falle durch Abschalten des Stroms, wenn Sie Ihre Rechnung nicht bezahlen können (wir hoffen, daß es niemals passiert). Naturkatastrophen können ebenfalls eine Rolle spielen, von Krieg, Krankheit, Aufruhr und Revolution ganz zu schweigen.

Ob Sie in der Stadt, umgeben von Nachbarn, oder isoliert wohnen, sollten Sie in der Lage sein, Licht und Energie zum Kochen und auch zum Heizen, soweit bei kaltem Wetter erforderlich, verfügbar zu haben.

AUSRÜSTUNG FÜR DEN STROMAUSFALL

Wesentliche Bestandteile:

- trockene Streichhölzer
- Kerzen
- Taschenlampe
- Batterien

Weitere Ausrüstung:

- Erste-Hilfe-Kasten
- Petroleum- oder Öllampen
- Feuer/Ofen zum Kochen
- Heizen
- Schokoladenriegel
- Lebensmittel, die unzubereitet verzehrt werden können.
- Kassettenradio oder Radiorecorder
- Bücher, Spiele, Musikinstrumente.

Neben Kerzen gehören zu Beleuchtungskörpern kerosingefüllte Sturmlampen, Petroleum-Drucklampen und die Alladin-Lampe, die sich eines Glühstrumpfs, jedoch keines Drucks bedient. Sie können eine Öllampe oder eine Autobatterie und 12-Volt-Birnen oder Solarzellenpanele benutzen.

Besorgen Sie einen Vorrat an Kerzen, weil im Falle eines Stromausfalls eine Knappheit (und ein Preisanstieg) eintreten kann. Halten Sie Petroleumlampen gefüllt und gebrauchsfertig. Sie können Petroleum in größeren Mengen kaufen und es an einem kühlen, schattigen Platz lagern.

Der Ofen aus einer Blechbüchse. Dieser Ofen zum Kochen im Freien kann in wenigen Minuten hergestellt werden unter Verwendung einer 1-kg-Konservenbüchse. Nehmen Sie einen Büchsenöffner und schneiden Sie am offenen Ende (nun der Boden) ein Loch hinein; hier passen die Ästchen für den Brennstoff hinein. Auch an das geschlossene Ende (nun das Oberteil) und auf der gegenüberliegenden Seite kommt ein Loch, um Luftströme zu erzeugen und den Rauch abziehen zu lassen. Dieser Ofen arbeitet mit festem Brennstoff.

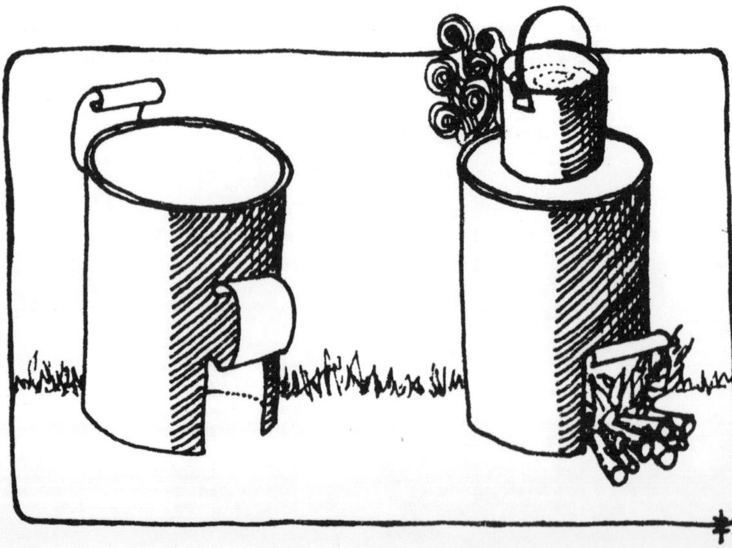

Stellen Sie einen Sägemehl-Ofen her.
Dieser einfache Ofen verbrennt trockene Holzschnitzel und Sägespäne und erzeugt gleichmäßige Wärme über Stunden. Er kann zum Kochen, Erwärmen von Wasser und als Raumbeheizung verwandt werden (wenn ein Deckel draufgelegt wird). Er verbrennt ebenfalls Ästchen, Zweige und trockene Reisschalen.

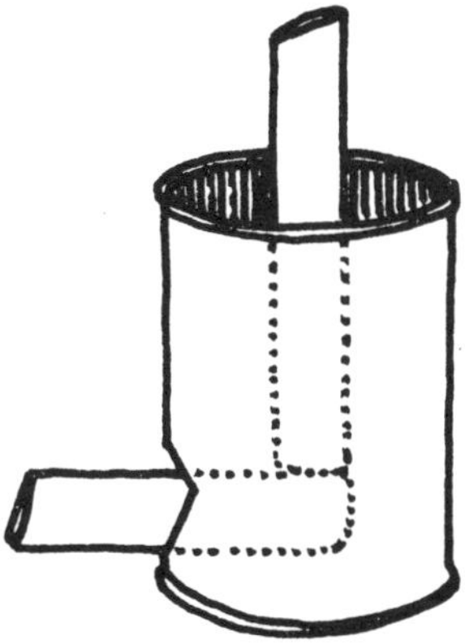

1. Verwenden Sie eine leere 5–10-Liter-Blechdose, etwa einen Farbentopf oder eine Keksdose (rund oder viereckig). Entfernen Sie den Dekkel. Schlagen Sie ein viereckiges Loch von etwa 10 cm am vorderen Bodenende in die Büchse.

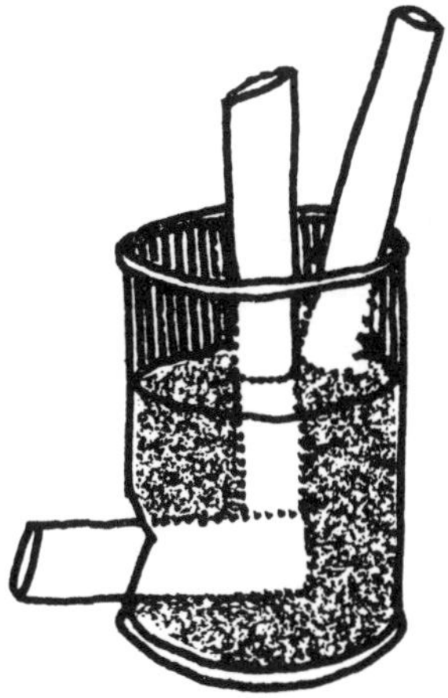

2. Um einen hohlen Abzug oder Kaminraum zu erhalten, steckt man dicke Stäbe, aufgewickeltes Papprohr, Wasserrohr oder einfach eine Limonadenflasche in die Öffnung der Dose. Schütten Sie nun Sägemehl in die Dose, stampfen Sie es fest nach unten.

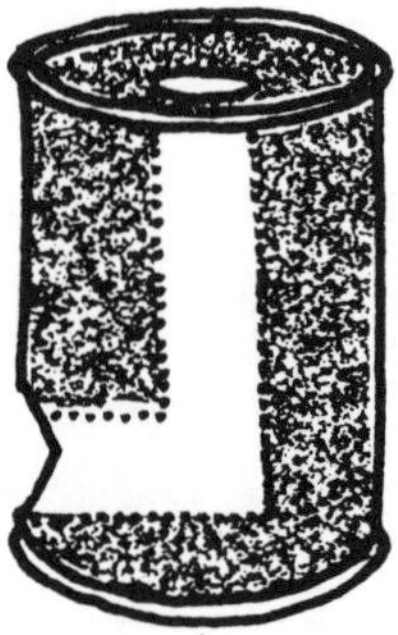

3. Entfernen Sie die Stäbe langsam, so daß sich ein runder Raum im Inneren ergibt. Dies führt zum Brennen des Sägemehls von der Mitte, da sich ein konstanter Luftfluß an der äußeren Oberfläche des Brennstoffs ergibt.

4. Das Sägemehl wird durch ein zusammengeknülltes Stück Papier an dem vorderen Luftloch mit einem Streichholz entzündet. Sie können auch einige Tropfen Spiritus auf das Sägemehl gießen oder Ästchen und Zweige verwenden.

5. Errichten Sie obenauf einen Grill unter Anwenden eines alten Grillrosts, Hühnerdraht, Maschendraht etc. Füllen Sie auf, wenn der Brennstoff verbraucht ist. Benutzen Sie den Grill nur an der Luft, damit Sie vom Rauch nicht belästigt werden.

Sie können auf einem Petroleum-Druckofen oder Primuskocher, einem Ofen/Kocher für Gas oder feste Brennstoffe oder einem Gartengrill kochen. Oder Sie können einen Rundbüchsenofen oder Sägemehlofen herstellen. Wenn Sie Ihre Stromausfall-Ausrüstung in einer 1-kg-Kaffeebüchse lagern, können Sie aus dieser einen Ofen machen.

Wir benutzen einen Grill, der in Taiwan hergestellt wird, drei Roste besitzt und im Ausverkauf etwa 30 DM kostet. Er wird mit Holzkohle, gepreßtem Sägemehl, Holzscheiten, Ästchen und Zweigen beschickt.

Wärme kann von einem offenen Feuer, einem Rundofen oder einem Sägemehlofen mit einem Deckel erzeugt werden. Oder hopsen Sie einfach mit vielen Decken versehen ins Bett!

Petroleumlampen

Sturmlampen sind billig genug, um sie für Notfälle im Haus zu haben oder sie zum Campen oder auf Bootsfahrten mitzunehmen. Sie verbrauchen wenig Brennstoff, spenden dafür aber auch nur wenig Licht, gerade genug zum Lesen. Sie rosten leicht und müssen deshalb trocken gehalten werden.

Brennende Kerosin-Drucklampen werfen viel helleres Licht und haben einen Glühstrumpf anstelle eines Dochtes. Die hier dargestellte Art wird von Tilly in Nordirland, ähnliches von Coleman in den Vereinigten Staaten hergestellt. Sie verbrauchen eine Menge Brennstoff, müssen gepumpt werden, zischen laut und ziehen Insekten an (wie Moskitos). Jede Type hat ihren eigenen Zerstäuber, Startverfahren und zerbrechlichen Glühstrumpf, der sehr vorsichtig behandelt sein will.

Eine dritte Art, die Alladin-Lampe, liegt zwischen beiden, verwendet einen Glühstrumpf, jedoch keinen Druck, um ein brillantes 100-Watt-Licht zu erzeugen. Sie verbraucht ebenfalls eine Menge Petroleum, ist eigenwillig, dafür aber leise.

Halten Sie Ihre Petroleumlampe sauber, verwenden Sie immer sauberen Brennstoff und hängen Sie die Lampe auf oder stellen Sie sie auf eine feste Unterlage. Es wäre eine gute Idee, einen Insektenschirm anzubringen. Ein wenig Petroleumgel macht den Tankverschluß geschmeidig, so daß er sich leichter öffnen und schließen läßt.

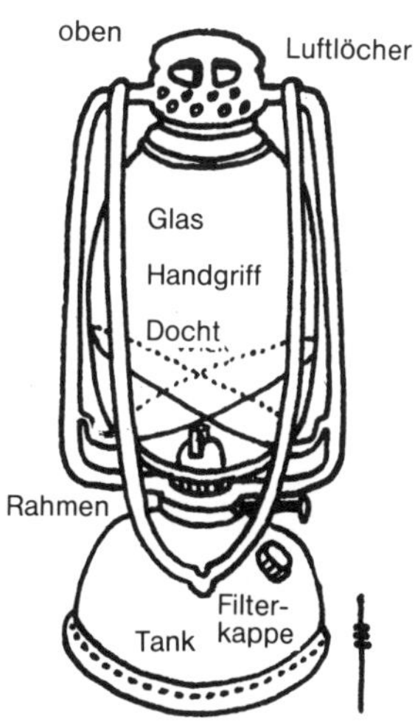

Sturm- oder Hurrikanlampe

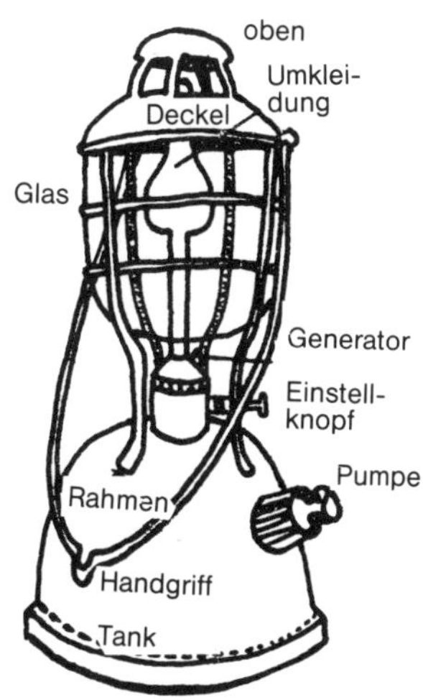

Tilly-Drucklampe

Schmiermittel-Lampen. Diese einfache (und oft stinkende) Lampe kann improvisiert werden, indem man ein altes Gefäß oder eine Blechdose oder einen Topf als Behältnis benutzt und einen Streifen Teppich als Docht. Geben Sie Ton oder Erde in den Behälter, etwa 2 cm bis zum Oberteil. Setzen Sie den Docht ein (der zum besseren Halt mit einem Ästchen umwickelt sein kann), gießen Sie dann das »Schmieröl«, Kochfett oder Öl hinein.

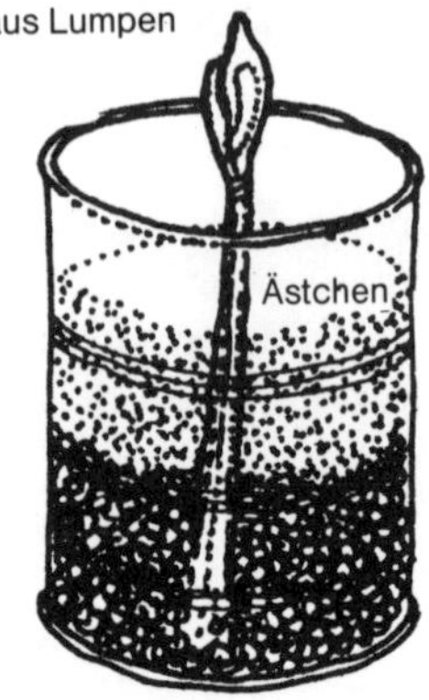

Dochte

Um zu verhindern, daß die Dochte rußen: Halten Sie den Docht immer sauber, flach und gleichmäßig geschnitten. Machen Sie dies jeden zweiten Tag, wenn Sie die Lampe regelmäßig benutzen. Halten Sie den Tank gefüllt.

Um Dochte wieder verwendbar zu machen: Kochen Sie sie in Seifenwasser aus oder tauchen Sie den Docht in eine Lösung aus Borax und Wasser und trocknen Sie ihn, oder weichen Sie den Docht in Essig ein und trocknen ihn gut.

Ein dem Öl beigegebenes Stück Kampfer läßt die Lampe viel heller leuchten. Man hält hierdurch auch Fliegen fern!

Kamine

Um Lampenzylinder zu härten: Legen Sie neue Glaszylinder in einen großen Topf mit kaltem Wasser auf dem Ofen. Fügen Sie ein wenig grobes Salz hinzu und erwärmen Sie den Topf stufenweise, bis es siedet. Dann lassen Sie das Wasser langsam abkühlen.

Dieses Verfahren nennt man tempern oder das Glas stärken. Dies gilt auch für Steingut und Porzellan. Benutzen Sie ein Tuch oder Pappe, damit das Glas den Topf während des Siedens nicht berührt oder wikkeln Sie den Zylinder für die Lampe in ein Tuch.

Um die Zylinder der Lampe zu reinigen: Ein ausgezeichneter Weg besteht darin, das Glas über die Tülle eines Teekessels mit siedendem

Wasser zu halten, bis es zu dampfen beginnt. Polieren Sie es sodann mit einem trockenen Tuch oder Zeitungspapier, um das Glas klar zu machen.

Wenn der Kühlschrank ausfällt

Haben Sie Fleisch, Früchte oder Gemüse in Ihrem Kühlschrank, kann ein Stromausfall eine unangenehme Sache sein. Die Faustregel besteht darin, daß gekühlte Nahrungsmittel etwa zwei Tage halten, wenn der Kühlschrank vollgepackt ist, jedoch nur einen Tag, wenn er nur halbgefüllt oder teilweise beschickt ist.

Widerstehen Sie dem Impuls, den Zustand der Nahrungsmittel zu prüfen, denn dies führt nur zu einem Temperaturanstieg im Inneren des Kühlschranks.

Wenn Ihnen bekannt ist, daß der Strom für längere Zeit als dem Sicherheitszeitraum ausbleibt, können Sie die Nahrungsmittel für etwa 2-3 Tage kühl halten, indem Sie Trockeneis benutzen (Handschuhe nicht vergessen!) und dieses über, nicht jedoch in Berührung mit den gefrorenen Nahrungsmitteln, verteilen. Benutzen Sie Pappe, um die Nahrungsmittel von dem Trockeneis zu trennen und stapeln Sie Trockeneis auf der Pappe.

Natürlich müssen Sie wissen, wo Sie schnell Trockeneis herbekommen. Sie sollten es jetzt schon herausfinden.

Wenn alles nichts hilft, bleibt nichts anderes übrig als die auftauenden Nahrungsmittel zu kochen. Wenn natürlich nur bei Ihnen ein Stromausfall vorliegt (oder es Ihren eigenen Eisschrank betrifft) können Sie die Nahrungsmittel in Zeitungspapier und Pappe wickeln und auf die Kühlschränke von Nachbarn und Freunden verteilen.

Sind Sie bezüglich eines Stromausfalls vorgewarnt, stellen Sie den Kühlschrank auf eine niedrigere Temperatur ein. Je kälter die Nahrungsmittel sind, um so länger halten sie.

Sollte der Stromausfall länger andauern, verbrauchen Sie die Nahrungsmittel aus Ihrem Kühlschrank und vernichten Sie verdorbene Ware.

Abwechslung und Spiele

Wir fühlen uns gemütlich bei einem Stromausfall und benutzen die Gelegenheit zu einem Kerzen-Dinner, das wir auf unserem Gasofen zubereitet haben. Leute mit Holz und einem langsam arbeitenden Feststoffofen sind auch gut dran.

Stromausfälle waren häufig, als ich ein Kind war und gingen gewöhnlich sehr vergnüglich aus. In meiner ländlichen Schule gingen wir alle zur Turnhalle und sangen Lieder, wobei einer in der Mitte des Bodens eine Kerze hochhielt.

Man nehme die Gelegenheit, darüber nachzudenken, was die Menschen taten, ehe es Radio- und Fernsehen gab; sie unterhielten sich, sangen, spielten Spiele oder Musikinstrumente, nähten, lasen Bücher oder setzten ihren Feldkessel für ein Täßchen Tee unter Dampf. Manchmal gibt es sehr gute Hörspiele oder Musik, der Sie mit Ihrem Batterieradio lauschen können.

Es gibt ein ideales Spiel bei Stromausfällen. Werfen Sie mit Ihren Händen Schatten oder Tierfiguren an die Wände. Oder hängen Sie ein Laken mit einer Kerze oder Lampe dahinter auf; ein Schattenspiel für Zuschauer, die in der Dunkelheit auf der anderen Seite sitzen.

MACHEN SIE EIN FEUER AN

Wasserbeständige Streichhölzer

Um Streichhölzer wasserfest zu machen, überzieht man sie mit Kerzenwachs, das von den Kerzenstümpfen schmilzt, oder mit Nagellack.

Feuer ohne Streichhölzer

Bei starkem Sonnenschein wird ein Vergrößerungsglas ein Feuer entzünden.

Feuerstein und Stahl

Um ein Feuer mit Feuerstein und Stahl zu entzünden, brauchen Sie drei »Hauptbestandteile«, einige unwichtigere und eine Handvoll technischen Verständnisses. Die drei Hauptkomponenten sind: Feuerstein, Stahl und Zunder.

Als Feuerstein habe ich Agate, Jaspis und Quarz benutzt. Andere harte Felsgesteine wie Chalcedon sind ebenfalls hilfreich. Ich war sehr überrascht, denn eigentlicher Feuerstein ist nicht brauchbar! Ein Stück etwa von der Größe einer Streichholzschachtel ist am besten geeignet, obgleich ich sowohl größere als auch kleinere Stücke erfolgreich verwendet habe.

Stahl muß hart getempert sein und hohen Kohlenstoffgehalt haben. Alte Feilen sind ideal. Messerstahl erweist sich ebenfalls als gut, soweit es keine Legierung oder rostfreier Stahl ist. Ich bevorzuge alte Feilen, da ich mich mit der Idee nicht anzufreunden vermag, ein gutes Messer an ein Felsstück zu schlagen.

Der Zunder, wahrscheinlich der wichtigste aller Bestandteile, wird eigenhändig hergestellt. Man setzt ein Stück sauberen, trockenen Baumwollstoffs in Brand, läßt es bis zum Erlöschen der Flammen brennen, tut sodann die noch glühenden, verkohlten Rückstände in eine saubere, trockene, luftdichte Dose (eine saubere Tabaks- oder Schuhcremedose ist perfekt). Die Dose wird sodann mit dem Deckel verschlossen und man läßt das Ganze abkühlen.

Sobald man einmal die Zutaten zusammen hat, ist der nächste Schritt, einen Funken zu erzeugen:

Nehmen Sie das Stück Feuerstein in Ihre Faust und halten Sie es fest. Lassen Sie etwa die Hälfte des Steins frei. Schlagen Sie kurz und scharf auf den freiliegenden Stein. Zielen Sie auf Furchen und Kanten des Steins, da sie eine bessere Chance zur Funkenbildung ergeben. Es ist ratsam, den Feuerstein mit einem Schlag etwa parallel zum Boden zu treffen, da man ihn andererseits bei dem Versuch, den Zunder zu entzünden, zerschlagen könnte.

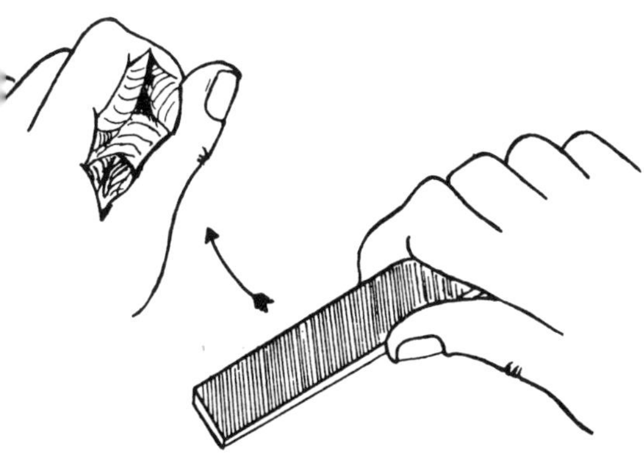

Schlagen des Feuersteins mit dem Stahl (Zeichnung von Joe Zolin)

Sobald man die Funkenerzeugungstechnik im Griff hat, muß man geeignetes Brennmaterial zusammengetragen, damit das Feuer brennt. Dieses besteht aus einer Handvoll zerriebener Borke oder trockenem Gras oder anderem trockenen, fein zerfaserten Pflanzenmaterial, Ästchen, Stöcken und Holzstücken, die man zum Entzünden eines Feuers verwendet.

Wenn die zahlreichen »Häppchen« und Stücke zusammengetragen sind, nehmen Sie den Deckel von der Zunderdose ab und lassen Sie die Funken hineinfallen. Wo die Funken den Zunder treffen, werden glühende Stücke erscheinen. Nehmen Sie schnell eines derselben zusammen mit einer geringen Menge des umgebenden Zunders heraus und legen Sie alles in das Brennmaterial.

Pusten Sie zunächst vorsichtig, dann mit zunehmender Stärke auf den glühenden Zunder, bis das Brennmaterial aufflammt. Tut es das, geben Sie es in eine Feuerstelle und legen Sie Ästchen, Stöcke und Holzstücke darauf. Seien Sie vorsichtig, legen Sie sie nicht zu schnell auf, Sie würden sonst das Feuer ersticken.

KERZENHERSTELLUNG

Kerzenlicht ist besser als gar keins. Es kann zweckmäßig sein, daß man seine eigenen Kerzen herstellt. Als Hobby hat man viel Spaß daran; als Handwerk kann es sehr kreativ sein, da man die Wahl der Größe, Form, Farbe und der Parfümierung hat. Es besteht eine große Nachfrage nach Kerzen auf dem Kunstgewerbemarkt.

Eine Kerze ist ein einfacher Block oder Zylinder aus Wachs, Talg oder anderem Fett mit einem Docht, der Licht spendet, wenn die Kerze brennt. Um sie herzustellen, benötigt man Wachs, Dochte und Gießformen (die man improvisieren kann), um den Kerzen die richtige Form zu geben.

Kerzenwachs

Paraffinwachs ist ein Nebenprodukt der Raffination von Rohöl und wird von den Mineralölgesellschaften zum Großhandelspreis angeboten. Man kann es in großen Tafeln oder kleineren Mengen in Kunstgewerbeläden, einigen Supermärkten, Lebensmittelgeschäften und

Eisenwarenhandlungen beziehen. Mikrobearbeitetes Wachs stellt für die Kerzenherstellung Wachs hoher Qualität dar.

Stearin (Stearinsäure) erhält man aus Talg. Es ist weiß, flockenförmig und sieht ein wenig wie Seife aus. Durch Stearin werden die Kerzen weißer und durchscheinender und sie halten länger. Gewöhnlich werden Kerzen aus einem Gemisch eines Teils Stearin zu 10 Teilen Paraffinwachs hergestellt.

Bienenwachs ist ein Bestandteil hoher Qualität, es führt zu brauchbarem Licht, Farbe und Struktur und verleiht den Kerzen einen angenehmen Duft, selbst dann, wenn nur wenige Gramm zugesetzt werden. Bienenwachs ist teuer, es sei denn, man hat seinen eigenen Bienenstock. Einfache Kerzen werden dadurch hergestellt, daß man einen Docht um die im Handel befindlichen Bienenwachsplatten rollt, die man auch in Geschäften für Bienenzüchter erhalten kann.

Talg, einstmals der einzige Kerzenbestandteil, gibt schlechtes Licht und führt zu einer rauchenden, stinkenden Kerze. Schmalz ist für die Kerzenherstellung zu weich, aber Schafs- und Ziegenfett sind härter und können in geringen Mengen Anwendung finden. Es können natürlich für die Kerzenherstellung jegliche Tierfette zur Anwendung kommen, wenn keine anderen Bestandteile zur Verfügung stehen.

Kerzendochte

Man kann Kerzendochte in jedem Handarbeitsgeschäft erhalten. Die Regel lautet: Je dicker die Kerze, um so dicker muß der Docht sein. Wenn der Docht zu klein ist, schmilzt das Wachs, überflutet gewissermaßen die Flamme, tropft an der Kerze herunter. Deshalb ist es besser, einen größeren Docht zu benutzen. Ist der Docht jedoch zu groß, resultiert hieraus eine rußende Flamme.

Nr. 4 gestricktes Baumwollgewebe ergibt einen hervorragenden Docht. Um Dochte aus Nr. 16 Baumwollgarn herzustellen, sollte man etwa 40 bis 50 Fäden eng zusammenknüpfen. Ein einzelner Docht kann aus Baumwollfäden gefertigt werden, die wesentlich heller brennen, wenn sie zuvor in Borsäure getaucht worden sind.

Kerzenformen

Man kann fertige oder aus Metall bestehende Kerzenformen kaufen, einzeln oder mehrere zugleich. Kunstgewerbeläden verfügen über sie.

Man kann natürlich auch leere Milchdosen, Joghurt- oder Käsebehälter, die dicken Papprollen von Toilettenpapier, Plastikrohre und Getränkegefäße auswählen.

Komplizierte Formen, wie Sterne oder Pyramiden, kann man aus steifer Pappe und Wachspapier fertigen, die man mit Klebeband zusammenhält. Schneiden Sie die Form ab, wenn sich das Wachs erhärtet hat. Formen können aus Ton oder Gips in jeglicher Konfiguration geschaffen werden, auch Gläser, Töpfe und Flaschen, die man zerbricht, wenn das Wachs erhärtet ist. Kerzen schrumpfen beim Abkühlen, so lassen sich diese immer leicht aus der Form entfernen.

Farbstoffe und Parfüm

Um Kerzen zu färben, gibt es pulverförmige Pigmente oder feste Wachsfarbstoffe, die dem Stearin in geringen Mengen zugesetzt werden, ehe das Stearin dem Wachs zugegeben wird. Wachsmalstifte der Kinder ergeben hervorragende Kerzenfarben, wenn sie mit Stearin verschmolzen werden. Nehmen Sie einen 15 cm langen Wachsstift für eine Kerze von etwa 5–10 cm Höhe.

Ein paar Tropfen öllösliches Parfüm (nicht auf Alkoholbasis) können dem Kerzenwachs zugesetzt werden. Das müssen Sie ausprobieren. Eukalyptus-Öl ist gut und hält die Mücken fern. Man erhält auch in einschlägigen Geschäften entsprechende Duftstoffe für Kerzen.

Ausstattung

Aus Sicherheitsgründen sollte Wachs in einem doppelten Erhitzer oder in einer in eine zweite Pfanne gestellten Pfanne geschmolzen werden. Vorzugsweise sollte das zweite Behältnis ein Wasserbad darstellen. Das Wachs beginnt zu schmelzen, wenn das Wasser siedet. Lassen Sie das Wachs niemals brennen.

Ein Küchenthermometer erweist sich zum Überprüfen der Wachstemperatur als zweckmäßig. Sie brauchen weiterhin ein scharfes Messer und Wachspapier (oder zahlreiche Zeitungen), um das ausgebreitete Wachs zu verformen.

Bierdosen-Kerzenform

Schneiden Sie das Oberteil einer leichten Aluminium-Bierdose oder einer Limonadendose mit einer Blechschere oder einer andern scharfen

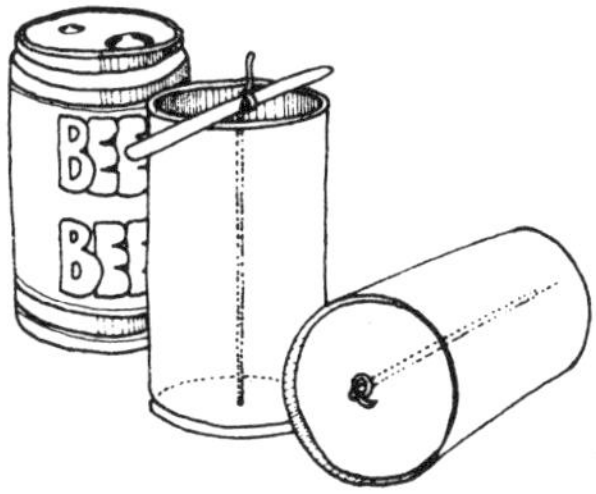

Schere ab. Lebensmitteldosen sind nicht geeignet, da sie aus schwerem Material gefertigt sind und auch eine seitliche Naht besitzen. Weiten Sie den abgeschnittenen Rand durch Herumführen einer Milchflasche um die Kante auf. Dies gestattet eine einfache Entnahme der fertigen Kerze.

Bohren Sie ein Loch in den Boden der Bierbüchse, gerade groß genug zur Aufnahme des Dochtes. Schieben Sie den Docht durch diese Öffnung, verknoten Sie ihn und verstopfen Sie das Loch mit Ton, Plastik oder anderem Material, um es gegen ein Lecken zu schützen. Befestigen Sie den Docht am offenen oberen Ende, indem Sie ihn um einen über die Öffnung gelegten Stift knoten - gehen Sie sicher, daß der Docht durch die Mitte der Bierbüchse nach unten verläuft.

Brechen Sie ein Paraffinwachsstück und schmelzen Sie es wie beschrieben bei geringer Wärme. Sobald das Wachs eine Temperatur von 82° erreicht hat, gießen Sie es langsam in die Form. Lassen Sie es 45 Minuten erstarren; brechen Sie sodann die sich am oberen Ende gebildete Kruste mit einem Messer oder einem Drahtstück ab und fügen Sie mehr Wachs hinzu. Wiederholen Sie dies nach weiteren 45 Minuten.

Die Kerze sollte nach 3–4 Stunden völlig erstarrt sein. Entfernen Sie den Stock am oberen Ende und den Verschluß am Boden der Büchse, klopfen Sie gegen die Form und nehmen Sie die Kerze heraus. Schneiden Sie den Docht auf 1 cm ab und glätten Sie die Seiten der Kerze mit einem alten Nylonstrumpf. Die Form kann wieder verwendet werden.

Wenn Sie Stearin hinzugeben möchten, schmelzen Sie es in einem getrennten Topf und fügen Sie es im Verhältnis von 1 zu 10 Teilen Paraffin zu dem Wachs im Schmelzbehälter zu, wenn es für ein Gießen in die Form fertig ist.

Sandform

Erhitzen Sie Paraffinwachs und gießen Sie es in ein in feuchtem Sand in einem Sandkasten ausgehobenes Loch. Es kann auch ein Kübel oder anderer Behälter verwandt werden. Lassen Sie es erhärten, bis es gummiartig wird, stoßen Sie dann mit einer heißen Stricknadel ein Loch durch die Mitte. Tauchen Sie den Docht in heißes Wachs und schieben Sie ihn durch dieses Loch.

Wenn die Kerze erhärtet, graben Sie sie aus und entfernen jeglichen anhaftenden Sand. Schneiden Sie den Docht zurecht und nehmen Sie ein scharfes Messer, um zu schnitzen oder die Form zu verändern. Eine Abwandlung besteht darin, geschmolzenes Wachs in gefaltete Aluminiumfolie in dem Sand zu gießen. Die Form kann durch Eintauchen in heißes Wachs verändert und geglättet werden, wenn Sie die Kanten für zu rauh halten.

Gezogene Kerzen

Es gibt auch eine Methode, die Kerzen ohne Form herzustellen. Sie wird »Ziehen« genannt und ist die älteste Methode der Kerzenherstellung.

Gezogene Kerzen ergeben unterschiedliche Formen.

Mönche stellten die Kerzen aus Bienenwachs her, der besten Grundlage für schlanke, wunderschöne Wachskerzen. Sie können dick oder dünn, kurz oder lang sein.

Hier das Verfahren: Ein hoher Zylinder wird nahezu vollständig mit geschmolzenem Wachs gefüllt. Dann werden Dochtlängen an einem Dübel oder Stab befestigt und in 30-Sekunden-Intervallen in den Zylinder getaucht.

Der Zylinder kann die Länge eines galvanisierten Wasserrohrs oder Drainagerohrs haben und ist mit der Mitte eines Topfes oder Blechdose verlötet, der als Wasserbad dient. Andererseits kann man auch einen Topf oder Krug verwenden, der etwas höher als die beabsichtigte Länge der Kerze ist, obgleich Sie Wachs von dem Topf in diese Behälter gießen müssen.

Schmelzen Sie genügend farbloses Wachs, um den Zylinder fast bis zur Spitze zu füllen. Wenn die Temperatur 82° C erreicht, tauchen Sie den Docht in den Zylinder, ziehen die Kerze heraus, tauchen Sie den nächsten Docht ein, und so weiter. Tauchen Sie sie so lange ein, bis die gewünschte Dicke erzielt worden ist.

Schneiden Sie den Docht vom Dübel oder Stab und schneiden Sie ihn sauber. Ebnen Sie den Untergrund mit einem scharfen Messer. Andrew Sislov, Montmorency, Victoria.

Unschlitt-Kerzen

Ein guter Unschlitt für Kerzen besteht aus etwa ⅓ Rindfleisch und ⅔ Hammeltalg, oder Rindfleisch und ⅛ Schmalz (Speck). Es härtet durch Zugabe eines Teils Alaun, gelöst in Wasser pro fünf Teile Unschlitt.

Damit Dochte nicht zu schnell herunterbrennen.
1. Weichen Sie Baumwolldochte in einem Gemisch aus 2 Eßlöffeln Salz, 4 Eßlöffeln Borax und 2 Tassen Wasser 24 Stunden ein.
2. Weichen Sie die Dochte in Terpentin ein und trocknen Sie sie in der Sonne. Dies führt zu einer beständigen, reinen Flamme.

ENERGIE-ALTERNATIVEN

Elektrisches Licht durch Sonnenenergie

Solarzellen werden immer besser und billiger, wirklich vorteilhaft sind sie allerdings nur in Ländern mit langer und intensiver Sonneneinstrahlung. Bei uns in Mitteleuropa werden wir uns damit begnügen müssen, durch Solarzellen Brauchwasser zu erwärmen.

Licht durch die Autobatterie

Besitzen Sie ein Auto, können Sie auch während Stromausfall elektrisches Licht haben. Nach einer halbstündigen Fahrt ist die Autobatterie wieder genügend aufgeladen, um 12-Volt-Lampen und ein Radio oder einen Fernseher für mehrere Stunden zu betreiben. Sie können Überleitkabel von den Batterieausgängen an ein Notlicht anschließen oder eine beständigere Verbindung herstellen, indem Sie einen Stecker unter der vorderen Stoßstange installieren. Dann können Sie 12-Volt-Lampen montieren. Alles, was Sie noch zu tun haben, ist, den Wagen nahe an Ihr Haus zu fahren, den Stecker in die Steckdose zu stecken und das Licht anzumachen.

Notfall Nr. 2

Seien Sie auf Lebensmittelknappheit vorbereitet.

- Familiengerechte Bevorratung von Lebensmitteln
- Sammeln von Regenwasser
- Lagern von Getreide
- die Speisekammer
- Konservieren von Nahrungsmitteln

FAMILIENGERECHTE BEVORRATUNG VON NAHRUNGSMITTELN

Ein Vorrat an Lebensmitteln für Ihre Familie und Ihren Haushalt gleicht einer Überlebensausrüstung in schlechten Zeiten. Er bringt Sie über einen zeitweiligen Lebensmittelmangel, bedingt durch Krankheit, Arbeitslosigkeit, Transportstreiks oder Benzinrationierung, hinweg. Er ist eine Sicherheit gegen kontinuierlich ansteigende Lebensmittelpreise. Es spart Geld, wenn Sie Lebensmittel in großen Mengen kaufen und erweitert die Abwechslung der Mahlzeiten, die Sie bei unerwarteten Anlässen bereiten müssen. Weiterhin bleiben Ihnen viele Wege zum Supermarkt oder dem Laden an der Ecke erspart.

Zivilverteidungsbehörden empfehlen, daß jede Familie eine Reserve für 2 Wochen an Nahrungssmitteln und Wasser bevorraten sollte.

Auch wenn Sie die Lebensmittel nicht aus diesen Gründen verwenden müssen; sie sind da und können regelmäßig verbraucht werden. Lebensmittelvorräte anzulegen, ist nicht habgierig oder egoistisch und auch nicht das »Horten« von Lebensmitteln; es gibt Ihnen lediglich eine Sicherheit, sich geschützt und selbstbewußt zu fühlen.

Um Geld zu sparen, sollte man Lebensmittelvorräte langsam aufbauen und zusätzliche Lebensmittel kaufen, wenn man es sich leisten kann oder wenn Sonderangebote verfügbar sind. Ist der Vorrat vollständig, halten Sie ihn vollständig durch regelmäßigen Verbrauch und ersetzen Sie sogleich die verwendeten Lebensmittel. Bei Büchsen oder haltbaren Lebensmitteln sollte dies etwa einmal im Monat erfolgen.

Beginnen Sie mit Grundnahrungsmitteln zum Überleben, wie Hartkeksen, die sich monatelang halten. Besorgen Sie zusätzliche Lebensmittel, die Sie brauchen und die Ihre Familie bevorzugt. Erstellen Sie eine Liste mit den Kaufdaten und kennzeichnen Sie Dosen und Behältnisse mit dem Haltbarkeitsdatum, zu dem sie ersetzt werden sollten.

Vernichten Sie verbeulte, rostige, eingekerbte oder auslaufende Lebensmittelbüchsen. Es ist günstig, Konserven einiger Fertiggerichte, wie gebackene Bohnen, zur Hand zu haben, da Bohnen in Wasser eingeweicht und gekocht werden müssen, was längere Zeit in Anspruch nimmt.

Wir haben eine Tabelle von Lebensmittelvorräten für vier Personen und zwei Wochen zusammengetragen. Sie soll lediglich eine Anregung sein, und so sollten Sie das hinzufügen oder abziehen, was Ihrer Familie am dienlichsten ist. Es sind keine Feinschmeckergerichte erforderlich, aber Sie sollen nicht gelangweilt werden und Nahrungsmittelmengen und Nährwerte der von Ihnen zuzubereitenden Gerichte sind gut.

Wir gehen davon aus, daß Sie zwei Wochen lang ausschließlich auf Ihre Nahrungsmittelvorräte zurückgreifen müssen. Je nach den Umständen haben Sie die Wahl zwischen Lebensmitteln, die kaum oder gar nicht gekocht werden müssen, solche, die man schnell über einer Flamme in der Pfanne zubereiten kann und solche, die eine längere Kochzeit erfordern.

Das Volumen der einzulagernden Vorräte ist beachtlich, und so benötigen Sie natürlich einen ausreichenden Vorratsraum.

In Krisenzeiten möchte jeder Brot, Wasser und Konserven – Dinge, die leicht zuzubereiten sind und wenig Kühlung benötigen. Die Menschen kehren zu einem sehr einfachen, primitiven Kochstil zurück.

Amine Halwany, Manager, Goodies Supermarkt, Beirut, Libanon.

Wo soll man Lebensmittel lagern?

In der Speisekammer, wenn Sie glücklich genug sind, eine zu haben, in Küchenschränken, auf Regalen, in Kartons oder Kisten in einem Nebenraum, in der Garage, der Eingangshalle, der Waschküche, dem Keller (oder dem Atombunker). Es sollte ein dunkler, trockener Teil des Hauses sein, und aus diesem Grunde ist ein nicht isolierter Dachboden ungeeignet. Selbst wenn Sie nur in einem Raum leben und Platzprobleme haben, erinnern Sie sich daran, daß unter dem Bett genügend Raum vorhanden ist.

• Legen Sie sich für schlechte Zeiten einen Lebensmittelvorrat an

Vorrat für zwei Wochen für eine vierköpfige Familie

Art des Lebens-mittels	Gesamtmenge		
Milch	2 ½ kg Trockenpulver entspricht 28 Litern	Verwenden Sie sie als Flüssigkeit für Getreideprodukte und zum Trinken	1 Liter/ Tag
		bereiten Sie Joghurt zu (1 Liter Milch = 1 Liter Joghurt)	alle zw Tage
		bereiten Sie Weichkäse zu (1 Liter Milch = 250 g Käse)	alle zw Tage
		Gelegentlich Desserts, Eierkuchen, Pudding.	
Lagerung: Milchpulver hält sich bei richtiger Lagerung jahrelang.			
Getreide und Getreideprodukte	7 kg	Mehl hauptsächlich zum Brotbacken (oder Weizen zur Mehlherstellung) auch für Kekse, Biskuit, Eierkuchen, zum Kochen	500 g/ Tag
	1,75 kg	Frühstücksgetreideprodukte (30 g pro Gericht)	alle zw Tage
	1,75 kg	Reis oder Teigwaren (trocken 30 g pro Gericht)	alle zw Tage
	½ kg	Biskuit Crackerart (als Brotersatz)	
	½ kg	süßen Kuchen (nicht wesentlich)	
	½ kg	andere Körner: Buchweizen, Hafer, Grieß für Brei, Müsli, Salate etc. (nach Geschmack der Familie)	
Gesamt:	12 kg	Lagerung: Getreideprodukte und Körne bleiben lange haltbar, wenn sie sorgfälti gelagert werden.	

t des Lebens- ttels	Gesamtmenge		
üchte, emüse und isse	10–12 kg Hülsenfrüchte	getrocknete Erbsen und Bohnen (verschiedene Sorten) (180–250 g pro Gericht)	man benötigt 3–4 Gerichte pro Person/ Tag
	2 kg	getrocknete Früchte und Nüsse (60 g pro Gericht)	
	14–16 kg Dosen	Dosensäfte (150 ml pro Gericht) Dosenobst (125 g pro Gericht) Dosengemüse und Hülsenfrüchte (80–120 g pro Gericht)	
	bis zu 1 kg	verschiedene Samen und Sprossen	
esamt:	27–31 kg	Bemerkung: Die Gesamtmengen basieren auf einem Hülsenfruchtgericht, ½ Gericht Trockennahrung und zwei Gerichten Dosenkost pro Tag. Lagerung: Die eingelagerte Menge hängt von dem Verhältnis getrockneter und Dosenkost ab. Entwässerte Lebensmittel sind erhältlich, obwohl sie teurer sind, nehmen jedoch weniger Platz weg und lassen sich länger lagern.	
sch und eisch		Vegetarier! Nehmen Sie anstelle dieser Nahrungsmittel Hülsenfrüchte und Getreide, um den Proteingehalt zu ersetzen.	
	2–2 ½ kg	Fisch- oder Fleischdosen (60–90 g pro Gericht)	jeden 2. Tag
	4–4 ½ kg	Suppen, entweder in Dosen oder Packungen (150 g pro Gericht)	jeden 2. Tag
esamt:	6–7 kg		

Art des Lebensmittels	Gesamtmenge		
Öle und Fette	bis zu 1 Liter Öl	Pflanzenöl zum Kochen und für Salate	etwas ist für die Di wichti
	und/oder 1 kg Butterschmalz	es braucht nicht in den Kühlschrank und wird anstelle von Butter oder Kochöl verwendet	
Weitere Zutaten	hängen vom Geschmack und Eßgewohnheiten ab	Salz, Pfeffer, Zucker, getrocknete Kräuter und Gewürze, Essig, Soßen, Würze Senf, Sojasoße, andere Geschmacksstoffe, Backpulver usw. Hefe zum Brotbacken, Kaffee, Tee, Kakao, Trinkschokolade, Kräutertee, Honig, Aufstrich, Erdnußbutter, Marm lade usw. Bemerkung: Zuviel Salz kann schädlich sein, aber die meisten Menschen verwenden beim Kochen etwas Salz. Lagerung: Alle diese Nahrungsmittel lassen sich langzeitig lagern.	
Verderbliches	hängt vom Klima und verfügbarem Raum ab	Eier, Zwiebeln, Knoblauch, Karotten, Rüben, andere Wurzelfrüchte, Kartoffeln, Kürbisse, Zitronen, Äpfel, Orange etc. Lagerung: Obwohl verderblich, halten sich diese Nahrungsmittel über einen adäquaten Zeitraum.	

Wie man Lebensmittel lagert

Lagern Sie haltbare Nahrungsmittel in feuchtigkeitsdichten Behältnissen, fest verschlossenen Töpfen, Plastikbehältern, Flaschen und Kisten. Heben Sie geeignete Töpfe und Dosen für die Lagerung auf.

Für das lange Lagern von Reis, Vollkornmehl und weiteren gemahlenen Getreiden ist »weiß« richtig, da brauner Reis und Vollkornmehl sehr schnell ranzig werden. Bei der Verarbeitung werden viele Nährstoffe entfernt, darunter auch die die Lebensmittel verderbenden Stoffe.

Vorratsgüter

Als Gegenmaßnahme zur Inflation sollte man sich einen Vorrat an Schuhen, insbesondere Turnschuhe, Kerzen, Toilettenpapier, Zahnpasta und Bürsten, Seife, Medikamenten, Backpulver und weitere in der Tabelle des Abschnitts »Haushaltstips« aufgelistete Dinge anschaffen.

Trockenmilch

Trockenmilch, egal ob vollfett, fettlos oder »instant«, ist eine wirtschaftliche Proteinquelle, die wesentlich weniger als pasteurisierte Milch kostet. Sie läßt sich gut lagern, sogar 7–8 Jahre, und kann als Milchgetränk, zum Kochen oder zur Joghurt- und Weichkäseherstellung benutzt werden.

Ein verschlossener 1-kg-Plastikbeutel fettarmer Instant-Trockenmilch, billig zu kaufen, ergibt 10 Liter Milch, enthält 38% Protein und nur 1% Fett.

Einfaches Überleben

Wenn Sie keinen Lagerraum zur Verfügung haben, aber dennoch einen Notvorrat an Lebensmitteln anlegen möchten, besorgen Sie einen Vorrat an Grundnahrungsmitteln - Mehl (oder Weizen), Milch und Honig, gelagert in verschlossen 20-l-Metallkannen, eine kleine Salzmenge in einem verschlossenen Behälter.

Hieraus können Sie Brot, Fladenbrot, Eierkuchen, Joghurt, Weichkäse und vieles mehr herstellen. Es hält Sie für eine ganze Weile am Leben.

SAMMELN VON REGENWASSER

Regenwasser von Ihrem Dach kann gegebenenfalls gesammelt und in einem Beton- oder galvanisierten Eisenwassertank gelagert werden, oder in einem improvisierten Tank wie einem Planschbecken, Abfallbehältern aus Plastik oder anderen großen Behältern, die einwandfrei sauber und nicht verunreinigt sind.

Eine Dachfläche von 10 qm ergibt 10 Liter Wasser pro Millimeter Regen. Auf dem Land benötigen Sie einen 100 000-Liter-Tank für die regelmäßige Benutzung. Wo dies in der Stadt möglich und gesetzlich erlaubt ist, wäre ein 10 000-Liter-Tank eine gute Grundlage für die Wasserversorgung. Es werden etwa 1000 Liter im Notfall benötigt, die zwei Wochen ausreichen.

Wasser wird zum Trinken, Waschen und Kochen, z. B. zum Einweichen von Körnern und Gemüse und zum Verarbeiten von Bohnenkeimlingen, Umwandeln von Trockenmilch und die Zubereitung von Joghurt, Suppen und belebender Getränke benötigt. Wenn Sie glauben, daß im Notfall Ihre Wasserzufuhr unterbrochen wird, müssen Sie es lagern.

Ein Liter pro Person und pro Tag ist das Minimum an Trinkwasser. Lagern Sie das Wasser in Plastikbehältern, Flaschen oder Kannen oder ersetzen Sie es durch Selterswasser- und Limonadenflaschen, Suppenbüchsen, Frucht- und Gemüsesäfte in Ihren Vorräten. Der durchschnittliche Wasserverbrauch liegt bei etwa 150 Liter pro Person und Tag. Wir haben Wege zur Wassereinsparung in unserem Haushaltsabschnitt aufgelistet.

Reinigen von Wasser

Sie können Wasserreinigungstabletten beim Drogisten oder Campingzubehörgeschäften kaufen und sie aufbewahren. Vom Dach eines Stadthauses gesammeltes Wasser mag einer Reinigung bedürfen, wenn man es trinken oder zum Kochen verwenden will.

Seihen Sie das Wasser, wenn erforderlich, durch mehrere Lagen reiner Tücher, dann lassen Sie es 5–10 Minuten sieden, wobei die Keime abgetötet werden. Lassen Sie es abkühlen. Eine Prise Salz wird jedem Liter Wasser zugesetzt, was den Geschmack verbessert. Aufgekochtes Wasser sollte innerhalb von 24 Stunden verbraucht oder für die Lagerung mit Chlor versetzt werden. Um etwas von dem durch das Sieden verlorengegangenen Sauerstoff zu ersetzen, gießen Sie Wasser von einem sauberen Behälter in den anderen. Wiederholen Sie es mehrere Male.

Flüssiges Chlor (Haushaltsbleiche), das als einzigen Bestandteil Hypochlorit enthält, oder 2% Jodtinktur reinigen verunreinigtes Wasser. Setzen Sie pro Liter Wasser 20 Tropfen der Jodtinktur oder 15 Tropfen flüssiger Chlorbleiche zu. Wenn das Wasser getrübt ist, verdoppeln Sie die Menge.

LAGERN VON GETREIDE

Kleine Getreidemengen können in Glastöpfen mit festsitzenden Verschlüssen gelagert werden. Schimmel kann durch Feuchtigkeit hervorgerufen werden. Wenn der Weizen oder anderes Getreide einen hohen Feuchtigkeitsgehalt besitzen, stelle man das Getreide auf einer flachen Pfanne 20 Minuten in einen auf 65° C erhitzten Ofen. Diese Behandlung vernichtet alle Stufen von Befall.

Blechdosen

Alte Blechdosen sind zum Lagern sämtlicher für Getreideschädlinge anfällige Nahrungsmittel geeignet, Weizen und andere Körner, Mehl und Bohnen. Stellen Sie einen angezündeten Kerzenstumpf auf die Oberfläche des heruntergeschüttelten Getreides, verschließen Sie den Deckel schnell und versiegeln Sie ihn mit Isolationsband.

Die Kerze wird den gesamten im Inneren befindlichen Sauerstoff verbrauchen, so daß die Schädlinge nicht mehr atmen können.

Zerkleinertes Trockeneis, über den Boden des Behälters verteilt, entfernt ebenfalls Sauerstoff. Schütten Sie die Körner auf das Trockeneis, warten Sie 15–20 Minuten mit dem Verschließen. Bei der Handhabung von Trockeneis sollten Sie Handschuhe benutzen.

Größere Mengen

Lagern Sie größere Getreidemengen in Metalldosen, Tonnen oder Fässern, die luftdicht verschlossen werden können.

Diese aufgezeigte Methode schützt die Körner gegen Mäuse, Ratten, Käfer und Schimmel. Legen Sie eine Plastik-Mülltonne mit einem dicken Plastiksack aus. Füllen Sie das Getreide ein und fügen Sie 3–4 trockene Knoblauchzehen oder einige Lorbeerblätter bei, um die Schädlinge zu vertreiben.

Nehmen Sie sodann 6–8 Rollen Toilettenpapier, entfernen Sie die Plastikhülle und legen Sie die Rollen in das Innere des die Körner enthaltenden Plastiksacks. Die Toilettenpapierrollen saugen Feuchtigkeit, bedingt durch schwankende Temperatur, während des ganzen Jahres auf. Verschließen Sie den Plastiksack mit einer Schnur und legen Sie den Deckel wieder auf.

Lagern Sie die Behälter an einem trockenen, kühlen Platz, entfernt von Heißwasserrohren, aus dem Kühlschrank austretender Wärme oder anderen Stellen, wo sich Temperaturschwankungen ergeben können. Der Behälter sollte auf einem Holzfußboden oder auf Holzblöcken stehen und niemals direkt auf Erd-oder Betonböden, da dieselben schwitzen und Schimmel oder sogar Rost an den Behältern hervorrufen können.

DIE SPEISEKAMMER

Eine Speisekammer ist ein Gewinn für jede Küche. Sie kann tatsächlich niemals zu groß sein, und in einigen Bauernhäusern nimmt die Speisekammer einen Raum für sich ein. Eine begehbare Speisekammer mit etw 2 m Höhe, 2 m Breite und 1 m Tiefe ist für eine Familie ideal. Unsere ist sogar noch größer, so sind wir glücklich.

Um die Lebensmittel sachgerecht zu lagern, muß die Speisekammer sauber und trocken, kühl im Winter und nicht dem Sonnenlicht aus-

Einrichtung der Speisekammer.

Unsere für die Speisekammer vorgeschlagene Einrichtung, wie in der Zeichnung wiedergegeben, vom oberen Regal nach unten führend.

1. Außer Reichweite der Kinder wird die Medizin, der Erste-Hilfe-Kasten, Kerzen, Seife, Streichhölzer, Toilettenartikel und Reservebatterien aufbewahrt.

2. Ihr Eingewecktes, entweder selbst hergestellt oder im Laden gekauft, und größere Mengen an Salz und Kaffee etc.

3. Gewürzpflanzen und Gewürze in Gläsern, die in einer Reihe aufgestellt werden können.

4. Marmeladen, Chutney, Aufstrich, Tee, Getränke und Fischbüchsen, wie Thunfisch und Sardinen.

5. Brot, Kekse, Pasten, Mehl, trockene, nicht verderbliche Produkte.

6. Für den täglichen Gebrauch: Gläser mit sperrigen Produkten, die in kleine Stücke zerbrochen sind, sowie Honig, Trockenmilch, Kochöl, Zucker, Salz und Müsli etc.

7. Luftdichte, große Behälter für Mehl, Reis, Haferflocken und vielleicht Wasser für den Notfall.

gesetzt sein. Sie sollte entfernt von Heißwasserrohren und den heißen Abgasen des Eisschranks sein.

Es sollten massive Regale zur Aufnahme des Lebensmittelgewichts aufgestellt werden. Streichen Sie diese mit weißem Glanzlack und halten Sie die Speisekammer aufgeräumt. Man kann auch Regale in die Speisekammertür zur Aufnahme von Flaschen wie in der Tür des Kühlschranks einbauen. Verwenden Sie zusätzlich zu einem alten Schrank Regale, um die Lebensmittel zu lagern, falls keine Speisekammer zur Verfügung steht.

Benutzen Sie die Speisekammer zur Lagerung des täglichen Bedarfs, für langfristige Lagerung und für Notfallvorräte. Dies wird dazu führen, daß ein großer Teil der Unordnung von ihren Küchenbänken und Arbeitsflächen verschwindet.

Sicherlich findet sich auf den Regalen Raum für das Aufstellen einer Keimbox, wozu man eine Reihe von zwei oder drei Sieben oder Durchschlägen unterschiedlicher Größe ineinanderlegt. Alle drei können in einem Arbeitsgang bewässert werden, wobei ein Teller oder eine Platte zur Aufnahme des überschüssigen Wassers daruntergestellt wird.

Kaufen Sie Sonderangebote wie Tee, Kaffee und Seife zum Lagern. Wenn Sie Ihre Einkäufe auspacken, stapeln Sie neugekaufte Gegenstände in der Speisekammer hinter den alten, so daß die verwendeten Lebensmittel ständig rotieren. Es ist eine gute Idee, Lebensmittel mit dem Kaufdatum zu kennzeichnen.

Wann immer Sie Medizin kaufen, schreiben Sie auf das Päckchen oder die Flasche das Datum und zu welchem Zweck die Medizin gekauft wurde. Die meisten Etiketten geben nur die Bestandteile wieder.

KONSERVIERUNG VON NAHRUNGSMITTELN

Sie können Ihre Nahrungsmittel selbst konservieren durch Einwekken, in Essig einlegen, trocknen, salzen, fermentieren (Joghurt, Käse und Bier), Brot backen und kochen. Früchte und Gemüse mit hohem Säuregehalt sollten in Einweckgläsern aufgenommen werden, jedoch müssen Fisch, Fleisch und Gemüse niedrigen Säuregehaltes auf 115° C erhitzt werden, da andererseits die Gefahr einer Lebensmittelvergiftung aufgrund von Keimen gegeben ist.

Einweckgläser mit Metalldeckel und Federklammern

Das Einwecken

Über die Benutzung von Einweckgläsern sollte man sich Gedanken machen, wenn man seine eigenen Früchte und Gemüse im Überschuß anbaut oder dieselben preiswert auf dem Markt einkaufen kann.

Erfolgreiches Einwecken hängt von folgenden Faktoren ab:

1. Einfüllen des verlesenen und gekauften Gutes möglichst umgehend, vorzugsweise innerhalb von ein paar Stunden.
2. Ausreichende Sterilisation, damit alle verderblichen Bakterien abgetötet werden.
3. Sorgfältiges Verschließen, um sofort jegliche Luft auszuschließen.
4. Lagerung in einer kühlen, dunklen Speisekammer oder an einem anderen trockenen Ort.

Benutzen Sie Einweckgläser aus Glas mit Glasdeckeln und neue Gummiringe sowie Metallklammern zum Verschließen während des Einkochens. Manchmal sind Einweckgläser auch aus zweiter Hand bei Auktionen auf dem Lande oder durch Anzeigen in entsprechenden Zeitungen erhältlich.

Ein vollständiger Einwecksatz besteht aus einem großen Gefäß, das sieben bis zwölf Gläser aufnimmt, einem Thermometer, einer Gebrauchsanweisung, Gläsern, Ringen und Federbügeln. Ein Trichter mit großer Öffnung ist für das Füllen der Einweckgläser geeignet.

Die Zeit und Temperatur beim Einwecken von Früchten und Gemüse hängt von der Größe der verwendeten Gläser ab, wie dicht sie gefüllt sind und ob Sie Säure enthalten oder nicht. Ein Einweckglas mit einem Liter Füllgewicht enthält genügend konservierte Nahrung für eine vierköpfige Familie.

Sammeln Sie Gemüse und Früchte zum Einwecken, wenn sie vollreif sind, nicht grün (hierunter leidet der Geschmack) oder überreif (sie werden breiig und geschmacklos). Waschen Sie sämtliche einzuweckenden Lebensmittel gründlich. Sie müssen unbedingt sauber sein.

Lebensmittel hohen Säuregehaltes wie Früchte, insbesondere Pfirsiche oder Tomaten, können durch Sieden sterilisiert werden. Gemüse niedrigen Säuregehaltes sind durch Einwecken schwieriger zu konservieren. Sie sollten vorzugsweise eingefroren, in Essig eingelegt oder getrocknet werden. Beim Einwecken behalten die Nahrungsmittel ihre ursprüngliche Farbe und Geschmack bei und der Vitamingehalt geht nicht verloren, obgleich Vitamin B und C und Enzyme beim Erhitzen verringert werden. Vitamin A wird nicht beeinträchtigt.

Einwecken ohne Ausstattung

Dämpfen Sie die Früchte in Emaille- oder Steinguttöpfen, niemals in Metall (und versuchen Sie Honig oder frische Rosmarinblätter anstelle von Zucker).

Waschen und Erwärmen Sie die erforderliche Anzahl an Gläsern mit Schnellschraubverschluß in einem mit heißem Wasser fast vollständig gefüllten Abwaschbecken (benutzen Sie weder Seife noch Reinigungsmittel). Wenn Sie zum Einfüllen der Früchte bereit sind, stellen Sie eine Anzahl von Gläsern und Deckeln gleichzeitig auf das Ablaufbecken. Gießen Sie siedendes Wasser darüber und in die Gläser (während der Kessel auf dem Herd neben den langsam siedenden Früchten am Sieden gehalten wird).

Stellen Sie die Gläser auf eine dicke Schicht Zeitungspapier auf das Küchenbrett neben dem Herd und füllen Sie die siedenden Früchte und den Saft ein. Wenn die Gläser im wahrsten Sinne überlaufen, legen Sie den Deckel darauf und schließen ihn. Dies führt zu einem Vakuum, wenn die Gläser abkühlen. Wir haben oft Schwierigkeiten, die Deckel wieder abzubekommen!

Ich habe so eingeweckte Früchte 14 Monate aufbewahrt. Die wenigen Mißerfolge beruhten auf langsamem Lecken von verschlissenen Dichtungen oder den Innenseiten des Deckels, oder einem unvollständigen Vakuum, weil nicht darauf geachtet wurde, daß die siedende Flüssigkeit langsam überläuft, wenn der Deckel aufgesetzt wird.

Eine praktische Pfanne

Von allen zusammengetragenen Ausrüstungsgegenständen, die uns in unserer »neuen« Landbehausung helfen sollten, war unser aus zweiter Hand erworbener großer Einwecktopf am besten. Wir haben uns darin gewaschen, ihn als Baby-Badewanne benutzt, Zement und Mörtel darin gemischt, Marmelade und Relish zubereitet, Brennholz und Wasser darin transportiert, die Waschmaschine entleert und die Kleidung getrocknet! Wir können die Anschaffung nur guten Glaubens empfehlen, wenn man aufs Land umzieht.

Pickles und Chutney

Essiglauge konserviert Früchte und Gemüse und verhindert einen Verderb der Nahrungsmittel und vermittelt zum Beispiel Zwiebeln, Kohl, Gurken, Rüben und anderen Gemüsearten einen würzigen Geschmack. Sowohl bei Pickles als auch bei Chutney verwende man grobes Kochsalz, Seesalz oder Steinsalz anstelle von herkömmlichem Tafelsalz, um die Sole herzustellen. Ein »Pickle« kann süß oder säuerlich sein und besteht aus Obst oder Obst und Gemüse, eingelegt in klarem Würzessig. Chutney ist gewöhnlich ein heißer oder würziger Brei aus Obst oder Gemüsen, die langsam in Essig mit Geschmackskomponenten aufgekocht worden sind.

Essig, Salz, Gewürzpflanzen und Gewürze stellen die Hauptbestandteile dar. Das wesentliche Konservierungsmittel ist die Essigsäure im Essig, während das Salz dem Pökeln dient und Zucker und Gewürze bei süßen »Pickles« und Chutney zum Konservieren der Lebensmittel dienen. Brauner Malzessig gibt den besten Geschmack, während weißer Essig und destillierter Essig zu einem besseren Aussehen führen, insbesondere in klaren Einleggläsern. Man kann natürlich ebenfalls Apfelessig verwenden.

Dillgurken

Verwenden Sie frische, kleine Einleggurken oder zerteilen Sie große Gurken in Hälften. Frieren Sie sie ein oder weichen Sie sie 24 Stunden in einer geeisten Solelösung ein. Schichten Sie abwechselnd Gurkenlagen und frische Dillspitzen (oder Dillsamen) in ein Einweckglas. Kochen Sie den gewürzten Essig auf und gießen Sie ihn über die Gurken in dem Glas, etwa 1 cm über den Gurken. Verschließen Sie das

Glas. Dies ist nur eine Möglichkeit dieses traditionellen Rezepts – es gibt viele Abwandlungen.

Würziger Essig

Ein mit Gewürzen durchsetzter Einlegessig wird gewöhnlich rechtzeitig zubereitet und gelagert, bevor ein Einlegen der entsprechenden Früchte oder Gemüse erfolgt. Wenn die »Pickles« scharf sein sollen, fügen Sie Cayennepfeffer, Chily oder Senfkörner bei.

Zur Herstellung von Würzessig: Jedem Liter Essig werden jeweils 75 g Nelken, Ingwer, »Allspice« (ein Gemisch aus Nelken, Zimt und anderen Gewürzen), Zimt (oder eine Zimtstange) und weißer Pfeffer (oder einige Peperoni) beigegeben. Füllen Sie dieses Gemisch in eine gut verkorkte Flasche und lassen Sie es sich 6–8 Wochen setzen.

Eine schnellere Methode: Bereiten Sie die gleiche Mischung und geben Sie sie in ein Wasserbad über einer mit heißem Wasser gefüllten Pfanne, wobei man die Gewürze in ein Musselintuch legt. Bringen Sie das Ganze zum Sieden, dann läßt man abkühlen und seiht den Essig für eine spätere Verwendung ab.

Eingelegte Zwiebeln

Schälen Sie kleine, in Essig eingelegte Zwiebeln oder Schalotten unter Verwendung eines Messers aus rostfreiem Stahl, damit sie nicht schwarz werden. Legen Sie diese in einer Lauge 24–48 Stunden ein. Lassen Sie abtropfen, füllen Sie sie in Gläser und bedecken Sie die Zwiebeln mit kaltem, gewürztem Essig. Dann verschließen.

Eingelegte rote Bete

Bringen Sie die Rüben zum Kochen, bis sie weich genug sind, daß Sie mit einer Gabel zerdrückt werden können. Legen Sie diese in ein Glas, bedecken Sie sie mit kaltem, gewürztem Essig und verschließen Sie das Glas. Um sie haltbarer zu machen, sollten die roten Bete, solange sie noch warm sind, in Würfel geschnitten, lose in die warmen Gläser gefüllt und mit gewürztem, noch siedendem Essig gut bedeckt werden. Sodann wird das Glas verschlossen.

Utensilien

Essig, Pickles und Chutney sollten in Gefäßen aus rostfreiem Stahl, Glas oder Emaillegeschirr zubereitet werden. Verwenden Sie keine Eisen-, Messing-, Kupfer- oder Aluminium-Gerätschaften, da die Einwirkung von Säuren und Essig auf diese Geräte den Nahrungsmitteln einen metallischen Geschmack vermittelt und giftige Komponenten erzeugt. Zum Rühren bedienen Sie sich deshalb stets eines Holzlöffels.

Es ist eigentlich jedes Einweckglas zur Aufbewahrung von Pickles und Chutney geeignet. Waschen Sie dieselben mit heißem Wasser und trocknen Sie sie vor der Benutzung gut. Der Deckel muß fest genug anliegen, um ein Verdunsten des Essigs zu verhindern. Metalldeckel korrodieren durch Essig.

Eine zweckmäßige Methode, die Einweckgläser zu verschließen, besteht darin, das eingeweckte Gut mit geschmolzenem Paraffinwachs abzudecken, das gewissermaßen eine Haut bildet, so daß der Essig nicht eindringen kann. Oder Sie können auch mit essigfestem Papier (wie Pergamentpapier) abdecken. Schmieren Sie sowohl die Korken als auch die Glasstopfen mit etwas Vaseline oder Wachs ein, um sie luftdicht zu machen.

Methode

Zum Einlegen bestimmtes Obst und Gemüse muß frisch und trocken sein, ohne Schimmel oder Flecken. Um Wasser abzuziehen, werden die Gemüse entweder mit Salz bestreut oder 12–24 Stunden in eine kräftige Lauge gelegt. Die Lauge wird durch Zusatz von 5 Litern kochendem Wasser zu 500 g Salz hergestellt. Man läßt abkühlen und seiht durch Musselin ab.

Zum Einlegen wird Essig über die in ein Einweckglas gefüllten Gemüse, entweder heiß oder kalt, gegossen, je nach dem entsprechenden Rezept. Für knackige »Pickles« wie Kohl oder Schalotten wird kalter Essig eingegossen. Heißer Essig wird gewöhnlich für zarte Gemüse verwendet.

Die zum Herstellen von Chutney verwendeten Früchte und Gemüse sollten entweder zu einem Brei verarbeitet oder kleingeschnitten werden. Fügen Sie Salz, Gewürze und Essig hinzu und kochen Sie alles, bis die Bestandteile gut vermischt sind und keine überschüssige Flüssigkeit mehr verbleibt.

Lagern Sie eingelegte Produkte und Chutney in einem kühlen, trokkenen Raum. Man läßt sie am besten 2 Monate reifen, bis sich der richtige Geschmack entwickelt hat. Servieren Sie Pickles und Chutney mit kalten Fleischsandwiches.

Viele Arten von Lebensmitteln bieten sich geradezu zur Konservierung durch Einlegen an. Man kann es mit Eiern, Nüssen, Rotkohl, gemischten Gartengemüsen (Piccalilli), Blumenkohl, Karotten, Sellerie, Bohnen, Melonen, Rüben, Pilzen und sogar Kapuzinerkresse-Samen versuchen.

GETROCKNETES OBST

Bananen

Neben anderem Obst können auch Bananen getrocknet werden. Ich experimentierte herum, indem ich Bananenbrei zubereitete und Zitronensaft zugab und auch noch eine kleingeschnittene Zitronenschale (verwenden Sie eine Muskatnußreibe) und etwas Honig. Ich legte alles auf ein Tablett und ließ es mit anderem Obst in der Sonne trocknen. Der Geschmack war hervorragend.

Erdbeeren

Wenn Sie der Versuchung widerstehen können, alle Erdbeeren frisch zu essen, haben wir zwei Vorschläge, wie man Erdbeeren trocknen kann.

1. Kochen Sie 500 g Zucker mit 150 ml Wasser auf. Geben Sie 1 Liter sauberer Erdbeeren hinzu. Erhitzen Sie. Gießen Sie alles auf eine Schüssel und lassen Sie es an der Sonne trocknen. Rollen Sie das Ganze gleich einem Eierkuchen auf und heben Sie es in einem Einweckglas auf. Kirschen können natürlich in der gleichen Weise konserviert werden.

2. Zerkleinern Sie reife Erdbeeren sorgfältig zu einem Brei. Verteilen Sie ihn auf einem Tablett oder geeigneter Schüssel und lassen Sie ihn an der Sonne trocknen (oder vermittels niedriger Wärmestufe in einem Ofen). Wenn der Brei trocken ist, bestäuben sie ihn mit Puderzucker (oder lassen Sie ihn weg, wenn Sie ihn nicht mögen). Bewahren Sie das Ganze in Einweckgläsern auf.

Zubereitung von Butterschmalz

Butterschmalz wird aus geschmolzener Butter zubereitet und ist eine dickliche Flüssigkeit, die anstelle vom Butter oder Öl verwendet werden kann. Es kann 2–3

Monate in der Speisekammer in einem verschlossenen Gefäß aufbewahrt werden, ohne ranzig zu werden. Man kann Butterschmalz in vielen asiatischen Ländern kaufen oder es auch selbst zubereiten.

Man nehme einen schweren Topf, schmelze die Butter behutsam und stelle sie dann in den Eisschrank. Die gelöste Butter wird nach oben steigen. Vergessen Sie die auf den Boden gesunkenen Milchfeststoffe und erhitzen Sie das Butterfett erneut, bis es kocht. Kochen Sie es etwa 3–5 Minuten langsam. Man läßt sodann langsam abkühlen, seiht das Ganze durch ein Musselintuch (lassen Sie jeden Niederschlag auf dem Topfboden). Man gießt das Fett in ein trockenes, sauberes Glasgefäß und verschließt es nach der Abkühlung.

Zuhause

- Haussicherheit
- Wasser sparen
- Wasser erhitzen
- Beleuchtung
- Isolation
- Warmhalten
- Bekleidung in Notzeiten
- Brennmaterial
- Lumpenverwertung
- Kühlen

Ihr Zuhause mag ein Haus in einem Vorort, eine Wohnung oder ein Raum sein, entweder Ihnen gehörend oder aber gemietet. Dort haben Sie zu leben und werden bemüht sein, das Beste daraus zu machen.

Ein Zuhause bedeutet ein Dach über dem Kopf, Schutz vor Regenfällen, Wärme im Winter und einen Schlupfwinkel, in den man sich zurückziehen kann. Es ist ein Ort der Entspannung, zum Schlafen, Essen, Kochen, Waschen und um Ihren eigenen Neigungen nachzugehen. Sie sollten sich zu Hause glücklich und geborgen fühlen.

Um die Ausgaben zu verringern und Ihr Leben zu vereinfachen, gibt es zwei Dinge, die in jedem Haus verbessert werden sollten:

1. Sparen Sie im Haus Energie, indem Sie deren Wirkungsgrad besser nutzen und Ihre Lebensgewohnheit von einer Energieverschwendung auf Sparsamkeit umstellen.
2. Bedienen Sie sich verfügbarer Hilfsmittel, der Sonne, des Wassers, des Bodens, der Lebens- und Arbeitsräume, machen Sie Ihr Zuhause produktiver und effizienter.

Methoden zum Wasser- und Energiesparen beim Erwärmen des Wassers und der elektrischen Beleuchtung, Wege, wie man es im Winter warm und im Sommer kühl hat, sind auf den folgenden Seiten dieses Abschnitts erläutert. Allgemeiner sind diese Mittel beispielsweise im Kapitel Kochen mit wenig Energie erläutert.

In einem Stadt- oder Vororthaus können wir eine Menge Nahrungsmittel selbst anbauen. Wir können uns jedes sonnige Plätzchen zum Züchten von Gemüse und Obst zunutze machen. Wir können auf kost-

spieligen chemischen Dünger und Sprühmittel verzichten, indem wir uns organischer Methoden bedienen und den Boden mit Haushaltsabfällen, wie kompostierten Essensresten, Holzasche aus dem Kamin und verdünntem Urin (der reich an Stickstoff ist) düngen.

Das Zuhause kann ebenfalls zu einer Arbeitsstelle werden, wenn Sie sich ein ganztägiges oder halbtägiges Gewerbe aufbauen, das Sie von zu Hause aus betreiben können. In einem Heimbetrieb könnte man Gewürzpflanzen anbauen, Kunstgewerbegegenstände, wie Steingutartikel oder Schmuck, herstellen, Manuskripte schreiben, hausgemachte Pasteten oder Zwiebelkuchen zubereiten oder spinnen und weben.

Indem Sie Ihren Haushalt effizienter gestalten, können Sie Ihr Leben besser einteilen, wenn Sie Ihre täglichen Lebensgewohnheiten ändern, nichts mehr verschwenden, sondern produktiver werden und Ihr Haus nach Ihren persönlichen Bedürfnissen ausrichten, was letztlich für Sie von Vorteil ist.

Kümmern Sie sich um Ihr Haus, auch wenn es nur gemietet ist. Halten Sie es instand und verbessern Sie es. Streichen Sie es und halten Sie es in einem sauberen Zustand. Ein weißer Farbanstrich an den Wänden und Seegrasmatten auf dem Boden können Wunder bewirken.

Beseitigen Sie undichte Dachstellen und zerbrochene Fenster und sorgen Sie dafür, daß die Abflüsse einwandfrei ablaufen. Machen Sie Ihr Haus gemütlich.

Möbel können Sie gebraucht preiswert kaufen. Schauen Sie sich auf Abrißstellen und Baumaterialhandlungen nach Türen, Fenstern, Ausgußbecken, wiederverwendbaren Mauersteinen und billiger Farbe um. Streichen Sie herum, wenn die Müllabfuhr Gegenstände abholt, die andere Leute nicht mehr wollen. Reinigen Sie sie und geben Sie ihnen ihren Platz im Haus.

Ihr Haus, das Sie bauen oder in dem Sie leben, sollte kultiviert wirken und Ihre Bildung und Erziehung, Ihr Vermögen, Funktionstüchtigkeit und Schönheit, Ihren Lebensstil und was für ein Mensch Sie sind, widerspiegeln. Es ist natürlich weitaus denkbarer, daß es Ihr Einkommen, Ihre Zahlungskräftigkeit für Miete oder Hypotheken, Ihr Alter und wie viele Personen zu Ihrem Haushalt gehören, aufzeigt.

So gibt es viele Pro und Contra, ob es besser ist, ein Haus zu mieten oder zu kaufen. Mieten bedeutet weniger Verantwortung und das Haus läßt sich billiger bewirtschaften, da der Besitzer die Belastungen und Reparaturen zu tragen hat. Der Mieter muß natürlich seine eigenen Gas- und Stromrechnungen bezahlen. Sie können sich ein Miethaus mit Freunden teilen, was billiger ist. Sehen Sie in der Zeitung unter »Wohngemeinschaft« nach. Mieten kann auch eine Übergangslösung sein, wenn Sie Geld sparen wollen, um ein eigenes Haus zu kaufen.

Der Besitz eines eigenen Hauses ist ein Vermögen und eine gute Investition. Sie können das Haus als Geldanlage nutzen und es gewöhnlich mit Gewinn verkaufen.

Wenn Sie ein eigenes Haus kaufen, können Sie es nach Ihren und den Bedürfnissen Ihrer Familie einrichten. Es ist mehr Platz für die Kinder zum Spielen und zum Anbauen von Nutzpflanzen da. Andererseits haben Sie die Belastungen mit Grundsteuern und Wassergebühren, Kosten zum Instandhalten und regelmäßige Rückzahlungen auf die Hypotheken. Wenn Ihr Haus abgezahlt ist, können Sie sich sicher genug fühlen und den Kopf etwas höher tragen.

Nutzen Sie die Vorteile von Steuervorteilen und niedrigen Zinsen.

Man kann natürlich ein Haus auch zusammen mit anderen Menschen kaufen und sich den Wohnraum teilen, jedoch hängt viel von den vertraglichen Regelungen der Käufer untereinander ab.

Oder beginnen Sie, wie wir es taten. Wir kauften ein verkommenes altes Haus in der Stadt, renovierten es für einen Wiederverkauf und kauften dann ein größeres Haus. Die aufgewandte Zeit und Energie brachte uns einen Gewinn. Dann lebten wir in einem winzigen Steinhaus auf dem Land und schließlich zogen wir in eine typische Vorstadtsiedlung in ein Schindelhaus in frischer Luft, grüner Umgebung und mit genügend Raum für einen Garten.

Ihr eigenes Haus zu bauen ist in einem städtischen Vorort ein teures Unterfangen. Billiger ist es in Kleinstädten und auf dem Land. Wenn Sie selbst bauen wollen, sollten Sie das Klima und die Umgebung Ihres Grundstücks, den Wind, Sonne, Bodenbeschaffenheit, Höhe, Neigung, Aussicht, Wasserversorgung und schließlich die Vegetation berücksichtigen.

Ein mit Sonnenkollektoren ausgestattetes Haus, das genau in Richtung auf die Sonne orientiert ist, die richtige Belüftung, Schatten und Windschutz besitzt, sollte durch seine Bauweise die Wärme halten und sie nur langsam abgeben. Die Bewohner leben bequem und sind nur begrenzt auf Energie von außen angewiesen. In kühleren Gegenden kann man an der Nordseite ein Gewächshaus und in wärmeren eine Veranda anbauen.

SICHERHEIT IM HAUS

Arbeitet man zu Hause, ist man vor einem Einbruch sicherer, auch dann, wenn sich stets jemand in der Nähe des Hauses aufhält. Einbrüche häufen sich jedoch. Um Diebe fernzuhalten, versehen Sie alle Außentüren mit Sicherheitsschlössern und montieren Sie an der Eingangstür eine Verriegelungskette.

Wenn Sie in den Urlaub fahren, bestellen Sie die Zeitung und Milch ab und bitten Sie Ihren Nachbarn, die Post entgegenzunehmen, den Müllkasten wieder hereinzunehmen und ein Auge auf mögliche Eindringlinge zu haben. Mähen Sie vorher den Rasen, wenn Sie für längere Zeit das Haus verlassen.

Geben Sie dem Haus den Anschein, als sei es bewohnt. Mit einem Zeitschalter können Sie nachts das Licht und Radio einschalten. Lassen Sie keine Mitteilungen wie »in fünf Minuten zurück« oder »Karl, der Schlüssel ist in der Waschküche« an der Tür.

Besorgen Sie sich Fensterbeschläge, die es gestatten, die Fenster so weit zu öffnen, daß genügend frische Luft hereinkommt, sie jedoch verriegelt halten.

Drei in einem Campingwagen

Mit meinen beiden Töchtern – Wendy (8) und Debbie (5 Jahre) – flohen wir vor den hohen Stadtmieten in unseren sieben Meter langen Campingwagen. Als Unterkunft ist dieser Wagen schön, wenn man ihn so oft wie möglich verlassen kann, Entspannung nach dem eingepferchten Leben auf engem Raum unter Bäumen und Pflanzen findet und den Geräuschen des Busches lauschen kann.

Unser Bettzeug besteht aus Schlafsack und Laken ohne Decken. Wir benutzen die Schlafsäcke das ganze Jahr über und bei warmem Wetter schütteln wir die Federn hinunter. Nichts ist zweckmäßiger und bequemer und wir schlafen ausgezeichnet.

Unsere Nahrung ist einfach. Gebratener Reis, Kartoffeln (in der Schale gekocht), Eier, soviel Dinge wie möglich hineingemischt, so daß die Einbildung geweckt wird, es sei etwas Besonderes, und natürlich viel frisches Obst und Gemüse. Entweder durch Glück oder gute Erziehung verschmähen meine Kinder minderwertige Fertiggerichte, so daß in dieser Richtung kein Geld verschwendet werden muß.

In einem Campingwagen zu leben, ist bei gutem Wetter erträglich, bei Nässe jedoch nicht gerade erquickend. Es gibt nichts, wo man die nassen Sachen hinhängen könnte, die Kinder trampeln mit den Füßen und jeder fällt jedem auf die Nerven. Wir haben uns mit der Tatsache abgefunden, daß es unmöglich ist, alles wegzulegen. Die meisten Campingwagen sind nicht so ausgerüstet, daß man die Anhäufung von Kleinigkeiten und Gegenständen, die sich über die Jahre in einer Familie ansammeln, unterbringen kann. So haben wir uns daran gewöhnt, daß der Herd mit Backformen, Bratpfannen, dem Druckkocher und Trokkenmilchbüchsen vollgepackt ist und andere Gegenstände unter dem Tisch liegen.

Unterhaltung ist billig - lesen, spazierengehen, malen, Kartenspiele, das gute alte Scrabble und natürlich auch der unentbehrliche Fernseher, wenn alle Möglichkeiten ausgeschöpft sind. Wir haben eine Abmachung getroffen,welche Vergnügen zu welcher Zeit stattfinden sollen. Mit nur einem einzigen Tisch läßt sich nicht viel anfangen und auch der Fußboden hat seine Grenzen. Mein Bett wird als »Wohnzimmer« ausgezogen, wenn wir fernsehen wollen, mit dem unvermeidlichen Kabbeln um einen guten Platz.

Immer ist man sich gegenseitig im Wege, aber ich glaube, es ist eine Sache der Rücksichtnahme. Ich würde mich sicherlich nach all den Jahren im Campingwagen in einem großen Haus nicht mehr wohl fühlen. Ich würde es sicherlich bis zum letzten Platz vollstopfen, um mich wieder behaglich zu fühlen.

WASSER SPAREN

Jeder Mensch, der während einer Trockenperiode auf dem Land gelebt hat, weiß genau, wie wertvoll frisches Wasser ist. Wir brauchen es zum Trinken, Waschen, Kochen und für die Pflanzen und Tiere.

In Städten und Großstädten besteht kaum ein Grund, Wasser zu sparen, es sei denn, um die übermäßigen Kosten zu verringern. Mehr als die Hälfte des Trinkwassers wird zum Sprengen »englischer« Rasen in der sengenden Hitze des Sommers oder zur Toilettenspülung benutzt; es geht in den Abguß, ergießt sich in den Ozean und verseucht unsere Strände.

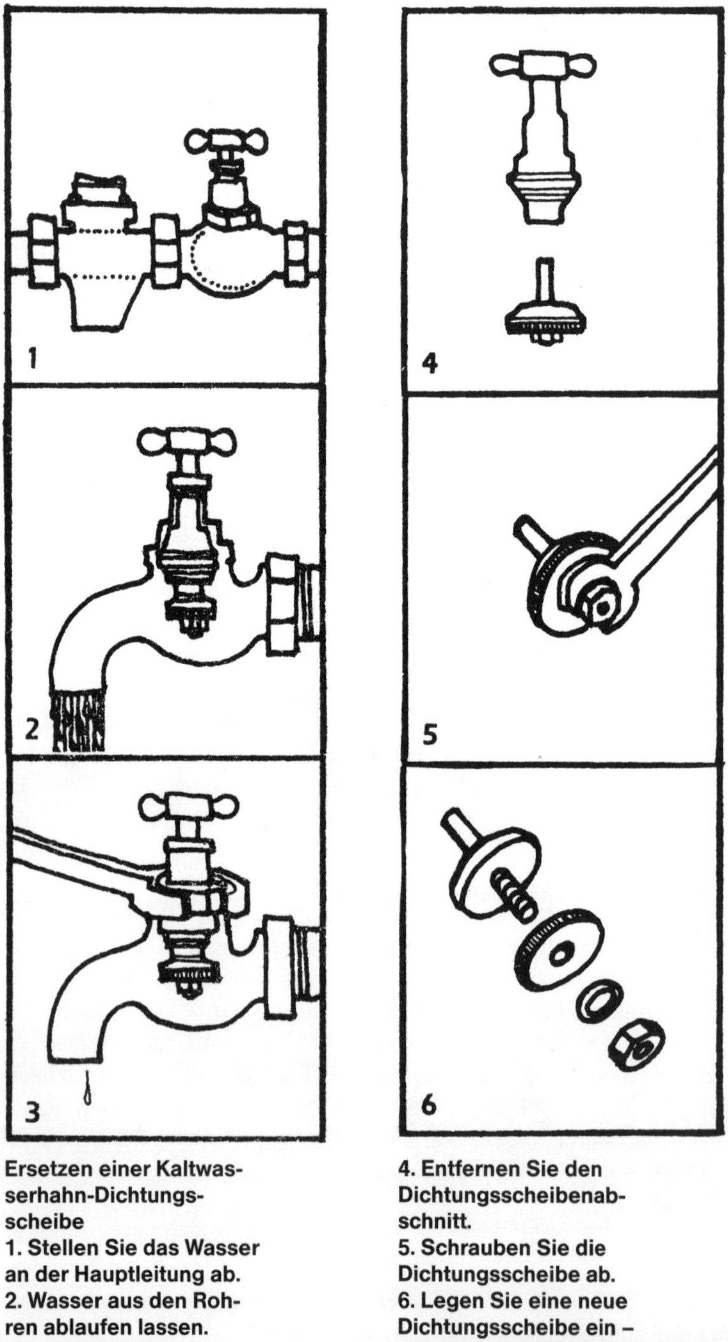

Ersetzen einer Kaltwasserhahn-Dichtungsscheibe
1. Stellen Sie das Wasser an der Hauptleitung ab.
2. Wasser aus den Rohren ablaufen lassen.
3. Schrauben Sie die große Schraube ab.
4. Entfernen Sie den Dichtungsscheibenabschnitt.
5. Schrauben Sie die Dichtungsscheibe ab.
6. Legen Sie eine neue Dichtungsscheibe ein – oder einen vollständigen Dichtungsabschnitt.

Verschwenden Sie kein Wasser! Versuchen Sie den Wasserverbrauch zu verringern. Die Wasserreserven sind knapp. Man benötigt Energie, um das Wasser unter Druck von einem Ort zum anderen zu pumpen, um es in unsere Haushalte zu führen. Wenn wir mit dem Wasser sparsam umgehen, besteht kaum eine Notwendigkeit, kostspielige Dämme und Wassersysteme zu errichten und unseren Kindern würde ein wenig heiler Umwelt erhalten bleiben, um sie ihren Enkelkindern zu zeigen. Fangen Sie jetzt mit dem Wassersparen an:

1. Drehen Sie den Wasserhahn nach der Benutzung fest zu und reparieren Sie leckende Hähne oder Wasserleitungen schnell. Eine jede Sekunde tropfender Kaltwasserhahn verschwendet etwa 3000 Liter Wasser in einem Jahr. Tropfende Heißwasserhähne verschwenden Energie, die auch zum Erwärmen des Wassers dient.

2. Sie können durch Einregulieren des Spülkastens der Toilette eine Menge Wasser sparen, wenn weniger Wasser zum Spülen fließt. Dies erfolgt durch Regulieren des Schwimmers, wodurch das Wasserventil auf einem niedrigeren Niveau abgeschaltet wird.
   Ein alter Trick besteht darin, einen Mauerstein in den Spülkasten zu legen.

3. Benutzen Sie zum Gießen der Pflanzen eine Gießkanne. Sie wissen, wieviel Wasser Sie verwenden und Sie werden weniger Wasser verbrauchen, wenn Sie es vom Wasserhahn in den Garten zu tragen haben. Ein Wasserverlust der Erdoberfläche kann durch Windschutz verringert werden und auch durch natürliche Laubabdeckung um die Pflanzen herum.

4. Benutzen Sie das Badewasser zum Einweichen von Kleidungsstükken, bevor diese richtig gewaschen werden, oder wischen Sie das Badezimmer mit dem Wasser auf. Sie können auch einen Eimer zum Spülen der Toilette füllen oder Gartenblumen und Kompost wässern. Das einmal benutzte Wasser aus Bädern, Duschen und dem Abwaschbecken wird »Grauwasser« genannt.

5. Wenn Sie den Wagen waschen, benutzen Sie zum Abspülen des Reinigungsmittels einen Eimer; Sie benötigen etwa 20–30 Liter. Ein mit dem Schlauch gewaschener Wagen benötigt 200–300 Liter Wasser!

6. Wir lernten diesen kleinen Beitrag zum Wassersparen, als wir mit dem Campingwagen unterwegs waren. Beim Zähneputzen verwenden Sie nur ein Glas Wasser zum Spülen und zur Reinigung der Bürste. Es werden etwa zwei Liter Wasser verbraucht, wenn Sie während des Zähneputzens den Hahn laufen lassen.

WARMWASSER

Die Art und Weise, wie wir heißes Wasser zum Duschen, Baden, Wäschewaschen und Geschirrspülen verwenden, hat die größte Wirkung aufs Sparen - oder Verschwenden - von Energie und Geld.

Die Tabelle gibt den durchschnittlichen Warmwasserverbrauch wieder:

Duschen	30–45 Liter
Baden	38–56 Liter
Babybad	18–26 Liter
Zubereitung der Mahlzeiten	10–18 Liter
Geschirrspülen mit der Hand	10–18 Liter
Geschirrspülmaschine	28–55 Liter
Waschmaschine	40–65 Liter

So erhöhen das Überlaufen der Badewanne, der laufende Warmwasserhahn, um nur ein Geschirrteil zu waschen, und der Betrieb von Geschirrspülmaschine und Waschmaschine für nur wenige Gegenstände unnötig die Stromrechnung.

Trommel-Wassererhitzer Sie können das Wasser für Haushaltzwecke im Notfall unter Verwendung einer etwa 12,5 Liter fassenden Metalltrommel und einem Holzfeuer darunter erhitzen. Wenn Sie kaltes Wasser in den Trichter (auf der Trommel) gießen, steigt das aus der Tülle (am vorderen Ende) kommende heiße Wasser nach oben.

Was Sie dagegen tun können:

1. Regeln Sie den Thermostaten für Ihr Heißwassersystem ein auf »mittel« (etwa 50–60° C) oder wählen Sie eine die Benutzer zufriedenstellende Temperatur. Drehen Sie das heiße Wasser ab, wenn Sie über das Wochenende oder während der Ferien auswärts sind.
2. Isolieren Sie den Lagertank mit Fiberglasmatten, die mit einem Klebeband befestigt werden. Isolieren Sie ebenfalls die Warmwasserrohre.
3. Schränken Sie das Duschen auf fünf Minuten ein. Hierdurch wird weniger Wasser als bei einem Bad verbraucht.
4. Befestigen Sie eine mit kleineren Löchern versehene »Spardüse« am Duschkopf, um den Wasserfluß zu beschränken.
5. Reinigen und spülen Sie schmutziges Geschirr unter kaltem Wasser.
6. Benutzen Sie den automatischen Geschirrspüler nur, wenn er voll ist.
7. Wenn dies möglich ist, benutzen Sie den Kaltwasserzyklus in der Waschmaschine. Beladen Sie die Maschine stets vollständig und waschen Sie mit warmem anstelle von heißem Wasser.
8. Kaufen Sie ein Heißwasser-Solarsystem. Das Ausnutzen der Sonnenenergie zur Bereitung heißen Haushaltswassers spart während des Jahres etwa 30% der Stromrechnung. Wenn Sie geschickt sind, können Sie Ihre eigenen Sonnenkollektoren und den Sammeltank selbst bauen.

BELEUCHTUNG

Die Beleuchtung und kleine elektrische Geräte verbrauchen 8% des gesamten Energieverbrauchs eines Haushalts und bieten einen weiteren Weg, Energie zu sparen:

1. Schalten Sie das elektrische Licht aus, wenn es nicht benötigt wird – wenn Sie sich nicht im Raum aufhalten oder diesen für mehr als fünf Minuten verlassen. Das häufige An- und Abschalten verkürzt zwar die Lebensdauer der Glühbirne, aber nicht wesentlich.
2. Halten Sie Glühbirnen sauber und staubfrei. Sie können das Licht »sehen«; dies erhöht den Wirkungsgrad der Glühbirne um immerhin 50%.

3. Benutzen Sie an Ihrem Schreibtisch oder an Ihrem bevorzugten Sessel oder am Bett eine Leselampe, anstatt den ganzen Raum zu illuminieren. Dies nennt man Arbeitsbeleuchtung.
4. Leuchtstoffröhren verbrauchen ⅓ der Elektrizität, um das gleiche Licht auszustrahlen wie eine mattweiße Glühbirne und halten zehnmal länger. Eine klare 40-Watt-Glühbirne ergibt beispielsweise 3150 Lumen, während eine matte 100-Watt-Glühbirne nur 1750 Lumen bei etwa 40% der verwendeten Leistung ergibt. Lumen messen die Qualität und Quantität des Lichtes. Leuchtstoffröhren sind jetzt auch in Form von Glühbirnen oder als runde oder viereckige Lichtpaneele für Wände und Decken erhältlich.
5. Lassen Sie soviel wie möglich Tageslicht herein, indem Sie die Fenstervorhänge zurückziehen und, wo es nötig ist, Oberlichter montieren. Größere Nordfenster lassen an Wintertagen mehr Sonne herein. Halten Sie die Scheiben sauber!
6. Streichen Sie das Innere des Hauses weiß oder in hellen Farben, die am Tag die Sonne und nachts das elektrische Licht reflektieren. Dunkle Wände absorbieren viel von dem auf sie fallenden Licht.
7. Elektrische Lampen niedriger Wattzahl sind in Eingangshallen, Schränken, Lagerräumen und Garagen zweckmäßig.
8. Trennen Sie sich von Schmuckleuchten. Lassen Sie das Licht draußen nicht eingeschaltet, wenn Sie es nicht benötigen.

ISOLIERUNG

Weit ausladende Veranden, Steinwollisolierung auf dem Boden über den Decken und dicke Gipsdecken, dekoriert mit Stuck in Form von Vögeln und Rosen, halten unser altmodisches Schindelhaus an den heißesten Sommertagen kühl. Im Winter kann das Haus sehr kalt sein, aber wir verwenden Gasheizung und ein offenes Kaminfeuer und haben festgestellt, daß sich die Wärme wesentlich schneller einstellt, nachdem die Isolierung vorgenommen wurde.

Die Deckenisolierung aus einer 75-mm-Schicht aus Steinwolle oder Fiberglas spart etwa 30% der Heizkosten und hält die Sommerhitze fern (eine 100-mm-Schicht empfiehlt sich in nördlichen Gegenden). Versuchen Sie Fenster und Türen gut abzudichten.

Natürliche Isolierungsmittel sind Wolle, Kork, Strohmatten, Sägemehl, behandeltes See- und Steppengras, doch können diese Materialien von Feuchtigkeit und Ungeziefer befallen werden.

Das Schließen von Türen und Fenstern spart Energie, weil die Innentemperatur konstant gehalten wird. Im Sommer tritt bei geöffneter Tür kalte Luft aus dem Haus aus und die heiße Außenluft kann eindringen. Wenn Sie im Winter die Tür schnell hinter sich schließen, bleibt die warme Luft im Haus und die kalte kann nicht eindringen. Benutzen Sie einen automatischen Türschließer dort, wo viel Betrieb ist. Füllen Sie alle Spalten zwischen Tür und Rahmen.

Öffnen Sie im Winter, an sonnigen Tagen, die Fenstervorhänge, damit der Sonnenschein ins Haus kann. Schließen Sie die Vorhänge während der Nacht, um einen Wärmeverlust möglichst klein zu halten.

Befestigen Sie eine Dichtung an der Unterseite der Tür, um Zugluft abzuhalten, wenn die Tür nicht mit dem Fußboden abschließt. Dies ist ein einfaches, wurstförmiges, mit Sand gefülltes Stoffstück.

WARMHALTEN

Im Winter passen Sie sich der kühleren Temperatur besser an, wenn Sie einen Pullover oder ein anderes Kleidungsstück anziehen, ehe Sie die Heizung anschalten. Legen Sie einige Decken mehr ins Bett und erwärmen Sie die Laken nachts mit einer Wärmflasche anstatt mit einer elektrischen Decke.

Natürliche Materialien wie Wolle, Baumwolle und Steppfutter in Parkas und Bettdecken isolieren den Körper vor der Kälte, ebenfalls Stoffschichten, die die Luft zwischen sich aufnehmen.

Decken aus Zeitungspapier

Menschen, die in Parks oder Elendsquartieren während der Wirtschaftskrise der 30er Jahre schliefen, waren sich des Wertes einer guten Isolierung durch einige Blatt Zeitungspapier durchaus bewußt. Papierlagen zwischen Decken isolieren gut; man kann sie auch in Filz für eine »Bettdecke« einnähen.

Ein sicherer Bettwärmer für Kinder

Nehmen Sie ein kräftiges Stoffstück, etwa ½ Quadratmeter, legen Sie es übereinander und nähen Sie die Kanten fest. Füllen Sie es mit etwa

2 kg Silbersand (feiner Sand) und nähen Sie es dann fest zu, damit der Sand nicht herausfallen kann. Legt man dieses Gebilde etwa 1 Stunde in den Ofen, wird es angenehm warm und bleibt so über mehrere Stunden.

»Um die Füße zu wärmen, setze man einen Hut auf!«

Wenn Ihr Kopf kalt ist, werden auch Ihre Hände, Füße und der übrige Körper kalt sein. Waldläufer und Camper tragen bei kalter Witterung eine Wollmütze. Blut wird zur Erwärmung des Kopfes nach oben gepumpt auf Kosten einer verringerten Zufuhr - und reduzierter Wärme - zu anderen Körperteilen.

Stricken Sie eine Pudelmütze

2–3 Knäuel dicker Schichtwolle
Jeweils ein Paar 3,5-mm- und 4-mm-Stricknadeln.

Die kleinste Größe ist für ein kleines Kind, die mittlere für ein großes Kind und die größte Größe für einen Erwachsenen. Zunächst wird die Anleitung für die kleinste Größe und in Klammern die nachfolgenden gegeben.

Bei den 3,5-mm-Nadeln schlagen Sie 104 (112, 120) Maschen auf. Für den Rand nehmen Sie K2, P2, K2 usw. bis 9 cm. Wechseln Sie zu den 4-mm-Nadeln und setzen Sie im Strumpfstich fort (stricken Sie alle Reihen), bis das Werk 18 cm lang ist.

Um den Kopf auszuarbeiten:

1. Reihe: K6, K2 zusammen. Wiederholen Sie dies bis zum Ende der Reihe.

2. und alle geradzahligen Reihen stricken.

3. Reihe: K5, K2 zusammen. Wiederholen Sie dies bis zum Ende der Reihe.
5. Reihe: K4, K2 zusammen. Wiederholen bis zum Ende der Reihe. Nehmen Sie weiter in dieser Weise ab, bis 13 (14, 15) Maschen verbleiben.
Nächste Reihe:
kleinste und größte Größe: K2 zusammen, bis zur letzten Masche wiederholen, K1.
Mittlere Größe: K2 zusammen bis zum Ende der Reihe. Fädeln Sie Wolle durch die verbleibenden 7 (7, 8) Maschen und ziehen Sie fest zusammen. Nähen Sie den Saum ab.

Irene entwickelte dieses Muster, um eine wollene Mütze für Keith zu stricken, die er auf seinem Trans-Sahara-Trip im Jahre 1983 benutzte. Als sie fertig war, bemerkten wir, daß sie der traditionellen Monmouth-Mütze sehr ähnelte, die wir im Nelson-Museum in Monmouth gesehen hatten. Für den täglichen Gebrauch kann man die Mütze hochklappen oder man kann sie herunterklappen, um die Ohren zu bedecken, wenn es wirklich kalt ist, wie nachts in der Sahara, wo im Herbst die Temperatur auf -5° C sinkt.

BEKLEIDUNG IN NOTZEITEN

Bekleidung muß nicht viel kosten, aber was sie tragen, muß kräftig genug sein, um eine lange Zeit zu halten. Natürlich muß man sie waschen können, um die Reinigung zu sparen. Pflegen Sie Ihre Kleidung, waschen Sie sie regelmäßig und legen Sie sie nicht auf dem Fußboden auf einen Haufen. Einige Tips zum billigen Garderobenkauf:

Versuchen Sie es am Ende der Saison, wenn das Kaufhaus Ausverkauf hat, und bewahren Sie die Kleidungsstücke bis zum nächsten Jahr auf. Gehen Sie sicher, daß Sie die richtigen Maße haben, da ein Umtausch von Ausverkaufsware kaum möglich sein wird.

Kaufen Sie »zweite Wahl« oder mit Fehlern behaftete Kleidung, die meist zu speziellen Preisen angeboten wird. Kaufen Sie Kleidung aus zweiter Hand auf Flohmärkten, Gelegenheitsgeschäften oder Armee-Shops, die sich in den meisten Städten befinden. Diese Kleidungsstücke sind oft von guter Qualität und immer billig. Schauen Sie in die

Anzeigenabteilung Ihrer Lokalzeitung, wo qualitativ gute Garderobe aus zweiter Hand angeboten wird. Kümmern Sie sich nicht um die letzten Modemarotten - nehmen Sie anstatt dessen Ihren eigenen individuellen Stil an. Das Khaki-Hemd, Overalls, Jeans und Turnschuhe, die Sie in einschlägigen Geschäften kaufen können, werden den Modetrend überdauern und wenn Sie lange genug warten, wird die gleiche Moderichtung noch einmal zurückkehren, und es sollte für Sie keine Frage sein, ob die Säume nun kürzer oder länger sind.

Modernisierte Kleider

Alte Kleider können Sie dem gerade modernen Stil anpassen oder natürlich auch ein Garderobenstück aus zwei alten nähen. Stricken Sie und nähen Sie Ihre eigenen Kleider. Modernisieren Sie Kleider, indem Sie sie mit Flicken, Borte, Volants versehen, die Ärmel kürzen oder den Kragen ändern. Ausgelassene Säume können mit einem Schrägstreifen eingefaßt werden. Nähen Sie an die Ellbogen von Jumpern, Sportbekleidung und Strickjacken Lederflecken auf. Färben Sie ausgewaschene und helle Stoffe ein.

Ihrer täglichen Kleidung können Sie Farbtupfer beigeben mit Litzen, Ziermünzen, Stoffabfällen, Applikationen und Knopfreihen. Man kann beispielsweise Litzen an Hosennähte, Overalls, Röcke annähen, an den Stulpen und um Taschen herum. Wenn Ihre Jeans zu eng geworden sind, trennen Sie den seitlichen Saum auf und nähen Sie eine Litze ein (oder besser, gehen Sie auf Diät). Alte, vornehme Hemden können Sie in Indianerhemden umwandeln, indem Sie den Kragen abtrennen. Röcke, Blusen und Kleider können in Kombination getragen werden. Schlagen Sie die Ärmel, Kragen und Manschetten um.

Schaffen Sie sich einen Lumpensack für solche Dinge an, die tatsächlich nicht mehr verwertbar sind. Fertigen Sie hieraus Lumpenteppiche, Bettdecken oder nehmen Sie die Reste einfach zum Polieren und Reinigen. Alte Nylonstrümpfe und Strumpfhosen sind vielfach verwendbar, wie zum Abdecken von Gläsern, um Bohnensprossen zu züchten.

Wenn Sie immer Socken gleicher Farbe kaufen, werden Sie immer zusammenpassende Paare haben, auch dann, wenn Sie mal eine Socke verlieren sollten!

Reparieren Sie Ihre Schuhe selbst. Kaufen Sie Metallabsätze und Eisen für Ledersohlen.

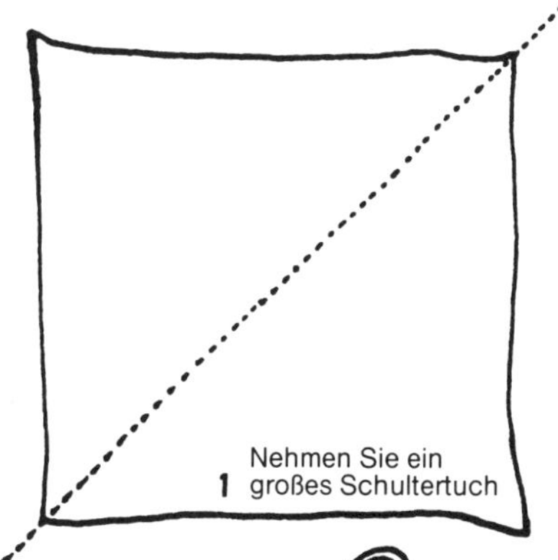

1 Nehmen Sie ein großes Schultertuch

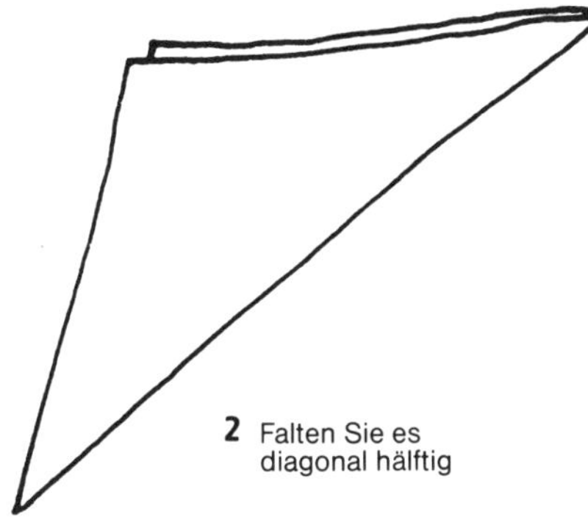

2 Falten Sie es diagonal hälftig

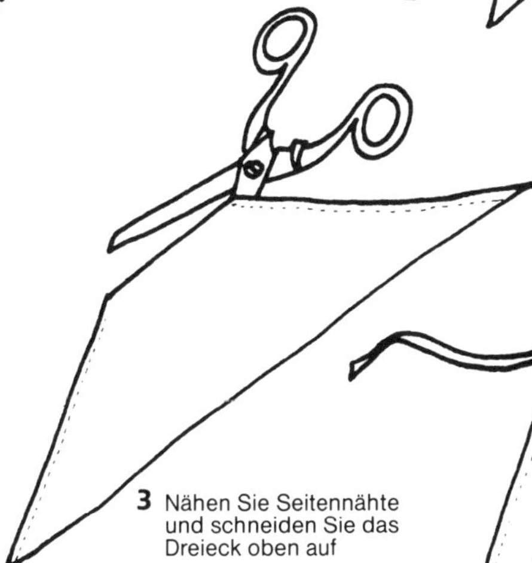

3 Nähen Sie Seitennähte und schneiden Sie das Dreieck oben auf

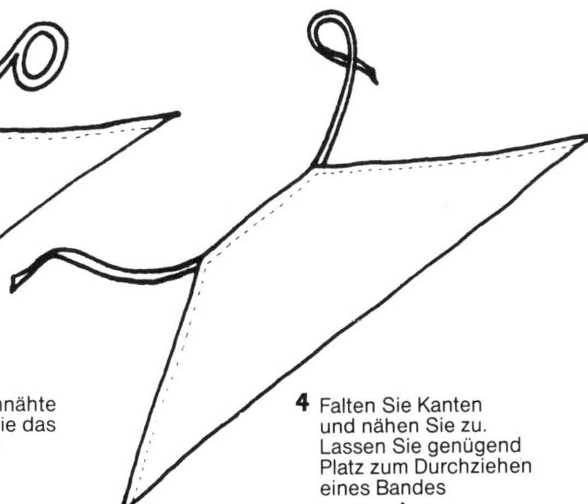

4 Falten Sie Kanten und nähen Sie zu. Lassen Sie genügend Platz zum Durchziehen eines Bandes

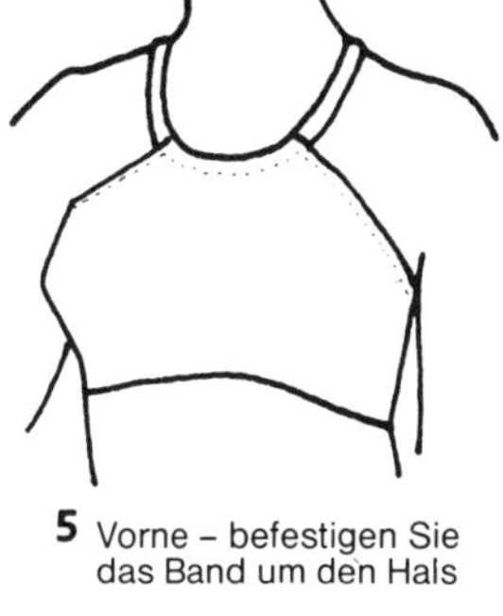

5 Vorne – befestigen Sie das Band um den Hals

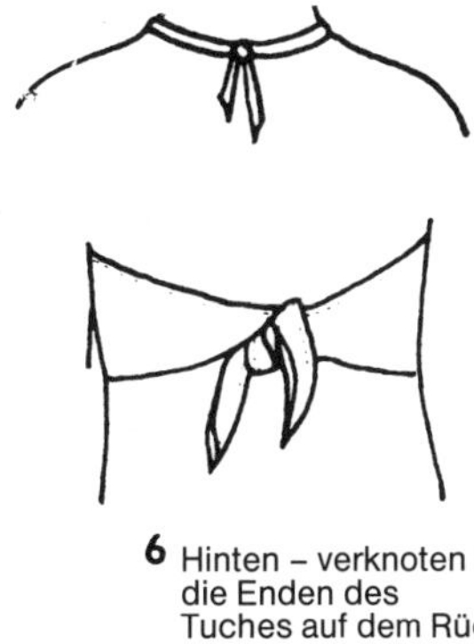

6 Hinten – verknoten Sie die Enden des Tuches auf dem Rücken

Bekleidung für Kinder

Bei lebhaften Kindern empfiehlt es sich, auf die Knie ihrer Hosen Flecken aufzusetzen, bevor sie abgetragen sind. Bedecken Sie die Stelle mit einem breiten Flecken oder mit einer Blume, die Sie entworfen haben. Sollten die Mädchenkleider zu kurz geworden sein, setzen Sie einfach eine Rüsche in anderer Farbe an. Wenn Hosen zu kurz geworden sind, setzen Sie eine Manschette auf.

Tauschen Sie Babykleidung und diejenige älterer Kinder mit Ihren Freunden aus. Sehen Sie sich nach jemandem um, dessen Kind ein wenig größer als das Ihre ist.

Kinderkleidung läßt sich immer durch Flicken oder Stoffreste erweitern. Setzen Sie Herzen, Sterne, Blumen, die Sonne, einen Halbmond, Bäume, Tiere oder vielleicht einen Fisch oder Eiscremetüten ein.

Die billigsten Einkäufe verleiten zum Nähen. Versuchen Sie, ein kleineres oder ähnliches Garderobenstück daraus zu machen. Sollte es nicht klappen, haben sie nur ein paar Mark verloren, dennoch haben Sie aus Ihren Fehlern gelernt. Sollte Ihnen das Nähen noch nicht recht vertraut sein, versuchen sie es auf die einfache Weise. Viele einfache Muster können auf unterschiedliche Art entstehen, so daß sich letztendlich alles voneinander unterscheidet.

Fertigung von Kleidungsstücken

Sollten Sie nähen können, werden Sie bemerken, daß ungebleichter Kattun ein guter Kauf ist. Er ist billig, vielseitig und läßt sich leicht verarbeiten. Sie können ihn selbst leicht bleichen oder Sie lassen die Sonne etwas auf ihn einwirken. Benutzen Sie ihn, um Ihre eigenen Laken und Kissenumhüllungen zu fertigen.

Aus Spitzendecken wurden aufregende Ponchos. Wärmere lassen sich aus Handtüchern oder Decken fertigen. Schneiden Sie einfach in die Mitte ein Loch, um Ihren Kopf durchzustecken. Sie können natürlich auch Fransen oder Besatz verwenden in Abhängigkeit davon, welches Material Sie benutzten.

Um einen Büstenhalter zu fertigen, nehmen Sie zunächst ein großes Schultertuch und falten Sie es diagonal zusammen. Vernähen Sie die Seitennähte. Schneiden Sie das obere Dreieck ab und falten es an den Kanten. Vernähen Sie es, aber lassen Sie genügend Raum, um ein Band durchzufädeln, das um den Hals geschlungen wird. Die Enden des Tuches werden auf dem Rücken verknotet.

In Bibliotheken findet man jede Art von Büchern über Nähen, Strikken und anderes. Lernen Sie selbst zu stricken. Handgestrickte Bekleidung hält jahrelang. Sie könnten mit einer Weste für die Kleinsten beginnen, was wenig Zeitaufwand erfordert. Am besten kaufen Sie reine Wolle anstelle von Synthetik, obwohl sie natürlich teurer ist. Suchen sie aber nach Sonderangeboten oder einem Ausverkauf, wobei die Preise meist nur die Hälfte betragen.

Brennstoff in der Stadt

Holz wird in der Stadt und ihren Vororten als Abfallprodukt betrachtet. Jedoch erzeugt es Energie in einem »luftdichten«, sehr wirksamen holzverbrennenden Ofen.

Das beste uns bekannte Heizmaterial sind die Holzabfälle von Schiffscontainern, die man in Werften und natürlich auch auf Märkten oder Fabriken finden kann. Sie können Holzkisten oder Obsthürden auf

Suchen Sie nach einem altmodischen Kachelofen, wie beispielsweise einem Jøtul, der aus Skandinavien kommt, aber sehr teuer ist. Vielleicht wäre ein Holzofen günstiger. Hergestellt aus schwerem Gußeisen, brennt er gleichmäßig und wärmt lange. Ein vorderes Abzugsblech (oder Sims) im Inneren des Ofens stellt ein gleichmäßiges Brennen sicher, von vorn nach hinten gleicht der Ofen einer Zigarre. Ein aus Gußeisen bestehendes Schmetterlingsventil an der Vorderseite regelt die in den Ofen eintretende Luft und somit die Wärmeentwicklung. Die flachen Oberflächen dienen als Kochstelle.

den Märkten bekommen oder Treibholz an den Stränden und Abfallholz, Abschnitte und Sägemehlbeutel in den meisten Sägemühlen.

Halten Sie Ausschau nach den Gemeindearbeitern, die Straßenbäume fällen und verwenden Sie Zweige aus den Nachbargärten und ihrem eigenen und auch natürlich verdorrte Zweige und Blätter, die unter Bäumen in Parks und auf anderen Plätzen liegen.

Wenn Sie einen Schuttabladeplatz durchwühlen, werden Sie abgestorbene Bäume und Altholz zum Mitnehmen finden. Es lohnt sich, auch eine Zimmerei sowie Bau- und Abrißstellen zu besuchen. Weiterhin kann es sich lohnen, mit dem Auto und Anhänger auf dem Lande herumzustöbern.

Kombinieren Sie Holz mit Brennstoff in Form von Briketts, hergestellt aus Zeitungspapier oder Pappkartons, und massivem Brennstoff wie Steinkohle, Braunkohlebriketts.

Bauchige Öfen. Der Name beschreibt sie genau. Bauchöfen kommen in vielen Formen, Größen und Variationen auf den Markt. Gewöhnlich bestehen sie aus festem Gußeisen, sie sind schwarz gestrichen und sehr gut abgedichtet. Man verbrennt Holz, Briketts, Koks oder Kohle in ihnen. Die »Schürze« oder Gallerie um sie herum ist ein ausgezeichneter Platz, die Füße zu wärmen, während Sie in einem Kessel Wasser erwärmen oder eine Suppe auf der heißen Ofenplatte zubereiten. Abzüge, Schieber und ein Laufrad am Boden des Feuerungskastens steuern den Fluß der eintretenden Luft und die Brenngeschwindigkeit des Ofens. Es kann ein Wassermantel oder spiralförmige Rohre zum Erhitzen von Wasser vorgesehen sein.

Feueranzünder

Kienäpfel sind ein guter, natürlicher Feueranzünder, da sie Harz enthalten. Sie brennen eine lange Zeit. Getrocknete Maiskolben sind ebenfalls ausgezeichnete Feueranzünder.

Zeitungen als Brennstoff

Alte Zeitungen ergeben einen ausgezeichneten, selbstgemachten Brennstoff für Kamine, Bauch- oder Holzöfen. Es gibt mechanische Hilfen, um Brennstoffklötze herzustellen, Sie können aber auch Ihre eigenen Zeitungspapierklötze »rollen«, die langsam und gleichmäßig zusammen mit Holz oder anstelle desselben brennen.

Rollen Sie Ihre tägliche Zeitung fest von der Unterseite des Blattes (dies ist senkrecht) auf, um eine etwa 15 cm dicke feste Rolle zu erhalten. Am besten feuchtet man das Papier vorher an. Befestigen Sie diesen Stab, indem Sie zwei Blatt Zeitungspapier ausbreiten und das gerollte Papier einwickeln und an den Ecken falten.

Eine bessere Methode besteht darin, das Zeitungspapier um einen Besenstiel zu wickeln, bis es etwa eine Dicke von 5 cm erreicht hat. Entfernen Sie den Stiel und verschnüren Sie die Rolle mit Strick oder Draht. Weichen Sie den Stab in Kerosin oder Motorenöl ein. Wenn er trocken ist, rollen Sie weitere 5 cm gewöhnlichen (nicht eingeweichten) Zeitungspapiers um diesen Grundstock. Diese Stäbe brennen mehrere Stunden.

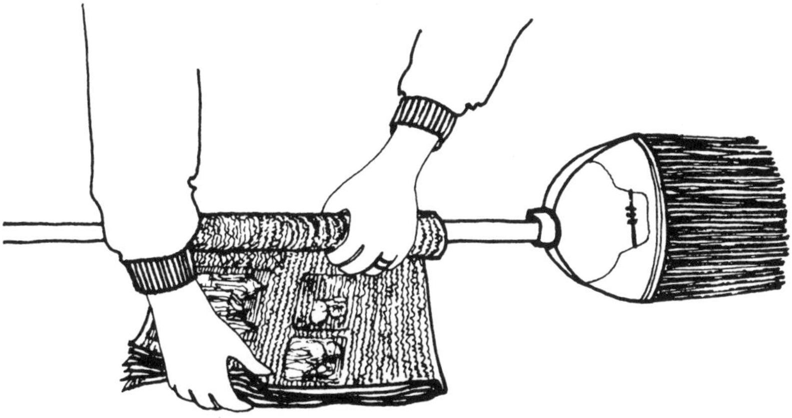

Lumpen werden zu Teppichen

Wenn Bekleidungsstücke völlig abgetragen sind und nicht mehr repariert werden können, kann man sie immer noch in Streifen schneiden oder als Häkel- oder Webgarn verwenden.

Es kann natürlich jedes Mittel verwendet werden, obwohl Stoffe ähnlichen Gewichts zusammen in einem Stück besser aussehen.

Schneiden sie das Garderobenstück zunächst in schmale Streifen (etwa 1–2 cm breit), nähen Sie diese Stücke dann zusammen mit einer diagonalen Verbindung, wie gezeigt. Die unterschiedlichen Farben geben dem fertigen Artikel einen interessanten Effekt.

Das Garn kann auf einem Webstuhl gewebt oder mit langen Nadeln gestrickt oder mit Haken gehäkelt werden und man erhält schöne Bettdecken oder schwere Vorhänge. Beim Stricken oder Häkeln werden Sie es vielleicht bevorzugen, die Streifen zweifach zu nehmen. Sie können Jacken, Handtaschen, Einkaufstaschen, Slipper und Matten herstellen, die jahrelang halten.

Wenn das Gewebe es zuläßt, können Sie es in einen kontinuierlichen Streifen schneiden oder reißen, indem Sie es etwa 1 ½ cm von der Kante abtrennen, wie gezeigt.

Flechten eines Teppichs

Nehmen Sie hierfür 2–4 cm breite Streifen. Die Farben können ausgewählt oder wahllos zusammengestellt werden. Aus Wolle lassen sich die besten Teppiche herstellen.

Zu Beginn nähen Sie drei Streifen in Form eines T zusammen. Flechten Sie die Streifen (wie Haare). Halten Sie alle Saumkanten nach innen gerichtet.

Halten Sie die Streifen während des Flechtens flach und flechten Sie fest.

Am besten ist es, wenn die drei Streifen unterschiedliche Länge besitzen, so daß sie nicht an den gleichen Stellen zusammentreffen. Wenn Sie Farben vorgeplant haben, nähen oder fügen Sie sie zusammen.

Vernähen Sie auf der Rückseite in Uhrzeigerrichtung. Es geht leichter, wenn man die Arbeit auf eine flache Oberfläche legt. Es werden zwei Reihen zusammengenäht, um die Mitte des Teppichs zu erhalten. Dann

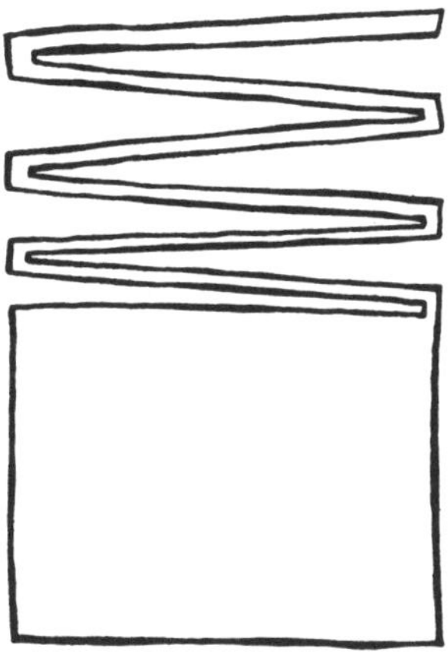

Streifen mit diagonaler Verbindung vereinigt.

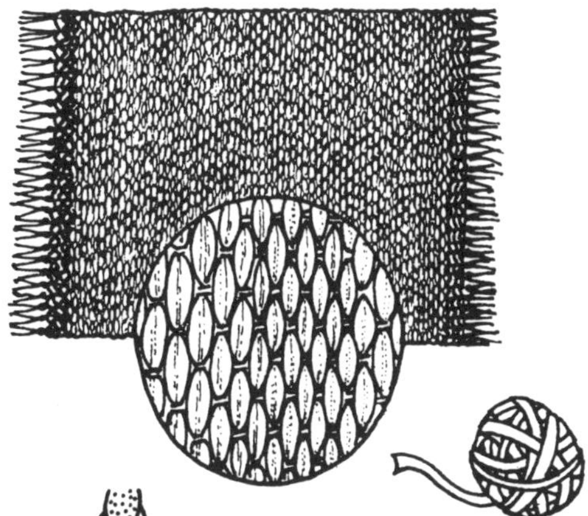

Lumpenteppich unter Verwendung von Lumpenstreifen als Unterfaden mit Kettfäden, die Wolle oder starke Baumwolle sein können.

Stoff geschnitten oder gerissen unter Bildung eines kontinuierlichen Streifens.

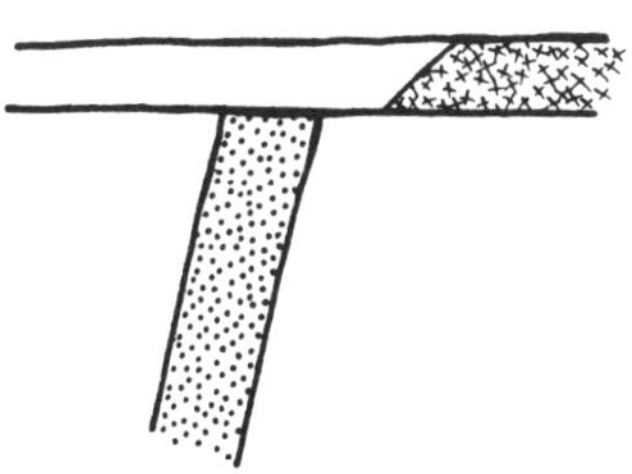

Drei verschiedene Streifen in T-Form verbunden, um einen Zopf zu beginnen.

Flechten oder Bördeln unter Benutzung dreier Streifen.

Lumpenteppich. Nehmen Sie Lumpenstreifen als Unterfaden, in die Sie Wolle oder dicke Baumwolle als Kettfaden einweben.

1 Mit einer diagonalen Verbindung versehene Streifen.

2 In einen kontinuierlichen Streifen geschnittenes oder gerissenes Gewebe.

3 Drei unterschiedliche Streifen, zur T-Form zusammengefaßt, um mit dem Flechten zu beginnen.

4 Falten oder Flechten von drei Streifen.

werden hierum weitere Reihen gelegt.

Diese Teppiche können gewaschen werden und widerstehen auch erheblichem Verschleiß.

Stricken von Jumpern oder Pullovern

Alte, handgestrickte Jumper, die ihre Form für immer verloren haben, können aufgetrennt und mit der Wolle wieder gestrickt werden. Räufeln Sie das Kleidungsstück auf und wickeln Sie das Garn um eine Stuhllehne in feste Stränge.

Waschen Sie die Wolle im Strang und färben Sie sie gegebenenfalls, dann stricken Sie ein etwas kleineres Bekleidungsstück, vielleicht für die Kinder.

Um bereits benutzte Wolle wieder glatt zu bekommen, wickeln Sie das aufgeräufelte Garn um eine Walze oder ähnliches und halten Sie diese für einige Minuten über Wasserdampf aus der Teekesseltülle. Lassen Sie es auf der Walze trocknen und rollen Sie es sodann zu Knäueln auf.

Patchwork-Bettdecken und Steppdecken

Sammeln Sie übriggebliebene Lumpen aus Stoff oder Wolle und bewahren Sie sie in einem Lumpensack auf. Wenn der Sack ausbeutelt, haben Sie genügend Material zum Fertigen einer Patchwork-Bettdecke zur Verfügung. Waschen Sie die Lumpen, schneiden Sie sie in Quadrate und sortieren Sie sie der Farbe nach. Wenn Sie eine Nähmaschine haben sollten, benutzen Sie diese, andernfalls nähen Sie von Hand die Flecken aneinander.

Erscheint Ihnen eine Bettdecke zu schwierig, können Sie mit einem Teewärmer, Kissenbezug, Vorhängen oder einem Rock beginnen.

Eine Steppdecke aus Patchwork läßt sich schwieriger anfertigen und erfordert schon etwas Geschicklichkeit, jedoch kann das Ergebnis wunderschön sein. Zu einer ausgefallenen Steppdecke braucht man eine obere und untere Einfassung aus Musselin oder einem alten, mit Baumwolle oder mit in eigener Regie produzierter Wolle gefüllten Laken. Man kann natürlich auch saubere, abgetragene Kleider verwenden.

Die Patchwork-Quadrate überlappen die obere Einfassung.

Steppdecken zu fertigen, kann eine Kunstfertigkeit mit phantastischen Formen und Farben werden und man kann die aneinandergenähten Stücke mit Stickereien verschönern.

Natürlich läßt sich die Steppdecke schneller und leichter mit größeren Vierecken fertigen.

Laken erneuern

Um alte Laken zu erneuern, schlitzen Sie sie längs der Mitte nach unten auf, wenden dann die Außenseiten zur Mitte und säumen sie zusammen. Fassen Sie die neuen Außenseiten ein. Diese Laken werden eine ganze Weile halten.

Sie können einzelne Laken auch durchschneiden und in Babybetten verwenden. Dies ist billiger als neue Laken zu kaufen. Aus den zerschlissenen Laken können auch Kissenbezüge genäht werden, wenn man die noch intakten Stoffstücke benutzt.

Alte Handtücher lassen sich gut zum Polieren verwenden, wenn man sie zerschneidet, und auch alte Servietten kann man hierfür verwenden.

Strandmatten

Alte Servietten oder Handtücher, oder die besten von ihnen noch verbliebenen Stücke können zusammengenäht werden, um Strand- oder Picknick-Matten zu erhalten. Färben Sie sie ein, wenn sie weiß sind.

Und zum Schluß . . .

Wenn man glaubt, aus alter Kleidung und Lumpen überhaupt nichts mehr machen zu können, gibt es immer noch zwei Möglichkeiten. Sind sie nicht aus Kunststoff, können Sie sie für den Komposthaufen in Stückchen reißen, wo sie in Zersetzung übergehen, oder Sie schneiden Lumpen in Stücke, bleichen sie und verwenden sie zur Papierherstellung.

KÜHLEN

Kühlen durch Bäume

Bäume sind natürliche »Klimaanlagen«. Unter einem Baum ist es immer kühl, weil die Blätter ein Durchdringen der Sonnenstrahlen verhindern und Schwitzwasser an die Luft abgeben. Pflanzen Sie Laubbäume vor den Nordwänden Ihres Hauses. Hierdurch kann viel Sonnenlicht im Winter eindringen und das Haus erwärmen und die Bepflanzung spendet viel Schatten, um die Wände im Sommer zu kühlen. Ein großer überhängender Baum an einem Wellblechdach kann die Oberflächentemperatur um mehr als 30% verringern.

Bäume fächern im Sommer eine kühle Brise ins Haus und halten im Winter die kalten Winde ab.

Luftzirkulation

Ein umlaufender Deckenventilator erfrischt und zirkuliert die im Haus befindliche Luft und kühlt Ihren Körper durch Feuchtigkeitsabgabe an die Haut. Im Winter gleichen die umlaufenden Schaufeln die Raumtemperatur aus, indem sie die unter der Decke verweilende warme Luft nach unten drücken.

Ein »Solar«-Ventilator, der durch einen direkt von einem Sonnenzellenpaneel gespeisten kleinen Elektromotor angetrieben wird, ist jetzt im Handel erhältlich. Er schaltet sich ein, wenn die Sonne aufgeht und schaltet sich in der Nacht ab, so arbeitet er, wenn Sie arbeiten oder nicht im Hause oder in den Ferien sind.

Sich kreuzende kühle Luftströme erhält man in der Nacht, wenn man entsprechende Fenster oder Türen öffnet.

Schatten

Außenjalousien oder Sonnenblenden gewährleisten einen besseren Schatten im Sommer als diejenigen im Inneren des Hauses.

Halten SIE sich kühl

Wenn es heiß ist – tragen Sie leichte und helle Kleidung, um von Klimaanlagen unabhängig zu werden; nehmen Sie eine kalte Dusche, gehen Sie schwimmen oder tragen Sie einen mexikanischen Sombrero!

Die schattige Veranda

Die altmodische Veranda, oft eine einfache Verlängerung des Dachs, schützt die Hauswände vor Sonne und Regen. Sie bietet einen kühlen, schattigen Aufenthaltsraum im Freien bei heißer Witterung.

Sie ist ein Platz, wo die Kinder spielen und sich die Erwachsenen in einer Sommernacht entspannen können, um das Flüstern einer kleinen Brise aufzufangen. Man kann auch dort schlafen oder die Veranda mit einem kleinen Dach und Fenstern versehen, um einen zusätzlichen Raum zu schaffen, falls sich die Familie vergrößert.

Der Nachteil ist, daß Wände und Fenster des Hauses ständig im Schatten liegen und es dadurch im Haus ziemlich dunkel und im Winter kalt sein kann.

Nahrungsmittelanbau im Hinterhof

- Kompost
- Laubabdeckungen und Dünger
- Ziehen von Pflanzen im Container
- Stadtgerechte Gartenhaltung
- Welche Feldfrüchte?
- Sammeln Sie Ihre eigenen Samen
- Gemeinschaftsgartenhaltung

Es ist tatsächlich überraschend, wie viele Nahrungsmittel man unter Berücksichtigung intensiver, auf organischer Grundlage beruhender Anbauverfahren auf engstem Raum gewinnen kann, wobei noch nicht einmal teure und die Umwelt schädigende Chemikalien verwendet werden müssen. Wie schon das selbst zerkleinerte Feuerholz doppelt wärmt, hält Sie die Gartenarbeit durch Gewinnen schmackhafter, nicht mit Giftstoffen behafteter Nahrung gesund.

Ihren Garten können Sie zweckmäßig nutzen und Energie sparen, da viele Dinge aus dem Haushaltsmüll verwendet werden können. Das Hauptaugenmerk sollte bei der Gartenarbeit auf das Anlegen eines Komposthaufens gerichtet werden, der die Küchen- und Gartenabfälle nutzbar macht. Hierdurch sparen Sie Geld und reichern den Boden an. Weiterhin wird der von der Müllabfuhr zu beseitigende Abfall verringert.

Da keine chemischen Düngemittel oder Insektenvertilgungsmittel verwandt werden, dient dies ebenfalls der Umwelt. Man bedient sich der Natur und die Erträge wachsen. Diese Art der Gärtnerei hilft Energie sparen. Innerhalb von 3–4 Wochen kann eine Familie aufgrund ihrer wöchentlichen Arbeitsleistung ihr eigenes frisches Gemüse in einem Küchengarten mit Abmessungen von 8 × 18 m ziehen, und auch in einem kleineren Garten lassen sich genügend Erträge erzielen.

Sobald Früchte und Gemüse gereift sind, werden Sie geerntet und entweder roh oder gekocht verzehrt, eingeweckt und für einen späteren Verbrauch in der Speisekammer gelagert. In diesem Abschnitt behandeln wir einige Probleme der natürlichen Gartenhaltung und sind auch bestrebt, aus geringstem Raum die besten Erträge in kleinen Stadt- oder Vorortgärten herauszuholen. Sie werden sicherlich viel mehr erfahren, wenn Sie sich einem Vorgartenverein anschließen, Bücher in der Bibliothek ausleihen und entsprechende Artikel regelmäßig lesen.

KOMPOST

Bestandteile: Eine Faustregel besagt, daß man alles Organische einem Komposthaufen anvertrauen kann. Werfen Sie Küchenabfälle jeglicher Art, Gemüseabfälle und Schalen, Fruchtschalen, Melonenschalen, Apfelkerne, Nußschalen, Teeblätter, gemähtes Gras, nasse, verrottete Zeitungen (10% der Gesamtmenge), Algen und verrottetes Sägemehl auf den Komposthaufen. Natürlich sollte man als wichtigsten Bestandteil ein Vergärungsmittel zusetzen, das sich aus Mist, Blut und Knochen oder Algendüngemittel zusammensetzt. Der Stickstoff- und Proteingehalt beschleunigt die Zersetzung der organischen Produkte und züchtet die Bakterien, die den Komposthaufen eigentlich erst wertvoll machen.

1. Planieren Sie eine Fläche mit der Schaufel. Kompost sollte immer auf dem Erdreich und niemals auf Beton angelegt werden.
2. Legen Sie ein paar Mauersteine drunter oder eine Schicht eines rauhen Materials, wie Zweige, um den Luftzufluß in den Kompost eintreten zu lassen.
3. Die erste Schicht sollte aus Unkraut, abgemähtem Rasen und Gartenabfällen zusammen mit Küchenabfällen und so weiter in der Mitte bestehen.
4. Über die nächste Schicht streuen Sie den Aktivator, wie Geflügel- und Kuhmist, Dolomit, Blut oder Knochen oder was immer für eine Tiefe von etwa einem Zentimeter verfügbar ist.
   Zu Anfang kann man natürlich auch Kompost von einem früheren Haufen oder guten Boden nehmen.
5. Besprühen Sie mit Wasser. Wiederholen Sie dies, bis Sie keinen Nachschub mehr haben.
6. Wenden Sie den Haufen nach einer Woche, um die Zersetzung zu beschleunigen.

Stellen Sie einen mit Deckel versehenen Eimer in Ihre Küche oder ein Nebengelaß, um Lebensmittelabfälle zu sammeln, bis Sie genug davon haben, um sie dem Komposthaufen zuzuführen. Wenn Sie Sägemehl bekommen können, schichten Sie es abwechselnd mit dem Abfall in den Eimer; dies wird die Kompostierung fördern.

Vom Komposthaufen geht so gut wie kein unangenehmer Geruch aus, wenn sie keine Fleischabfälle oder Knochen, Backfett oder Tierfett drauflegen. Dem Boden mangelt es meist an Mineralien, insbesondere Phosphor und Spurenelementen. Diese Nährstoffe sind jedoch wesentlich für das Pflanzenwachstum und ein gut angelegter Komposthaufen kann den Mangel an Stickstoff (N), Phosphor (P) und Kalium (K) besser als jedes »vollständige Düngemittel« ersetzen, da man im einschlägigen Handel eine Menge an Spurenelementen kaufen kann. Kompost ist ein bißchen einer Suppe ähnlich - er enthält alle Bestandteile, die sie erst schmackhaft machen.

Wie verwendet man Kompost

Nach dem vorgegebenen Rezept erhält man das Endprodukt, zersetzte organische Stoffe, die man Humus nennt, eine schwere, dunkle, süßlich riechende Substanz, die den Boden ernährt und ihn überhaupt erst »gar« werden läßt; eine altmodische Ausdrucksweise, die besagt, daß man den fruchtbaren Boden nun leicht bearbeiten muß. Im Sommer wird ein Stapel von 1 m nach zwei Monaten in Humus zerfallen sein, länger dauert es im Winter.

Um die gewünschte Wirkung zu erzielen, setze man dem Boden Humus im Herbst oder Frühling in einer Menge von 1 kg pro qm bei oder bedecke den Garten mit einer 5 cm dicken Humusschicht. Bedecken Sie den Boden mit Humus um wachsende Pflanzen herum, benutzen Sie ihn zum Züchten von Sämlingen, für Containerpflanzen oder verdünnen Sie ihn, um Laubbäume zu begießen.

Ein Kompostbehälter

Sie können Ihren Komposthaufen leicht auf dem Boden anlegen. Bedecken Sie ihn mit einer Schicht aus Erde oder Grasabfällen, um Wärme und Wasser gleichmäßig darin zu halten; so bleibt er feucht, nicht jedoch zu naß oder zu trocken.

Seit Jahren stellen Naturgärtner Kompost in Tonnen, Kisten und Trommeln aus Holz, Mauersteinen, Betonblöcken und Trommeln oder Wannen und Fässern, die in den Boden eingelassen werden, her. Sie können einen Behälter aus Holzstangen und Maschendraht entweder

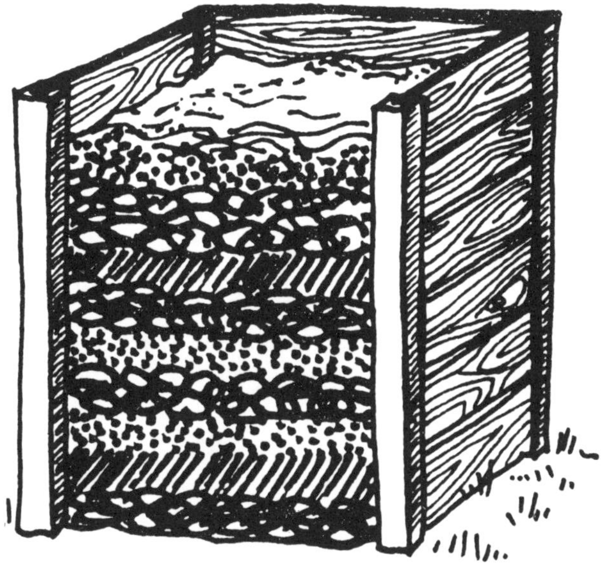

viereckig oder kreisförmig anfertigen, oder Sie können einen Müllkasten über oder unter der Erdschicht vorsehen (siehe weiter unten).

Holz, Wellblech oder mit Fiberglas verkleidete Seiten ergeben einen festen Behälter. Ein altes Benzinfaß, gut gereinigt und zur Belüftung mit zahlreichen Löchern versehen, könnte so aufgestellt werden, daß es jeden Tag gedreht werden kann, um den Umsetzungsprozeß zu beschleunigen. Sie können natürlich auch Trommeln oder Polyäthylen-Kompostkästen benutzen, wie Sie sie in jeder Gärtnerei kaufen können.

Eine hölzerne Kompostkiste, wie die abgebildete, sieht nicht nur sauber aus, sondern hält auch die Wärme im Stapel. Unser Behältnis besteht aus drei Holzseiten, die zusammengenagelt sind.

Kompost in einer Mülltonne

Wir haben Kompost in einer metallenen Mülltonne hergestellt. Dazu haben wir den Boden der Tonne mit Hammer und Meißel herausgeschlagen, ein Loch gegraben und die Tonne bis auf 5 cm ihres oberen Endes versenkt, so daß gerade genügend Raum verblieb, um den Deckel aufzulegen.

Alles, was sie zu tun haben, ist, Ihre Küchenabfälle in das Behältnis zu bringen und sie mit ein wenig Erde und Dünger zu versetzen. Wir füllen

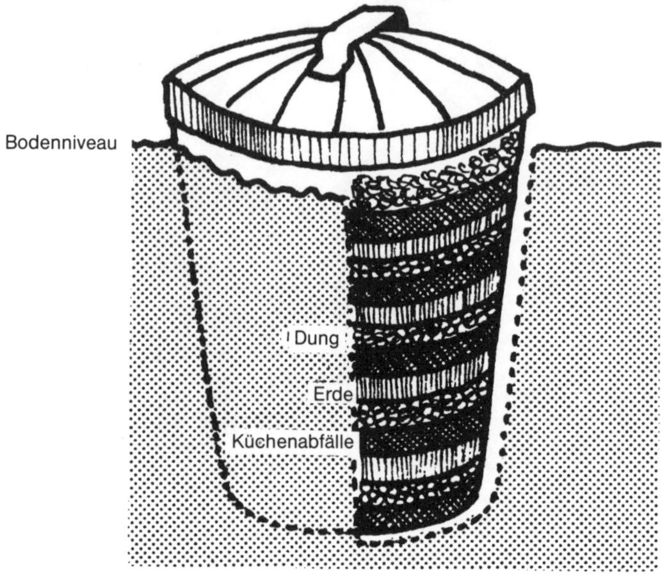

unsere Tonne in 3–4 Wochen. Durch Einlassen der Tonne in das Erdreich profitieren Sie von der Erdisolierung, überschüssige Flüssigkeit fließt ab und Würmer können sich in den Kompost ringeln. Der Deckel hält Fliegen und Geruchsbelästigungen fern.

LAUBABDECKUNG UND MIST

Laubabdeckung erspart Umgraben

Eine andere natürliche Gartentechnik ist das Mulchen: das Aufbringen einer Schicht aus organischem Material, die das Unkraut nahezu verschwinden läßt, Wasser hält, natürliche Stoffe wie Kompost zersetzt und die den Boden und die auf ihm wachsenden Pflanzen ernährt.

Für die Abdeckung kann man altes Heu, Stroh, Sägemehl, Holzschnipsel, abgemähtes Gras (ohne Samen), Zeitungspapier, Algen, Steine und Torf verwenden. Abfälle wie Hopfen, Erdnußschalen, Kaffeesatz und Kakaobohnen sind ebenfalls geeignet.

Sie können sich das Umgraben in Ihrem Garten dadurch sparen, daß Sie auf den Rasen oder den steinigen Untergrund zunächst eine Schicht Zeitungspapier und darüber Luzerne, Stroh und verarbeiteten Kompost legen. Hierdurch kann man Rasenflächen in Anbauflächen verwandeln und es macht sich auch gut in einer mit Holz eingezäunten Gartenanlage. Teppich, Unterlagen, Papptafeln, Linoleum und sogar alte Mäntel und Kleider können als Abdeckung für die Pflanzen benutzt werden. Bedecken Sie alles mit einer Sägemehlschicht, Holzstückchen oder Borke, es sieht netter aus, und das Unkraut wird weniger sprießen, vielleicht sogar im Boden ihres nicht umgegrabenen Gartens verschwinden.

Jauche

Sie stellt einen wertvollen Dünger dar, ist reich an Stickstoff, aber so stark, daß sie vor der Anwendung im Garten in Anteilen von 1 Teil zu 4 Teilen Wasser verdünnt werden muß.

Um eine gute Jauche herzustellen, packen Sie Mist einer Viehsorte - Schaf, Kuh, Pferd oder Geflügel, nicht jedoch gemischt - in einen Sack und hängen Sie ihn in einem großen mit Wasser gefüllten Behälter auf. Unterschiedlicher Tiermist besitzt unterschiedliche Wärme- und Zersetzungswerte, so daß ein Gemisch ungleichmäßig wäre. Lassen Sie den Sack 4–6 Wochen unter gelegentlichem Umrühren weichen.

Sobald das Gemisch die Farbe schwachen Tees erreicht hat, verdünnen Sie es und wässern Sie die Wurzeln der Pflanzen (jedoch diese nicht) jeweils alle zehn Tage oder zwei Wochen. Den Dünger benutzt man am besten nach einem Regen oder dem Sprengen des Gartens und niemals während einer Trockenheit, ohne die Pflanzen zuvor gut gewässert zu haben.

Jauche eignet sich hervorragend für Kohl, Spanischen Pfeffer, Blattgewächse und Tomaten, nicht jedoch für Bohnen und Erbsen (die ihren eigenen Stickstoff bilden) oder für Rübengewächse. Man kann sie ebenfalls zur Vorbereitung von zu grabenden Feldern für die nächste Saison anwenden, wenn man Getreide anbauen will; gießt man sie über den Komposthaufen, ist sie ein gutes Zersetzungsprodukt.

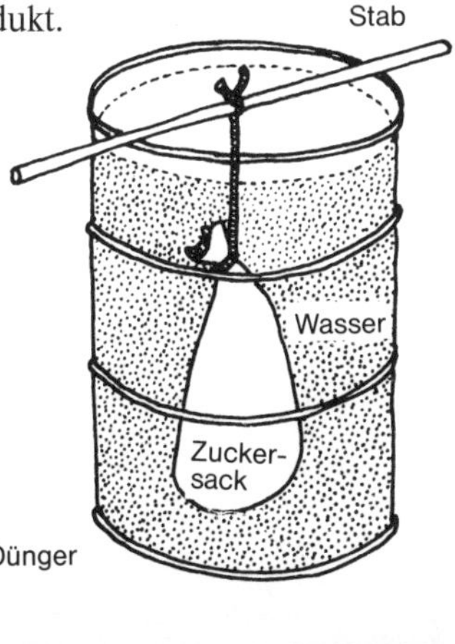

Flüssiger Dünger

Kompost aus Tee

Stellen Sie eine Kompostlösung in ähnlicher Weise her, indem Sie einem Eimer Wasser 10 cm Kompostmist zusetzen. Lassen Sie alles einen Tag lang stehen und rühren Sie immer wieder um. Lassen Sie die Flüssigkeit durch ein Tuch ablaufen. Verwenden Sie diesen Dünger für Blattpflanzen, indem sie ihn über die Blätter und Pflanzen sprühen, insbesondere Spinat, Rüben, Kohl oder Salat. Der Dünger ist gleich einem Insektizid, insbesondere dann, wenn Sie eine Handvoll Holzasche oder Ruß beimischen.

Schwarzwurzeltee

Sollten Sie Schwarzwurzeln anbauen, können Sie aus den grünen Blättern dicke, grünfarbige, scharfe Jauche gewinnen. Füllen Sie einen mit Deckel versehenen Eimer (wir verwenden Chloreimer für den Swimmingpool) zur Hälfte mit großen Schwarzwurzelblättern, fügen Sie Wasser hinzu und lassen alles 3–4 Monate stehen. Verdünnen Sie sodann vier Teile Schwarzwurzeltee mit einem Teil Wasser, bevor Sie die Pflanzen damit besprühen.

Verdünnter Urin

Menschlicher Urin ist eine geeignete Quelle zur Stickstoffversorgung von Pflanzen und man sollte ihn 1:5 verdünnt verwenden (wenn die Familie gesund ist und niemand an Hepatitis leidet). Sammeln Sie ihn in einer Wasserkanne, verdünnen Sie ihn und gießen Sie ihn sodann ein oder zweimal im Jahr um die Pflanzen oder geben Sie ihn zum Komposthaufen als »Aktivator«.

PFLANZENWACHSTUM IM CONTAINER

Jedes Gefäß, das man mit Erde füllen kann, kann auch mit Gemüse bepflanzt werden.

Pflanzenwachstum im Container ist eine Lösung für den Fall, daß nicht genügend Raum zum Anbau von Nutzpflanzen in der Wohnung, auf der Terrasse, in Stadthäusern oder Häusern in Vororten verfügbar ist. Sie können Dosen, Eimer, Kisten, Trommeln, Fässer, Mülltonnen, Tontöpfe, Plastikkartons oder selbst alte Badewannen und Waschmaschinen verwenden.

Versuchen Sie Tomaten in mit fetter Erde oder Kompost gefüllten Rohren zu züchten. Zwergzüchtungen von Zucchinis, Einleggurken, Pfefferschoten und sogar Mais sind in den letzten Jahren entwickelt worden. Stellen Sie auf Wegen, Terrassen, Patios und Veranden Töpfe mit Pflanzen auf. Sie werden prächtig gedeihen, wenn Sie sie regelmäßig wässern.

Alle Töpfe sollten mit Abflußlöchern versehen sein, die entweder in den Boden gebohrt oder mit einem Hammer eingeschlagen wurden. Auf den Boden lege man 1 cm Kieselsteine, kleine Steine, zerbrochene Tonscherben oder Steingutscherben. Füllen Sie ein gutes Erdgemisch ein wie beste Komposterde, groben Sand und zerkleinerten Kompost, den man zuvor durch ein feines Sieb hindurchgab. Ein Teelöffel oder zwei Blut und Knochen oder vermahlene Blätter könnten der Pflanzennahrung beigemischt werden.

Beginnen Sie mit der Aussaat beispielsweise in einem Eierkasten, in Papiertassen und Milchkartons, die man aufschneidet. Umgepflanzt wird, sobald die zweiten Blätter erscheinen und die Pflanze stark genug ist. Wenn Sie die Behältnisse oder Kartons mit Plastikfolie abdecken, haben Sie ein kleines Gewächshaus geschaffen. Zwar ist es klein, doch die Keimung wird beschleunigt, wenn die Schößlinge gut gewässert werden.

Nehmen Sie hölzerne oder aus Styropor bestehende Fensterkästen, um Senf, Kresse, Weizenhalme, Rettich, Petersilie und eßbare Blumen wie Kapuzinerkresse, Chrysanthemen und Ringelblumen (die echten Calendula, nicht die Afrikanische Ringelblume oder Tagetes) anzubauen, die Salaten ein frisches Aussehen und guten Geschmack geben. Bedenken Sie aber, daß mit Erde gefüllte Fensterkästen schwer sind. Versichern Sie sich, daß die Kästen fest auf den Fenstersimsen von Etagenfenstern und an Dachfenstern befestigt sind. Eine Reihe Regale in einer sonnigen Küche oder einem sonnigen Fenster sind ein idealer Platz, um eine Reihe von Gewürzkräutern in Töpfen zu ziehen. So kann man zum Kochen immer die Spitzen oder einige Stücke abschneiden.

Hängende Behälter nehmen wenig Platz weg. Sie können Keramiktöpfe und mit Borke ausgekleidete Körbe kaufen, die an Schnüren, geflochtenen Seilen oder Drahtketten aus dem Kunstgewerbe- oder

Gartenzubehörgeschäft herabhängen. Sie können sich diese natürlich auch selber machen.

Pflanzen, insbesondere Gewürzkräuter, gedeihen im warmen und feuchten Badezimmer prächtig. Stellen Sie sich vor, Sie brechen einen Zweig Ihres eigenen Lavendels, Rosmarins oder ein Bündel Eau-de-Cologne-Minze ab, um Ihrem Badewasser Duft zu geben!

Blöcke

Hohlblocksteine ergeben kleine Garten-»betten« auf Stufen, Balkonen, Patios und in Höfen oder können wahllos im Garten verteilt werden. Sie lassen sich nicht versehentlich umstoßen, da sie schwer sind. Legen Sie ein Holzstück oder ein altes Brett unter jeden Block, damit der Erdboden nicht daraus verschwindet. Bohren Sie Abzugslöcher in das Brett. Paprikaschoten, Tomaten und Auberginen gedeihen hierin prächtig.

Senkrechter Anbau

Ihr Zaun kann den Umfang Ihres Gartens vergrößern. Besorgen Sie sich Maschendraht. Stützen Sie den Draht mit starken Pfosten ab und verwandeln Sie Ihren Zaun in eine attraktive lebende Wand.

Kletterbohnen und Erbsen, die eigentlich eine Stütze brauchen, ergeben schnell eine dicke Blätterabdeckung und satte, mürbe Schalen. Säen Sie die Bohnen mit einem Abstand von 20 cm und Erbsen und Zuckererbsen 5–10 cm und pflücken Sie regelmäßig, um eine gute Ernte sicherzustellen. Verschiedene Sorten von Kürbis haben hübsche, eßbare Blüten und nehmen wenig Raum im Garten ein (tauchen Sie diese in Eierkuchenteig und backen Sie sie leicht). Wässern Sie regelmäßig.

Gurken sind ebenfalls gute Kletterpflanzen und brauchen nur etwa zwei Monate, um kühle Salate und saure Gurken zu ergeben. Ziehen Sie eine oder zwei über den Zaun oder am Spalier in einer ruhigen Ecke.

Alle diese Kletterpflanzen, einschließlich Bohnen und Erbsen, können am Gestell aus zwei oder drei Bambusstäben oder Holzstangen gezogen werden, die an ihren oberen Enden zusammengebunden und in den Boden gedrückt werden. Einige der Pflanzen werden sich ihren

Weg nach oben suchen und ihre Ranken strecken und bedecken hiermit das ganze Gestell.

Man kann Melonen und Kürbis auf diese Weise auf einer kleinen Fläche anbauen. Ihre ausladenden Ranken nehmen sonst gewöhnlich einen großen Teil wertvoller Bodenfläche ein. Dieses intensive Anbauen verarmt den Boden und er muß regelmäßig durch Zusatz von Humus von Ihrem Komposthaufen angereichert werden.

Erhöhte Beete und Kästen

Erhöhte Gartenbeete eignen sich hervorragend für den intensiven Anbau von großblättrigen Pflanzen wie Mangold, Spinat, Salat und vieler anderer Nutzpflanzen. Man kann sie leicht jäten und wässern und der Regen rinnt schnell ab, sogar bei lehmigem Boden, so daß es keine Abflußprobleme gibt.

Alles, was Sie zum Anlegen eines erhöhten Beetes zu tun haben ist, den Erdboden vor dem geplanten Durchgang in die für das Beet geplante Form zu schaufeln. Das Oberteil sollte eine konkave Kurve

sein. So kann man auch an den Seiten des Beetes die Pflanzen in engem Abstand pflanzen.

Wir haben unsere Beete mit Holzplanken umgeben und diese mit hölzernen, angespitzten Pflöcken befestigt, die wir in den Boden gehämmert haben. Ein Kastengarten wie dieser, 2 Meter lang und einen halben Meter breit, versorgt uns das ganze Jahr über mit frischem Salat. Wir haben Salat mit krausen, lockeren Blättern gepflanzt, der mehr wie Endiviensalat aussieht, jedoch süß und frisch schmeckt. Die Samen kamen von einem Naturgartenclub. Wir pflanzten auch Rettich, Zwiebeln und Schnittlauch in diesem Kasten.

Unser Salatkasten sieht nicht so sauber aus wie der von Elaine, und während wir dies schreiben, ist er mit Saubohnen gefüllt, die dem Boden den nötigen Stickstoff aus ihren Wurzelknollen geben, so daß er für die erste Salaternte in diesem Sommer vorbereitet ist.

Beginnen Sie mit einem Kasten und legen Sie weitere an, wenn Sie den Gewürzkräuter- und Gemüseanbau erweitern wollen.

Glasflakonglocke

Alte Weinflakons aus Glas können in Miniatur-Blumenglocken verwandelt werden, um die jungen Sämlinge vor Frost und Kälte zu schützen.

Sie müssen das Glas vom Boden des Flakons entfernen. Ein einfacher Weg besteht darin, 2–4 cm Eiswasser in einen Behälter zu füllen. Erwärmen Sie den Flakon, indem Sie heißes Wasser einfüllen (seien Sie vorsichtig, daß er nicht zerbricht, weil er noch nicht kalt genug ist). Sobald der Flakon heiß ist, entfernen Sie das Wasser und stellen ihn in den Eiswasserbehälter. Dies führt zum Abplatzen des Glases ziemlich sauber an der Eiswasserkante.

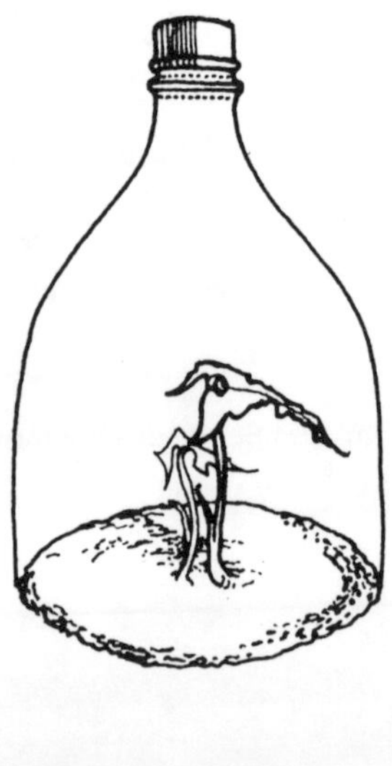

STADTGERECHTE GARTENHALTUNG

Auch wenn man in der Stadt lebt, in einer Wohnung ohne Hof, kann man etwas zu seiner Ernährung durch Eigenanbau beitragen.

Das Hauptproblem, dem wir uns gegenübersahen, war der mangelnde Raum, um Gemüse zu pflanzen, jedoch war dies nicht unlösbar. Zunächst begannen wir festzustellen, welche Beschaffenheit der Boden hatte, anstatt uns nach einer Erweiterung der Gartenfläche umzuschauen.

Wir entwickelten ein System intensiver organischer Bebauung. Der Schlüssel hierfür war der erforderliche Dünger oder Pflanzennahrung, um ein hohes Maß an Pflanzenwachstum sicherzustellen.

Im Laden gekaufter Dünger ist als Lückenbüßer richtig, oder um Mängel des Bodens zu beheben. Jedoch gefährdet eine langzeitige Verwendung den Boden.

Der Boden ist einem lebenden Organismus gleich, mit unzähligen Lebewesen, die in einem komplizierten Lebenszyklus eingeschlossen sind. Wenn der Boden übermäßig beansprucht wird, stirbt er.

Unser Plan bestand darin, das Gemüse zu ernähren, ohne Dünger zu kaufen. Wir hatten zunächst mit einem Messer, einem Schneidbrett und unseren Tischabfällen, ohne tierische und Milchprodukte, zu beginnen.

Unsere täglichen Schälabfälle zerschnitztelten wir und taten Sie in einen kleinen Eimer mit luftdichtem Deckel. Nach drei oder vier Tagen begannen sich diese Abfälle zu zersetzen und zu stinken. So war es eine gute Idee, den Eimer im Freien aufzustellen.

Ein Tip für Ihren kleinen Garten: Häufeln Sie die Erde bis zu 20 cm über der Bodenfläche an. Hierdurch vermeiden Sie Bewässerungsprobleme in engbegrenzten Räumen.

Sie können Ihren Boden in einer Weise bearbeiten, daß gute Ernten selbst von kleinen Bodenfleckchen garantiert sind. Graben Sie eine Reihe Gräben. Die Breite der Gräben hängt von der Art des Gemüses ab, das Sie pflanzen wollen, sie sind gewöhnlich aber nicht breiter als 6 cm und etwa 10 cm tief.

In diese Gräben legen Sie eine dicke Schicht zerkleinerter Essensabfälle mit Grassilage – hergestellt, indem gemähtes Gras oder Blätter in einen schwarzen Müllsack eine oder zwei Wochen der Sonne ausgesetzt werden. Über die Laubdecke legen Sie eine Schicht lockerer Erde, in die Sie die Pflanzensamen einbringen.

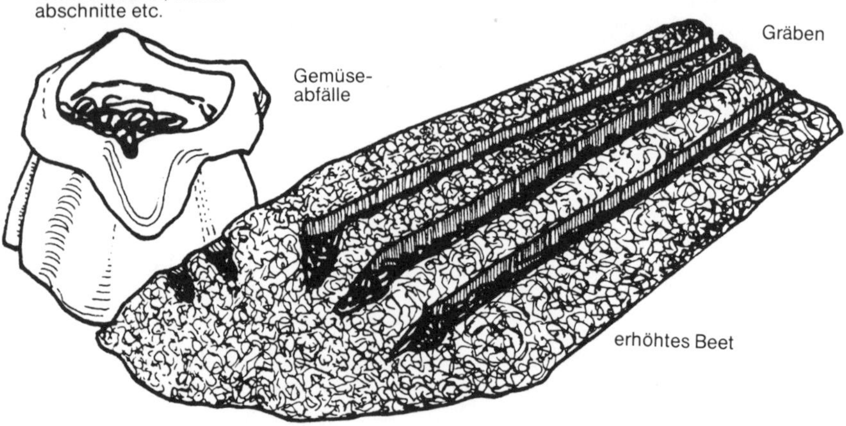

Wenn Ihre Pflanzen genug gewachsen sind und Wurzeln geschlagen haben, haben sich das Laub und die Essensabfälle zersetzt und ergeben eine konzentrierte Nährbasis für die Pflanzen. So können Sie intensiver anbauen, ohne nachteilige Wirkungen zu riskieren. Nach der ersten Ernte ist es erforderlich, die Nährbasis zu erneuern, bevor mit der nächsten Aussaat begonnen wird.

Mit dieser Idee konnten wir unsere Gemüsepflanzen ungeheuer eng zusammenpflanzen und bekamen aus unserem winzigen Stadtgarten frische, schmackhafte Nahrung.

Graben Sie den Rasen im Vorgarten um!

Wenn Sie Probleme haben, genügend Raum zum Anbau von Nutzpflanzen zu finden, können Sie natürlich den Rasen Ihres Vorgartens umgraben. Es gibt in unserer Gesellschaft eine Art irrationaler Tabus, die dieser Idee mißbilligend entgegenstehen; Sie haben jedoch die Wahl zwischen dem, was Ihre Nachbarn denken, und dem Essen frischer, selbsterzeugter Vegetabilien. Wenn dies jeder tun würde, könnten wir unsere Lebensmittelproduktion verdoppeln und die Städte viel unabhängiger machen.

Eine große Menge unserer kostbaren fossilen Brennstoffenergie geht für Rasenmäherbenzin, Düngemittel und Unkrautvernichtungsmittel drauf, um unseren Vorgarten wie einen Park zu halten. Kaum einer benutzt ihn dann jedoch für ein Picknick oder andere Entspannung. Menschliche Kraft wird beim Mähen und Trimmen des Rasens vergeudet, dann ist da noch die Wasserverschwendung beim Sprengen und Besprühen dieses Statussymbols der Vorstädte.

All die Energie und das Wasser sollten besser dazu benutzt werden, einen produktiven und schönen Garten zu unterhalten, den man gern anschaut oder darin arbeitet.

Sie können den Rasen wenigstens mit Gartenbeeten für Gewürzkräuter um die Kanten herum und längs der Gehwege und durch schmückende Bäume mit eßbaren Früchten, wie Pflaumen oder Kirschen, auflockern. Wenn Sie mähen, gehen Sie sicher, die Grasabfälle auf den Komposthaufen zu werfen.

Ein möglicher Nachteil, in Ihrem Vorgarten Gemüse anzubauen, ist die Gefahr einer Bleiverunreinigung durch Autoabgase, die die Pflanzen in der Nähe von geschäftigen Straßen oder Autobahnen aufnehmen. Eine Hecke schützt die Pflanzen vor dem Verkehr in den meisten ruhigen Straßen; aber waschen Sie Ihre Gartenprodukte stets gut ab.

Dachgärten

Wenn Sie nur ein kleines Fleckchen eines schattigen Hofes in Ihrem Stadthaus haben, können Sie dennoch Gemüse in flachen Behältern auf dem Dach anbauen. Um die Behälter nicht zu schwer werden zu lassen, füllen Sie sie mit einem Gemisch aus Erde und Kompost, das den Pflanzen alle erforderlichen Nährstoffe gibt, oder legen Sie einen Garten auf einer Laubdecke in einem mit schwarzem Kunststoff ausgekleideten Holzbehälter an.

Die am besten wachsenden Pflanzen sind diejenigen mit flachen Wurzeln, wie Salat, Schalotten, Rettich, Zwiebeln, Gewürze, Tomaten und Zucchini. Bohnen und Erbsen, Kürbisse und Gurken können über das Dach zu beiden Seiten des Hauses herunterhängen.

Wässern Sie mit einer Sprühvorrichtung oder bringen Sie einen Wasserschlauch an, um die Kästen zu wässern. »Grauwasser« (Schmutzwasser) aus Badewannen kann die Kästen bewässern. Wind könnte zu einem Problem werden; binden Sie die Tomaten gut an.

Wir pflanzten einen Gemüsegarten in einem Beet aus Luzerne, Heu und Stroh nach der »Nicht-umgraben«-Methode. »Wir erzielten von unserem Dachgarten eine gute Ernte, insbesondere Tomaten, wir fanden jedoch heraus, daß wir die Strohschicht verstärken mußten, so daß andere Gemüsepflanzen gedeihen können.«

WELCHE FELDFRÜCHTE?

Man muß natürlich eine ganze Reihe Punkte berücksichtigen, bevor man die Pflanzen auswählt. Bedenken Sie, welche Gemüsearten Sie bevorzugen, welche gelagert oder eingeweckt werden können und welche die nahrhaftesten sind.

Pflanzen, die am schnellsten reif sind:

Pflanze	Wochen bis zum Verbrauch
Gartenkresse	10 Tage

Rettich	3-4 Wochen
Spinat	5 Wochen
Gurken und Salat	8-10 Wochen
französische oder Zwergbohnen	8-12 Wochen
rote Bete, weiße Rüben	8-12 Wochen
Tomaten, Zucchini	8-12 Wochen

Beste Raumnutzung und mühelosen Anbau haben: Karotten, Zwergbohnen, Tomaten, Salat, Zucchini.

Am produktivsten und populärsten: Saubohnen, französische Bohnen, Karotten, Gurke, Salat, Rettich, weiße Rüben, Zuckererbsen, Tomaten, Zucchini.

Zum frühen Pflanzen, wenn der Boden noch kalt ist: Saubohnen, Broccoli, Rosenkohl, Karotten, Sellerie, Weißkraut, Blumenkohl, Endivien, Grünkohl, Salat, Porree, Senf, Zwiebeln, Kartoffeln, Mangold und alle Rübensorten.

Pflanzen für kaltes Wetter: Spargel, Saubohnen, Broccoli, Blumenkohl, Kohlrabi, Erbsen, Zuckererbsen, schwedische Steckrüben.

Knoblauchspray

Dieses natürliche Insektenvertilgungsmittel wurde von der British Henry Doubleday Research Association, einer Gruppe aufgeweckter Bauern für organischen Anbau, entwickelt. Das Mittel tötet Schnecken, Blattläuse, Spulwürmer und den Kohlweißling.

Zerkleinern Sie 100 g Knoblauch. Gießen Sie 2 Teelöffel Paraffinöl darüber. Dekken Sie ab und lassen Sie 48 Stunden weichen. Dann stellen Sie eine reine Seifenlösung, etwa 30 g Seifenpulver in 600 ml heißem Wasser, her. Gießen Sie sie über den Knoblauch und vermischen Sie das Ganze. Lassen Sie die Mischung 24 Stunden stehen, erwärmen Sie sie leicht und filtern sie. Füllen Sie sie in eine Flasche ein und versehen Sie die Flasche mit einem Etikett. Verwenden Sie 1 Teil in 100 Teilen Wasser oder weniger in Abhängigkeit von dem vorliegenden Problem.

SAMMELN SIE IHRE EIGENEN SAMEN

Gemüse-, Kräuter- und Blumensamen werden immer teurer und die Pflanzenzüchtung geht dahin, Gemüse einheitlicher Farbe, Form und Größe zu züchten. Durch das Kreuzen zweier Pflanzen entstehende

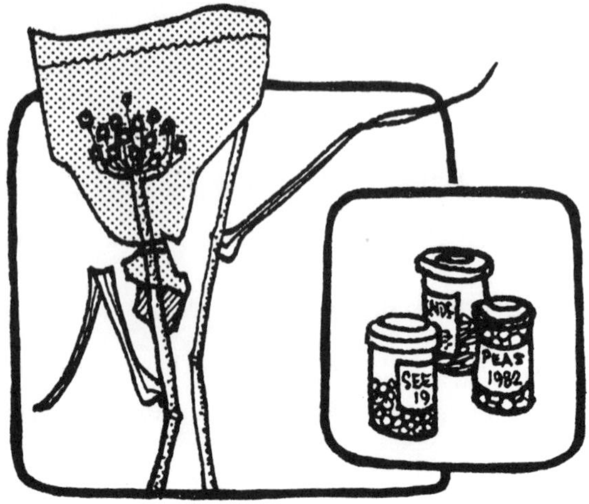

Hybriden wurden zur Erhöhung der Ausbeute und verkürzter Wachstumszeiten entwickelt.

Sie können Geld sparen, indem Sie Ihre eigenen Samen sammeln und ergiebige, gegen Krankheiten widerstandsfähige Pflanzen züchten, die für Ihr Klima geeignet sind. Tauschen Sie überzählige Samen mit Freunden, Nachbarn oder entsprechenden Gartenvereinen gegen andere Samen, die Sie nicht haben.

Sammeln Sie den Samen von gesunden, starken, von Krankheiten freien Pflanzen und nicht von Hybriden, die gewöhnlich auf ihre ursprünglichen Eigenarten zurückkehren. Mit grünblättrigen Pflanzen wie Mangold, Spinat, Blattsalat oder Chinakohl wählen Sie Pflanzen, die die längste Zeit zur Samenbildung benötigen. Broccoli oder Blumenkohl bilden am schnellsten Samen. Bei Rettich wählen Sie die erste runde Wurzel aus dem Erdboden aus und lassen Sie sie Samen bilden.

Die ausgewählten Saatpflanzen sollten ihre Samen im Garten ausreifen, und zwar so lange wie möglich. Eine gute Methode, Samen zu sammeln, besteht darin, daß man über die Samenköpfe Papiertüten stülpt und sie am Stiel mit Gummibändern - wie gezeigt - befestigt. Versuchen Sie dies mit Fenchel, Salat, Petersilie, Dill, Karotten, Kümmel und Koriander.

Einige leichte Samen, die sich gut aufheben lassen.

Melonen, Zucchini, Flaschenkürbis und Kürbis: Entfernen Sie die Samen, reinigen Sie sie von den fleischigen Teilen, dann waschen und trocknen Sie sie gründlich.

Gurken und Tomaten: Lassen Sie einige Tomaten und Gurken voll ausreifen, aber nicht verrotten. Schälen Sie die Samen und das Fruchtfleisch aus und legen Sie diese an einem warmen Ort in einen Topf, wo sie einige Tage fermentieren. Dies verringert das Fruchtfleisch zu einer dünnen Flüssigkeit, die sich unter fließendem Wasser abwaschen läßt (legen Sie die Samen in ein Sieb). Breiten Sie die Samen auf Zeitungspapier zum Trocknen aus.

Salat: Nachdem der Salat Köpfe oder Stiele gebildet hat, an denen zuerst die Blüten und dann die Samen erscheinen. Bedecken Sie den Stiel mit braunen Papiertüten oder schneiden Sie die Samenstengel ab, wenn die Samen getrocknet sind. Hängen Sie diese an einem schattigen Platz auf und trocknen Sie sie sorgfältig, schütteln Sie die Samen aus und lagern sie sie.

Bohnen und Erbsen: Lassen Sie einige der gesündesten Pflanzen ausreifen und natürlich an den Pflanzen oder Büschen trocknen. Reife Bohnenschoten lassen sich leicht schälen, von Hand oder maschinell.

Lagern von Samen

Lagern Sie Ihre Samen vorsichtig. Sie müssen vor Schimmel, Insekten und Mäusen bewahrt werden. Halten Sie sie in einem kühlen, trokkenen Raum in Papiersäcken, lose verschlossenen Töpfen oder in luftdichten Plastikbehältnissen, wie man sie für Filme verwendet. Markieren Sie Ihre Päckchen mit den Namen der Pflanzen und dem Sammeljahr.

GEMEINSCHAFTSGÄRTNEREI

Wenn Sie keinen sonnigen Flecken Erde haben, können Sie immer noch ein kleines Stück von der Gemeinde mieten, um Ihre eigenen Nahrungsmittel anzubauen. Schrebergärten beginnen in den Städten aus dem Boden zu sprießen.

Schrebergärten wurden eingeführt, um Arbeitern einen Platz zum Anbau ihrer eigenen Nahrungsmittel zu schaffen und wurden während des Ersten Weltkrieges bedeutend. Nach der »Schrebergärten für den Sieg«-Kampagne im Zweiten Weltkrieg wurde ihre Zahl gewaltig. Sie führte zu einer Steigerung der Produktion, da sich die Menschen intensiv darum kümmerten und das Land kultivierten.

An solchen Orten wuchsen die Kinder fast genauso heran wie die Blumen und ältere Menschen können den Sonnenschein genießen und etwas von ihrem Wissen beisteuern.

Ein gemeinsamer Garten

Gil und Meredith Freeman entfernten den sie von ihren Nachbarn trennenden Zaun und teilen sich nun einen Garten mit drei weiteren Haushalten. Sie haben genügend Raum für einen großen Gemüsegarten, ein schattiges Haus und ein Gewächshaus und zur Geflügel- und Entenhaltung mit Bienenkörben auf dem Dach. Es gibt Baumfrüchte wie Quitten, Äpfel und Weinreben. Sie machen gemeinsame Kasse mit zwei anderen Familien und kaufen mit ihnen gemeinsam ein, essen zusammen und führen auch alle erforderlichen Bauten miteinander aus.

Nahrungsmittelvorrat für schlechte Zeiten

- Wie man seinen Nahrungsmittelvorrat anlegt
- Einkaufsgemeinschaften
- Gute, billige Nahrungsmittel
- Kochen mit wenig Energieverbrauch
- Das Ernten von Getreide und Gemüsen
- Zurück zum einfachen Brot
- Kraftsuppe
- Gemüse
- Iß die Milch!
- Billiges Fleisch
- Sommergetränke

WIE MAN SEINEN NAHRUNGSMITTELVORRAT ANLEGT

Die Märkte

Ein Einkauf auf dem Markt läßt sich durch nichts überbieten. Geschäftige Mengen, Farben, Atmosphäre und gute Gelegenheiten für frische Früchte und Gemüse, Fisch, Geflügel, Käse und Fleisch. Die Großmärkte in den Städten und die Bauernmärkte auf dem Land stehen dem Publikum gewöhnlich an Wochentagen zur Verfügung und sind für Wiederverkäufer jeden Freitag und Sonnabend (einige auch Sonntag) geöffnet.

Gewöhnlich gibt es dort auch eine Reihe Marktbuden, die Kleidung, Schmuck, Pflanzen, Geschenke und auch »einfaches« Kunstgewerbe, Artikel aus zweiter Hand, Säfte und vegetarische wie auch andere Lebensmittel anbieten.

Am besten kauft man natürlich frische Früchte und Gemüse. Man sollte herumgehen, die Qualität und Preise vergleichen und dann dorthin zurückgehen, wo der Sellerie knackiger, die Pilze billiger waren oder ihnen der Grünkramhändler besser gefiel. Neigt sich der Tag seinem Ende zu, sinken die Preise bei einigen noch nicht verkauften Waren.

Fisch und Fleisch

In Küstengegenden gehe man zum Fischmarkt. Dort hat man die größte Auswahl an frischem Fisch, Krabben, Hummer (Langusten),

Austern und anderen Schalentieren. Sie sparen natürlich Geld, wenn Sie einen ganzen Fisch anstelle von Filets kaufen und ihn selbst schuppen und reinigen. Nehmen Sie die Gräten und den Kopf für eine Fischsuppe.

Man kann häufig preiswert größere Mengen an gefrorenem Fisch kaufen.

Die meisten Leute, die über eine Gefriertruhe verfügen, haben Koteletts oder dergleichen zum Grillen gekauft. Sie können auch größere Fleischmengen beim Fleischgroßhändler auf dem Schlachthof kaufen, wo auch die Fleischer ihre Ware beziehen.

Jeder Fleischer, der in größeren Mengen verkauft, wird Ihnen das Fleisch in die von Ihnen gewünschte Größe zerteilen und die einzelnen Stücke in Plastikbeutel tun, die Sie dann sofort einfrieren können. Fleisch ist natürlich billiger, wenn Sie Ihre eigenen Gefrierbeutel zusammenstellen.

Die Knochen, die Sie beim Großkauf von Fleisch erhalten, sind hervorragend zum Herstellen einer Brühe, während Hackfleisch zu Fleischbällchen oder anderen Gerichten verarbeitet werden kann. Über zähere Fleischstücke gießen Sie Essig, um sie mürbe zu machen (oder klopfen Sie sie mit einem Fleischklopfer). Lammbrust läßt sich gut aufrollen, man kann sie braten oder füllen.

Verkaufsbuden am Straßenrand

Verkaufsstände am Straßenrand der Landstraßen liegen meist außerhalb der Städte und hier werden Obst, Gemüse und Honig zu akzeptablen Preisen verkauft, insbesondere dann, wenn Wassermelonen, Erdbeeren oder anderes Obst in Hülle und Fülle vorhanden sind.

Stände an Bauernhöfen und Gärtnereien lohnen ebenfalls einen Besuch. Gärtner verkaufen häufig nicht mehr ganz einwandfreies Gemüse zu verbilligten Preisen.

Wenn Sie hungrig bleiben, sind sie dumm.

Überleben durch den Supermarkt

Sie müssen ein guter Kunde sein, um in Supermärkten kaufen zu können. Man kann gut oder schlecht kaufen, aber man kann lernen, richtig einzukaufen.

Wir parken unsere Wagen auf den großen Parkflächen, schieben unsere Einkaufswagen durch die Gänge, bedienen uns und bezahlen pro Jahr viel Geld an den Kassen für unsere nett verpackten, bearbeiteten Lebensmittel.

Diese Massenverteilung von Lebensmitteln, dem amerikanischen Vorbild nachgeahmt, gibt uns den Vorteil großer Umsätze, verbunden mit guter Lebensmittelqualität und annehmbaren Preisen hinsichtlich der Waren, die in den Regalen angeboten werden.

Bei der Vielfältigkeit der unter einem Dach angebotenen Waren stellt sich der Supermarkt wie ein Füllhorn an Reichtum oder aber wie die Büchse der Pandora dar. Letztendlich haben wir jedoch die Wahl in diesem wahnwitzigen Spiel zwischen Verkäufern und Verbrauchern.

Andererseits verfügt der Supermarkt – mehr als anderswo – über eine Fülle qualitativ guter Lebensmittel (manchmal auch andere Gegenstände des täglichen Lebens), die mit Chemikalien, Konservierungsmitteln, künstlichen Farbstoffen und Geschmacksstoffen, Haltbarmachern, Verdickern, Emulgiermitteln, zugesetztem Zucker oder anderen Süßstoffen, Salz und Mononatriumglutamat (MSG) behandelt worden sind.

Der Zweck sind Lebensmittel mit langer Haltbarkeit und hübscher Verpackung, die durch Werbekampagnen angepriesen werden. Die Lebensmittel schmecken wahrscheinlich auch gut, aber das ist nicht das Wesentliche.

Wenn Sie andererseits wissen, welche Lebensmittel auszuwählen sind und etwas von den Nährwerten verstehen, können Sie Lebensmittel guter Qualität zu angemessenen Preisen, manchmal sogar als Sonderangebot, kaufen. Supermarktketten verfügen über Kaufkraft, und so findet man einmalige Gelegenheiten und Sonderangebote, wenn man die Preise der verschiedenen Verkaufsstellen und die diversen Marken vergleicht.

Studieren Sie immer zuerst das Etikett. Kaufen Sie das Produkt als solches und nicht das farbenfrohe Bild auf dem Etikett der Packung oder Dose. Was darin ist, zählt allein. Vergleichen Sie das Gewicht und den Preis mit anderen Marken und stellen Sie fest, von welchem Hersteller das Produkt kommt, und auch, bis wann es haltbar ist. Bezahlen Sie nichts extra für »Zugaben« wie Soßen oder Geschmacksstoffe, vorgeschnittene Produkte oder »Fertiggerichte«.

Scharf kalkulierte, sogenannte »typische« Hausmarken oder »weiße«

Produkte sind häufig mit den teureren Markenartikeln identisch. Die Kosten für Fernsehwerbung, die Sie dazu bringen soll, das Produkt oder mehr davon zu kaufen, belasten diese Produkte nicht.

Im allgemeinen ist es günstiger, unverpackte Waren zu kaufen; frische Produkte anstatt gefrorener, getrocknete anstelle von Dosenprodukten, frisches Obst und Gemüse sollten den Vorzug vor Büchsenobst, -Gemüse und Säften haben.

Machen Sie einen Speiseplan, bevor Sie einkaufen und berücksichtigen Sie hierbei die Lebensmittel der Saison und alle Sonderangebote, von denen Sie gehört haben. Schreiben Sie sich auf, was Sie benötigen, nehmen Sie die Liste mit und versuchen Sie, sich daran zu halten. Hüten Sie sich vor impulsiven Käufen von Feinschmeckernahrung oder anderen teuren Waren, die Sie glauben ausprobieren zu müssen.

Aus Gesundheitsgründen sollten Sie an Eiscreme, Nahrungsmitteln mit zugesetztem Zucker, Zigaretten, Limonaden und Bonbontüten sparen, die sich meist alle gleich neben der Kasse befinden.

Supermärkte sind Wirtschaftsunternehmen. Als der Trend offensichtlich wurde, weniger verarbeitete Nahrungsmittel zu essen, begannen die Geschäfte mit der Einführung von Reformhausabteilungen. Vorgemischtes Müsli macht nunmehr 20% des Verkaufsvolumens an Frühstückskost aus (aber wahrscheinlich ist es noch immer billiger, sich sein Müsli selbst zu mischen).

Wir glauben, daß in großen Mengen verkaufte Bohnen heute der beste Renner in Supermärkten sind. Viele Geschäfte führen jetzt lose, unverpackte Trockenerbsen und Bohnen, Linsen und Nüsse. Sie bedienen sich selbst aus Körben oder großen Kisten, so daß Sie sehen, was Sie kaufen und die Qualität leicht beurteilen können.

Diese Hülsenfrüchte sind eine ausgezeichnete Proteinquelle. Sie können nach dem Waschen auskeimen oder bei der Zubereitung von zahlreichen fleischlosen Gerichten verwendet werden. Dosenbohnen kosten fast doppelt soviel.

Einige Nahrungsmittel in Dosen sind von hohem Wert. Fisch beispielsweise, Thunfisch und Sardinen haben viel Protein und Vitamine. Kaufen Sie mehrere Dosen, wenn sie billig sind und lagern Sie sie in der Speisekammer. Kaufen Sie für den von Ihnen vorgesehenen Zweck und gewöhnlich zu einem mittleren Preis. In vielen Eintopfkonserven ist wenig Fleisch enthalten. Irish Stew hat meistens mehr Kartoffeln als Fleisch. Prüfen Sie wieder zuerst das Etikett.

Viele verarbeiteten Lebensmittel haben zwar viele Kalorien, jedoch geringen Nährwert. Wir sind während der Wirtschaftskrise und im Krieg mit Brot, Zucker und Kartoffeln aufgewachsen. Wir sind auf eine Geschmacksrichtung festgelegt worden, müssen aber lernen, unsere Kauf- und Eßgewohnheiten gemäß unserer Gesundheit und unserer Finanzen zu ändern. Um sich billig aus dem Supermarkt zu ernähren, ist eine gewisse Intelligenz des Verbrauchers, Zeit zum Planen und Kochen des Essens, der Wille zum Experiment und die Geschicklichkeit, billiges Essen schmackhaft zu machen, erforderlich.

Beschwerde

Wir beschweren uns nicht genug. Wenn der Händler Ihre Wünsche nicht kennt, kann er sie nicht erfüllen. Wir müssen gesunde, frische Nahrungsmittel verlangen und lernen, keinen Ausschuß zu akzeptieren. Der Geschäftsführer glaubt sicher, daß sein Angebot in den Regalen gut für uns ist und ißt davon selber. Erziehen Sie ihn und schreiben Sie an den Hersteller, was Sie von seinen Produkten halten.

Nahrungsmittel aus dem Reformhaus

Mit Nahrungsmitteln aus dem Reformhaus werden ebenso Geschäfte gemacht wie mit anderen. Nahrungsmittel aus dem Reformhaus sind zum großen Geschäft geworden.

Viele Nahrungsmittelarten, die man bisher nur in Reformhäusern fand, werden jetzt durch die Supermärkte vertrieben und sind dort gewöhnlich billiger. Meiden Sie die Reformhäuser, die Reihen von Vitaminpillengläsern aufgestapelt haben und teure importierte Naturkost in kleinen Mengen zu hohen Preisen verkaufen.

Die Sorte von Reformhäusern, die noch Nahrungsmittel in großen Mengen verkaufen und im eigenen Topf mitzunehmenden Honig anbieten, um überflüssige Verpackung zu sparen, oder wo organisch angebautes Getreide zu Mehl vermahlen wird, bietet Ihnen Qualität und Wert. Sie werden oft große Flaschen »natürlichen« Shampoos, Kosmetika und Seifen finden und Sie kaufen besser als beim Drogisten.

Viel hängt natürlich auch von Ihren Diäterfordernissen ab. Sie mögen im Reformhaus Ziegenmilch, keine Allergien auslösenden Nahrungsmittel, organisch angebaute Früchte und Gemüse, Kräutertee, Nüsse, sonnengetrocknete Früchte, ganze Körner, kaltgepreßtes Öl, Hefe und unbehandelte Samen und Bohnen zum Keimen kaufen müssen.

Ausländische Lebensmittel

Ausländische Lebensmittelgeschäfte, Delikatessenläden und Restaurants haben den Lebensmitteleinkauf in den Innenstädten zu einem aufregenden Experiment gemacht. Es ist ein Zivilisationseinfluß, der unsere Möglichkeiten bezüglich Kleidung, Kaffee, Wein und gutem Essen erweiterte.

Wir mögen einen großen Teil davon und haben uns eingehend mit den Sitten und Gebräuchen der anderen anhand ihrer Nahrung beschäftigt. Wir haben gelernt, chinesisch, griechisch und italienisch und französisch zu essen. Die Orte, an denen diese Menschen leben, einkaufen und essen, sind einer Erkundung wert, man sollte hineingehen, aber nehmen Sie Ihre Einkaufstasche mit!

Ausländische Geschäfte riechen nach gealtertem Käse, exotischen Kräutern und Gewürzen, frisch gebackenen und ungewöhnlich geformten Broten und unbekannten Teigwaren, Nudeln und Soßen.

Gehen Sie und sehen Sie selbst. Meistens werden ausländische Geschäfte von Familien betrieben, die hart arbeiten und sich um ihr Angebot kümmern, freundlich bedienen und beraten, wie man die gekauften Produkte kocht und verwendet.

EINKAUFSGEMEINSCHAFTEN

Gruppen können ihren Nahrungsmittelbedarf billiger decken. Dies können ein paar Familien sein, die Kartoffeln auf dem Gemüsegroßmarkt kaufen und dann teilen.

Eine größere Gruppe, sagen wir zehn oder mehr Menschen, möchten vielleicht regelmäßig größere Mengen an Nahrungsmitteln kaufen. Sie beauftragen ein Mitglied, jede Woche auf die Märkte zu gehen, um günstige Preise ausfindig zu machen.

Die Gruppe trifft sich an einem zentralen Ort - bei irgend jemand zu Hause, einem Nebenraum oder einer Garage - und die Nahrungsmittel werden sofort aufgeteilt.

Der nächste Schritt gestattet einzelnen in der Gruppe, Waren vorzubestellen, die sie brauchen. Jeder kann selbst entscheiden, wieviel Geld er jede Woche oder alle 14 Tage ausgeben will. Jede Person füllt einen Bestellschein aus und die beauftragten Einkäufer nehmen die

Bestellungen entgegen und nehmen die gesamte »Einkaufsliste« mit zum Markt.

Zu einer solchen Gemeinschaft können sich Freunde zusammentun, ebenso Menschen, die zusammen wohnen. Als Mitglied stellen Sie freiwillig Ihre Zeit und Arbeitskraft zur Verfügung und erhalten als Gegenleistung frischere und billigere Nahrungsmittel. Dic Ersparnis von 30-40% gegenüber den regulären Supermarktpreisen lohnen die Mühe.

Beginnen Sie eine »Nahrungsmittel-Co-op«

Eine größere Anzahl an Verbrauchern kann größere Mengen Nahrungsmittel kaufen und für jeden einzelnen Teilnehmer ergeben sich größere Ersparnisse. Eine »Nahrungmittel-Co-op« hat aufgrund ihrer Einkaufskraft bessere Möglichkeiten. Sie kann einen breiteren Bereich an Nahrungsmitteln einschließlich einiger Spezialitäten, beispielsweise organisch angebaute Produkte und nicht mit Chemikalien haltbargemachte Nahrungsmittel günstig einkaufen.

Für diese formell aufgebaute Organisation brauchen Sie wenigstens fünf Familien und vorzugsweise 20 oder mehr Menschen. Eine »Nahrungsmittel-Co-op« ohne Profit braucht Lagerraum für nicht verderbliche Lebensmittel und einen Ort (es kann die gleiche Stelle sein), wo die Mitglieder mit Taschen und Krügen ihre Bestellungen abholen.

Sie können natürlich auch einer bereits bestehenden Einkaufsgemeinschaft beitreten.

Eine »Nahrungsmittel-Co-op« kann eine rechtliche Körperschaft sein. Lagerplätze für die Lebensmittel müssen dann den gesetzlichen Gesundheitsvorschriften gerecht werden und als »Lebensmittellager« angemeldet werden. So setzen Sie sich mit der Gesundheitsbehörde in Verbindung, um nach den genauen Erfordernissen zu fragen.

Eine »Nahrungsmittel-Co-op« verlangt gewöhnlich einen Mitgliedsbeitrag von ca. 25,– DM jährlich pro Mitglied. Auf die einzelnen Waren wird ein Aufschlag erhoben, um verschiedene Ausgaben wie Transport, die Kosten für verläßliche Waagen, Lagerbehälter, Papiertüten oder einen Honigspender zu decken.

»Die Co-op« kauft hauptsächlich Lebensmittel, die sich leicht lagern und in kleinere Mengen aufteilen lassen. Dies sind gewöhnlich nichtverarbeitete Trockenprodukte wie Getreide, Mehl, Nüsse, Milchpulver, Sojabohnen, Erbsen und andere Hülsenfrüchte, Bohnen und Samen zum Keimen, Trockenobst, Fruchtsäfte und Pflanzenöle.

In großen Mengen werden Früchte und Gemüse in Kisten, Hürden, Getreide in Säcken und Honig in großen Büchsen angeliefert. Sie nehmen viel Raum ein. Man benötigt Müllsäcke aus Plastik oder andere große Behältnisse, um Getreide zu lagern, und Schaufeln, um es richtig abzumessen. Wenn Sie Fleisch, Käse, Milch, Eier oder Hefe vertreiben wollen, sind Kühlvorrichtungen erforderlich. Die »Co-op« mag ihre eigene Getreidemühle haben, um von den verschiedenen Getreidearten Mehl herzustellen, oder Fruchtpressen, um Frucht- und Gemüsesäfte auszupressen. Verschiedene Mitglieder können hausgemachtes Müsli, Joghurt, Brot, Kekse, Bohnensprossen oder andere Gegenstände beisteuern, die die Produktpalette vergrößern. Die »Co-op« kann auch Toilettenpapier, Seife und Zahnpaste liefern.

Auf diesem Wege gekaufte Waren sind preiswert; man spart die Gewinnspanne der Supermarktpreise. Sie müssen jedoch anderen Menschen vertrauen und ihre eigene Arbeitskraft in der Gruppe einsetzen. Manche »Co-ops« haben sich zu Läden oder Publikumsgeschäften mit einem weitgefächerten Warenangebot zu günstigen Preisen entwickelt, deren Mitglieder Aktien besitzen und in denen ein Geschäftsführer und Arbeiter angestellt sind. Sie sind zum Mittelpunkt der Gemeinde und ein Zentrum für Verbraucher und Umweltschutz geworden. Natürlich sind alle »Nahrungsmittel-Co-ops« unterschiedlich.

Nahrungsmittel vom Großhandel

Man findet Lebensmittellieferanten, Märkte, Gärtnereien und Auslieferungslager am besten im Branchenfernsprechbuch. Schauen Sie auf die Rubriken Großhändler, insbesondere für Reformkost, Obst, Gemüse, Meiereiprodukte, Kleinprodukte, Käse, Gefrierkost, Lebensmittelhändler und asiatische oder weitere ausländische Erzeugnisse.

Ganz offensichtlich sind die Großmärkte in jeder Stadt und die Bauernmärkte auf dem Land die besten Quellen für frisches Obst und Gemüse. Bereiten Sie sich darauf vor, früh aufzustehen und handeln Sie unerbittlich um Produkte.

Neben den Märkten gibt es Großhändler, die wie Selbstbedienungsläden aussehen. Sie sind eigentlich dem »Handel« vorbehalten, bedienen jedoch auch Einzelpersonen, die größere Mengen kaufen. Man kann auch in einigen Geschäften Reformkost en masse kaufen.

Diese mittelständischen Geschäfte gewähren Nachlässe, wenn nicht gar Großhändlerpreise, beim Kauf von größeren Mengen. Gehen Sie nicht von Halbheiten aus. Sie müssen tatsächlich wissen, was Sie brauchen. In einigen Fällen werden Sie sagen müssen, daß Sie ein Reformhaus oder ein Restaurant betreiben wollen, um einkaufsberechtigt zu sein.

Nehmen Sie auf dem Lande oder entlegenen Vororten mit den örtlichen Gärtnern, Bauern, Züchtern und Meiereibesitzern Kontakt auf, um Obst, Gemüse, Honig und Milch direkt von ihnen zu kaufen.

Einkauf einmal im Jahr

Wir hörten im Radio von einer Familie in den Vereinigten Staaten, die nur einmal im Jahr ihren gesamten Lebensmittelbedarf im Supermarkt deckte! Sie zahlten etwa 4000,- DM, dennoch sagte die Familie, sie hätte Hunderte an Mark nur durch das Benzin gespart, das für häufige Einkäufe verbraucht worden wäre. Wenn einige Nahrungsmittel verbraucht waren, verschoben Sie den Neukauf, bis sie wieder zu einem Geschäft fuhren. Fraglich ist nur, wie sie ihren Bedarf an frischen, verderblichen Nahrungsmitteln gedeckt haben!

Greifbar - Küchengewichte und Maße

Hier werden überschläglich Mengen wiedergegeben, die auf der praktischen Erfahrung von Köchen über Generationen hin beruhen, bevor das metrische System eingeführt wurde.

Die in allen nachfolgenden Rezepten angegebenen Mengen gelten für vier Personen.

Flüssigkeiten

15 Tropfen = 1 Salzlöffel
25 Tropfen = 1 Teelöffel
2 Teelöffel = 1 Dessertlöffel
2 Dessertlöffel = 1 Löffel (15 ml)
1 Weinglas = 60 ml
4 Tafellöffel = 150 ml
1 Tasse = 250 ml
4 Tassen = 1 Liter

Feststoffe

Die alte einfache Regel, die bei den meisten Anwendungsgebieten stimmte, war:
1 gestrichener Eßlöffel = 30 g Butter, Schmalz, Margarine, Milch, Salz, Zucker oder Wasser
Butter in der Größe eines Eies = 30 g
Butter in der Größe einer Walnuß = 15 g
1 Tasse Butter = 250 g
2 Tassen zerkleinerten Fleischs = 500 g
1 Tasse Zucker = 250 g
2 Eßlöffel Mehl = 30 g
1 Tasse Mehl = 100 g
4 gestrichene Tassen Mehl = 500 g
3 Tassen Maismehl = 500 g
2 Tafellöffel Reis = 30 g
2 Tassen Reis = 500 g

4 Eßlöffel Brotkrumen = 30 g
1 Tasse Brotkrumen = 60 g
3 Tassen Hafermehl = 500 g
1 Tasse Rosinen oder getrocknete Trauben = 180 g
4 Tomaten durchschnittlicher Größe = 500 g
3 große Bananen = 500 g (mit Schale)
1 großes Eis = 50 g

Salz kann schädlich sein und sollte sparsam benutzt werden, wenn überhaupt. Ersetzen Sie es durch ein Pflanzensalz, das Ihnen leicht zugänglich ist.

Ofentemperaturen

warm	100° C
niedrige Hitze	150° C
mittlere Hitze	180° C
heiß	220° C
sehr heiß	230° C

Gute Ernährung

In schlechten Zeiten ist es besonders wichtig, sich um Ihre Gesundheit zu kümmern, indem Sie genügend Gymnastik betreiben, schlafen, frische Luft aufnehmen, sich warm und sauber halten und insbesondere die richtigen Nahrungsmittel zu sich nehmen.

Heutzutage wird richtige Ernährung bereits in den Schulen gelehrt und die meisten Menschen sind zumindest mit den grundlegenden Fakten bezüglich Protein, Kohlehydraten, Mineralstoffen und Vitaminen vertraut.

Sich gut ernähren kann preiswert sein, wenn man weiß, welche Nahrungsmittel die richtigen sind, um den Bedürfnissen Ihres Körpers zu entsprechen. Das heutige Problem ist jedoch, die falsche Nahrung und viel zuviel zu sich zu nehmen.

Die Faustregel besagt, abwechslungsreiche Nahrung zu sich zu nehmen. Essen Sie naturnahe Lebensmittel, wenn möglich (Ballaststoffe), die nicht mit Chemikalien oder Pestiziden behandelt worden sind und natürlich frische, die Sie selbst angebaut haben. Nehmen Sie abwechs-

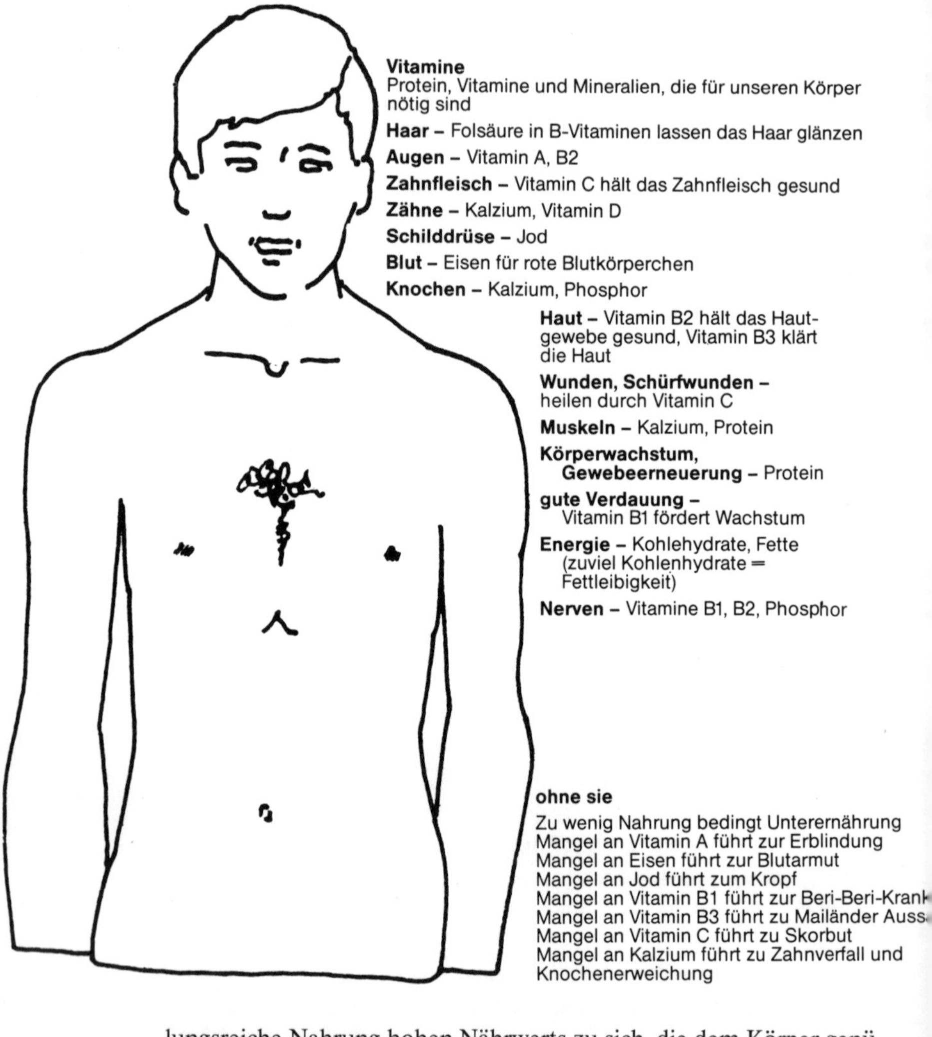

lungsreiche Nahrung hohen Nährwerts zu sich, die dem Körper genügend Energie zuführt, normal zu funktionieren und Streßsituationen gewachsen zu sein.

Ein gesunder Mensch kann sich mit einer abwechslungsreichen Diät ausreichend ernähren, so daß es keiner Vitaminpillen oder anderer Ausgleichsstoffe bedarf.

Essen Sie weniger: Meiden Sie Alkohol, Zigaretten, Zucker, Salz, Stärke, Süßigkeiten und alle minderwertigen Nahrungsmittel wie Hamburger, Kartoffelchips und Eiscreme. Nehmen Sie keine Nahrungsmittel mit künstlichen Konservierungsmitteln, Farbstoffen, Stabilisatoren, Zusätzen, kein gebleichtes Mehl, Zucker und Reis oder Lebensmittel zu sich, die einer intensiven Bearbeitung zugeführt wurden, so daß letztendlich die meisten Nährstoffe verlorengingen.

Essen Sie mehr: Gemüse, insbesondere rohes Gemüse und Blattfrüchte, rohes Obst, Getreide, Brot, Salate, Bohnen, Erbsen und andere Hülsenfrüchte, die reich an Schlackenstoffen sind, sowie Nüsse.

Pflanzliches Protein

Tierisches oder pflanzliches Protein ist für den menschlichen Körper lebenswichtig, da es nicht nur den Körperfunktionen, sondern insbesondere der Wiederherstellung des Zell- und Muskelgewebes dient. Protein läßt uns wachsen, deshalb brauchen Kinder viel mehr als Erwachsene.

Die meisten Empfehlungen für eine richtige Ernährung laufen darauf hinaus, daß Fleisch, Fisch und Molkereiprodukte auf dem täglichen Speiseplan stehen sollten, um dem Körper das die lebensnotwendigen Aminosäuren enthaltende Protein zuzuführen. Der menschliche Proteinbedarf kann jedoch auch durch eine Kombination aus ganzen Getreidekörnern und Hülsenfrüchten (Bohnen und Erbsen), Nüssen und Samen gedeckt werden.

In diesem Buch finden sich viele fleischlose Gerichte, die für Vegetarier geeignet sind. Wir befassen uns mit guter, billiger Nahrung, wo man sie kaufen, wie man sie zubereiten kann und wie man sie genießt; weiterhin, wie man eine gesunde, ausgeglichene Diät auf wirtschaftlichstem Wege erhält.

Um das Körpergleichgewicht sicherzustellen, benötigen wir 22 Aminosäuren. Einige davon werden in unserem Körper auf natürliche Weise erzeugt. Acht, die sogenannten wesentlichen Aminosäuren, können im Körpergewebe nicht synthetisiert werden und wir müssen sie mit unserer täglichen Nahrung aufnehmen. Zu diesen gehören: Isoleucin, Leucin, Lysin, Valin, Methionin (die Schwefel enthaltende Aminosäure), Phenylalanin, Threonin und Tryptophan.

Um den benötigten vollständigen Proteinbedarf zu decken, sollte die Nahrung wie folgt kombiniert werden:

1. Getreidekörner mit Hülsenfrüchten oder Nüssen;
2. Getreidekörner mit Milchprodukten und
3. Samen mit Hülsenfrüchten oder Nüssen.

Bohnen und Erbsen sind reich an Lysin und Isoleucin, ärmer an Tryptophan und sehr arm an Methionin. Getreidekörner, Nüsse und Samen sind reich an Methionin und Tryptophan, ärmer an Isoleucin und sehr arm an Lysin.

Vitamine in Gemüsen (und Früchten)

Gemüse enthalten reichlich Vitamine, Mineralstoffe und Kohlehydrate. Der Nährwert frisch geernteten Gartengemüses und rohen Gemüses ist größer.

Der Vitamin-C-Gehalt ist größer, wenn das Gemüse roh und frisch verzehrt wird. Der Vitamingehalt geht schnell verloren, sobald grünes Blattgemüse verwelkt, wenn es bei normalen Temperaturen gelagert wird. Einen Tag nach der Ernte hat Salat 50% seines Vitamin-C-Gehaltes verloren, während nach drei Tagen 90% verschwunden sind.

Die Komplexvitamine C und B sind in Wasser löslich und werden auch beim Kochen beeinträchtigt, nicht jedoch der Gehalt an Vitamin A. Roher Blumenkohl enthält 69 mg Vitamin C pro 100 g, jedoch weist die gleiche Menge gekochten Blumenkohls nur 28 mg Vitamin C auf.

Vitamin C kann im Körper nicht gespeichert werden und muß täglich zugeführt werden. Der durchschnittliche tägliche Bedarf für einen arbeitenden Erwachsenen liegt bei 75 mg Vitamin C und 5000 internationale Einheiten (IU) an Vitamin A. Meist wird Vitamin C aus frischen Früchten und Gemüse bezogen. Es ist interessant zu erfahren, daß in frischer Petersilie oder rohem Blattspinat mehr Vitamin C enthalten ist als in Orangen und Zitronen.

Gute Quellen für Vitamin C: Spinat, Mangold, Paprika, Kohlrabi, Petersilie, Rosenkohl, Weißkohl, Blumenkohl, Broccoli, Spargel, Tomaten, Rettich.

Andere Quellen: Zitronen, Limonen, Orangen, Grapefruit, Erdbeeren, Melonen, Endivien, Gurken, Kartoffeln, süße Kartoffeln, Bohnen, Pastinaken, Rhabarber, Porree und Zwiebeln.

Vitamin A ist in fetten Nahrungsmitteln wie Milch, Sahne, Butter, Käse, Eiern und Leber enthalten und wird aus dem Karotin im Gemüse, insbesondere rohen, geschabten Karotten, umgewandelt. Ein Mangel an Vitamin A führt zu Augenerkrankungen und Sichtstörungen.

Gute Quellen für Vitamin A sind: Karotten, Tomaten, Spinat, Mangold, Salat, Broccoli, Chinakohl, süße Kartoffeln, Bohnen, Petersilie, Löwenzahn, Endivien, Paprika, Kürbis und Mais.

Weitere Quellen: grüner oder gedämpfter Spargel, Rosenkohl, Artischocken. In Gurken findet sich Vitamin A in der Schale.

Die Vitamine des B-Komplexes, insbesondere Thiamin, Riboflavin und Niacin, setzen die Energie der Nahrung frei und unterstützen die Nerven und erhalten die Haut gesund.

Quellen für Vitamin B1 (Thiamin) sind: grüne Bohnen, Bohnensprossen, Kartoffeln, Mais, süße Kartoffeln, Rosenkohl, Blumenkohl, Weißkohl, Spinat, Salat, Zwiebeln, Lauch, Tomaten, Pastinaken, Erdnüsse, rote Bete, Karotten.

Quellen für Vitamin B2 (Riboflavin) sind: rote Bete, Spinat, Mangold, Bohnen, Broccoli, Salat, Weißkohl, Blumenkohl, Avocados, Karotten, Grünkohl.

Die Vitamine des B-Komplexes finden sich häufig in natürlichen, unverarbeiteten Nahrungsmitteln, insbesondere Vollkornerzeugnissen und dunklem, grünem Blattgemüse, und sind alle in Hefe enthalten. Vitamin B12 findet sich indessen nicht in ausreichender Menge in Pflanzennahrung, und viele Vegetarier leiden unter einem Mangel an diesem Vitamin. Eier, Käse und Milch sind für lactovegetabile Ernährung zuverlässige Quellen.

Vitamin D wird zur Stärkung der Zähne und Knochen benötigt und wird durch die Sonne erzeugt. Geringe Mengen sind auch in frischem Gemüse, Mischkohl und Eigelb vorhanden.

Vitamin E dient der Stärkung der Muskeln, des Gewebes und hilft bei der Wundheilung. Zu den geeigneten Quellen gehören Weizenkeimöl, Walnüsse, süße Kartoffeln, Erbsen, grüne Blattgemüse und ungeschälter Reis.

Vitamin K ist für eine normale Blutgerinnung erforderlich. Zu geeigneten Quellen gehören grüne Gemüse, Spinat, Mangold, Kohl, frische Karotten, Blumenkohl und Alfalfa-(Luzerne)Sprossen. Auch Joghurt ist ein guter Vitamin-K-Lieferant.

Kohlehydrate

Kohlehydrate und Fette sind energiespendende Nahrungsmittel für unseren Körper. Samen, Rüben und Knollengemüse, Mais, Bohnen und Karotten,wie auch Getreide in Brot und Getreideprodukten decken unseren Kohlehydratbedarf. Es ist auch etwas Öl oder Fett notwendig; wir beziehen dies aus Pflanzenölen oder Molkereiprodukten.

Rohe Nahrung

Rohe Früchte und Gemüse tun Ihnen gut und ersparen Ihnen Zeit und zum Kochen nötigen Brennstoff. Sie sind schmackhaft, insbesondere wenn man sie frisch und knusprig ungeschält aus dem Garten ißt.

Durch das Kochen werden viele Nährstoffe zerstört, einschließlich Vitamin C und Enzyme, die verlorengehen, wenn man über 60° C kocht. Rohe Nahrungsmittel geben Ihnen mehr Balaststoffe, mehr Vitamine, Mineralstoffe und natürl che Enzyme. Sie nehmen die Elemente von der Sonne und die Nährstoffe aus dem Boden, auf dem sie wachsen, auf.

Es ist durchaus möglich, wie Obstesser und Vegetarier versichern, sich von einer ausgeglichenen Diät zu ernähren, die nur aus rohen Nahrungsmitteln besteht, vorausgesetzt, daß sie die notwendigen Vitamine, Mineralstoffe und Proteine enthält.

Im Sommer ist es ganz natürlich, Salate und rohes, frisches Grünzeug zu essen, wie wir im Winter warme, gekochte Nahrung zu uns nehmen. Wir schlagen vor, wo immer es möglich ist, rohe Nahrungsmittel mit vielen Bohnensprossen zu essen, im Sommer täglich einen Salat.

Bewaffnen Sie sich mit einem scharfen Messer und einer hölzernen oder irdenen Salatschüssel, essen Sie und genießen Sie den Sonnenschein!

Natürlich gibt es einige Nahrungsmittel, die gekocht werden müssen, einschließlich Sojabohnen, Kartoffeln, Fisch, Fleisch und einige Bohnenarten, die roh giftig sind. Das Kochen zerstört Krankheitserreger und gefährliche Bakterien und macht das Fleisch mürber und leichter verdaulich.

Rohe Vorspeise

In Frankreich ist es immer noch üblich, das Mittagessen mit einer Platte roher Gemüsesorten als Appetitanreger zu beginnen. Sie besteht beispielsweise aus geriebenen oder in Streifen geschnittenen Karotten mit einer Salatsoße, Rote-Bete-Scheiben in Öl, frischem Rettich, Oliven, Tomatenscheiben, gehackten Schalotten, Sellerie, Gurken oder Petersilie oder eingelegten oder marinierten Blumenkohlröschen, Broccoli oder anderem Gemüse.

Aioli

Diese Knoblauchsoße paßt gut zu rohen Nahrungsmitteln. Vermischen Sie gehackten Knoblauch mit Mayonnaise, indem Sie ihn in den Mischbecher geben, bevor Sie Eigelb zufügen.

Französische Salatsoße (Vinaigrette)

Diese klassische französische Salatsoße wird aus drei Teilen Öl zu einem Teil Zitronensaft oder Essig unter Zugabe von Salz, Pfeffer oder Mostrich hergestellt. Olivenöl wird bevorzugt, obgleich Sie auch Erdnuß-, Mais-, Safran- oder Sonnenblumenöl verwenden können. Mostrich wird als Bindemittel zugesetzt.

Hier folgt unser Vorschlag für eine Soße, die dem Salat kurz vor dem Servieren beigemischt wird.

6 Eßlöffel Pflanzenöl
2 Eßlöffel Essig
1 Eßlöffel Zucker
gemahlener Pfeffer und Salz (je nach Geschmack)
½ Teelöffel Mostrich (wahlweise)

Schlagen Sie alle Zutaten mit einer Gabel oder geben Sie sie in einen abgedeckten Topf oder eine Schüssel und schütteln Sie kräftig.

Hausgemachte Mayonnaise

Um Mayonnaise herzustellen, brauchen Sie Zeit, Geduld und Erfahrung, wie man die dicke, cremige Substanz mit dem typischen Geschmack erhält. Benutzen Sie einen Drahtrührer oder Holzlöffel.

2 Eigelb
jeweils ½ Teelöffel Pfeffer und Mostrich, Salz nach Geschmack
2 Dessertlöffel Weinessig
6–10 Eßlöffel Olivenöl

Vermischen Sie das Eigelb mit den Gewürzen und dem Essig in einer Schüssel. Setzen Sie langsam das Öl tropfenweise hinzu, rühren Sie kräftig oder benutzen Sie den Schneebesen. Man muß vorsichtig sein, damit das Gemisch nicht gerinnt. Rühren Sie und geben Sie Öl zu, bis die Mayonnaise dick und cremig ist. Aufarbeiten von geronnener Mayonnaise: Wenn das Öl zu schnell zugesetzt wird, oder zuviel auf einmal, kann die Mayonnaise gerinnen oder sich absetzen. Sollte dies geschehen, nehmen Sie eine neue Schüssel, geben Sie 1 Eßlöffel Wasser hinein und vermischen Sie darin eine größere Menge Mostrichpulver. Geben Sie die geronnene Mayonnaise langsam und vorsichtig zu, jeweils immer nur einen Tropfen, und mischen Sie alles gut. Die Mayonnaise sollte gerettet sein.

Grüne Mayonnaise

Mayonnaise kann als Grundstock für viele andere Salatsoßen verwendet werden. Um grüne Mayonnaise zu erhalten, mischen Sie einfach feingehackten Thymian und Petersilie in die Soße.

Tatar-Soße

Diese eignet sich besonders gut für Fisch und andere Meeresfrüchte. Vermischen Sie gehackten Schnittlauch oder Schalotten, Estragon und Kapern mit der Mayonnaise.

Soße aus dem Küchenmixer

½ Tasse Joghurt
1 Tasse Hüttenkäse
1 Eßlöffel Essig und Honig

Mischen Sie im Küchenmixer, bis das Gemisch glatt ist. Diese gesunde Soße eignet sich für Krautsalat, Kohl- oder Karottensalate.

Gartensalate

Ein Salat aus Grünzeug frisch aus dem Garten enthält viele Vitamine und Mineralstoffe, genug, um den täglichen Bedarf der meisten Erwachsenen zu decken. Man kann einen guten Salat leicht herstellen und noch leichter essen. Als Grundlage sollten alle frischen, reifen Zutaten verwendet werden, die Sie in Ihrem Garten angebaut haben, oder Sie können sie beim nächsten Gemüsehändler oder Gemüsemarkt kaufen.

Dann brauchen Sie nur noch eine gute Salatsoße, die den rohen Salat verdaulicher macht und ihm ein nettes Aussehen und Geschmack verleiht. Ein Salat sollte mit Liebe zubereitet werden und die farbliche Zusammenstellung, Form und Beschaffenheit in Betracht gezogen werden. Da nichts gekocht oder abgemessen werden muß, kann kaum etwas schiefgehen und somit bedarf es keiner feststehenden Rezepte.

Die Zutaten unseres Sommernachtssalats hängen davon ab, was wir beim Spaziergang im dämmerigen Garten finden. Wir pflücken einige knackige Salatblätter, Tomaten, Löwenzahn (großblätterigen), Kräuter wie Basilikum, Salbei oder Oregano und sogar Blüten vom Gurkenkraut, die wie Gurken schmecken. Kresse, Endivien, Schnittlauch, Frühlingszwiebeln, Sellerie, Gurke, grüner Pfeffer, Petersilie, Oliven, kleingeschnittenes Zucchini, Kohl oder Spinat eignen sich gleichfalls.

Wenn Sie andere Zutaten wie Rettich, Tomaten, Karotten, Reis, Nüsse, Getreide, Käse, hartgekochte Eier, Zwiebeln, Bohnen oder Bohnensprossen verwenden, haben Sie einen gemischten Salat.

Bereiten Sie Salat kurz vor dem Anrichten oder eine Stunde vor der Mahlzeit zu, wobei Sie ihn im letzteren Falle im Kühlschrank halten müßten, damit er knackig bleibt. Waschen Sie das Grünzeug und trocknen Sie es sorgfältig ab, da sich sonst das Öl in der Salatsoße mit dem Wasser am Boden der Schüssel vermischt. Zerreißen Sie die Blätter mit der Hand oder nehmen Sie einen Hacker oder eine Reibe, um Karotten für den Salat zu schneiden und Kohl für Krautsalat.

Karottensalat

Karotten haben einen süßen Geschmack und stehen das ganze Jahr über zur Verfügung. Nehmen Sie ein Reibeisen, eine Küchenmaschine oder eine Handmühle, um die Karotten zu reiben oder in feine Streifen zu schneiden. Dies fördert das Freisetzen von Cellulose und gibt das Vitamin A aus dem Karotin der Karotte frei.

Mischen Sie mit Salz und Zitrone oder einer französischen Soße mit Zitronensaft oder geben Sie Sultaninen zu, wenn Sie es mögen, oder schneiden Sie grüne Kräuter, wie Petersilie oder Oregano, hinein. Kühlen Sie im Eisschrank vor dem Servieren.

Waldorfsalat

Diese Kreation des maître d'hôtel vom New Yorker Waldorf-Astoria-Hotel ist eine Kombination aus Obst und Gartenzutaten.

4 Äpfel
4 Stangen Sellerie, in Scheiben geschnitten
Saft einer Zitrone
Mayonnaise

einige Sesamsamen
Walnußstücke

Schneiden Sie die Äpfel in Würfel (schälen Sie sie, wenn Ihnen das lieber ist) und besprühen Sie sie mit dem Zitronensaft. Fügen Sie Sellerie und Walnüsse hinzu und gießen Sie Mayonnaise darüber. Geben Sie alles in eine mit Salatblättern ausgelegte Schüssel und streuen Sie Sesamsamen darüber.

Krautsalat

1 kleiner (oder ½ großer) Weißkohlkopf
2 Dessertlöffel Essig
4–5 Eßlöffel Mayonnaise
Gewürze
1 Teelöffel Zucker

Dies ist ein einfacher Krautsalat. Schneiden Sie den Kohl in feine Streifen. Vermischen Sie all die anderen Zutaten und gießen Sie sie über den Kohl, dann rühren Sie um.

Variationen: Geben Sie dem einfachen Krautsalat eine der folgenden Zutaten bei:

1 Tasse in Streifen geschnittene Karotten
1 Tasse zerkleinerten Sellerie
1 Tasse in Streifen geschnittene Äpfel
½ Pfefferschote (in Scheiben geschnitten)
½ Teelöffel Kümmel
2–3 Eßlöffel Sultaninen oder kernlose Rosinen
1 Eßlöffel Olivenöl

Anstelle herkömmlichen Weißkohls kann auch Chinakohl verwendet werden.

Bohnensalat

Vermischen Sie gekochte Bohnen mit einer kleinen, feingehackten Zwiebel, gehackter Petersilie, Dill oder anderen Kräutern. Übergießen Sie den Salat mit französischer Salatsoße.

Obstsalat

Zur Zubereitung eines Obstsalates schälen Sie alles frische Obst und schneiden es in Würfel oder Stücke. Das Gemisch kann aus vielen oder auch nur einigen Obstsorten bestehen. Hübsch ist es, wenn man ein Gemisch verschiedener Farben und Geschmacksrichtungen hat.

Reibt man Äpfel oder Birnen mit ausgepreßtem Zitronensaft ein oder reibt ihn auf die geschnittenen Stücke, werden die Früchte nicht braun.

Man sollte dem Gemisch Bananenscheiben und Blaubeeren erst kurz vor dem Anrichten befügen, da Bananen weich werden und Blaubeeren die anderen Früchte färben. Hervorragende Zutaten für einen Obstsalat sind Melonen, Äpfel, Pfirsiche, Passionsfrucht, Erdbeeren, Bananen, kernlose Weintrauben, Ananas, Papaya, Orangen und andere Früchte der Saison.

Türkischer Gurkensalat
1 in Scheiben oder Stücke geschnittene Gurke
1 Tasse Joghurt
1 feingehackte Zwiebel
¼ Teelöffel schwarzer Pfeffer, Salz nach Belieben
1 Eßlöffel gehackte Minze
2 Eßlöffel Sultaninen (wahlweise)

Vermischen Sie alle Zutaten und stellen Sie sie vor dem Anrichten kalt.

Tabouli (für 8 Personen)
2 Tassen grob gehackte Petersilie
½ Tasse Bulghur (gekochter Buchweizen)
2 Tassen kaltes Wasser
3 Eßlöffel Olivenöl (oder anderes Pflanzenöl)
1 geschälte und in Scheiben geschnittene Gurke
½ Tasse feingehackter Frühlingszwiebeln (Schalotten)
eine Prise gemahlener schwarzer Pfeffer, Salz nach Belieben
2 Tomaten
2–3 Eßlöffel feingehackter Minze

Weichen Sie den Bulghur 1 oder 2 Stunden in kaltem Wasser ein. Lassen Sie abtropfen und verteilen ihn auf einem trockenen Tuch oder Papierhandtuch. Vermischen Sie Bulghur sodann gründlich mit Schalotten. Fügen Sie Minze, Petersilie und Gurken hinzu.

Schlagen Sie Öl, Zitronensaft, Salz und Pfeffer und gießen Sie die Soße über das Gemisch. Bedecken Sie es und kühlen Sie es vor dem Servieren. Kurz vor dem Anrichten verzieren Sie den Salat mit Tomatenstückchen oder mischen sie Tomatenscheiben darunter.

Auch Tabouleh, oder Tabbouleh genannt, ist dieser libanesische Salat eine Köstlichkeit. Er hält sich einige Tage im Kühlschrank. Servieren Sie ihn in Brottaschen oder als getrennten Salat.

Beigabe von Knoblauch

Wenn Sie Knoblauch mögen, reiben Sie die Innenseite einer hölzernen oder irdenen Salatschüssel mit einer Knoblauchzehe ein, bevor Sie den Salat zubereiten. Man kann auch eine Knoblauchzehe in die Salatsoße geben und sie kurz vor dem Übergießen des Salats aus der Soße herausnehmen.

Hacken von Petersilie: Legen Sie gewaschene, in ein Handtuch einge-

1 Beginnen Sie mit einer Handvoll getrockneter, ganzer Samen. Über Nacht eingeweicht.

2 Spülen Sie die Samen täglich 3–4mal und gießen Sie das Wasser aus dem Glas ab.

3 In 3–4 Tagen erhält man eine doppelte Handvoll knackiger Sprossen.

wickelte Petersilie in den Eisschrank, um sie mürbe zu machen. Dies geschieht am besten 1 Stunde, bevor Taboueh zubereitet wird. Sie läßt sich dann viel besser hacken.

Keimen

Eine Handvoll getrockneter, harter ganzer Körner, Hülsenfrüchte oder Samen - für wenige Pfennige zu kaufen - verwandelt sich nach einigen Tagen in Ihrer Küche zu einer Platte voller knackigem, saftigem Grün.

---

1. Beginnen Sie mit einer Handvoll trockener Vollkörner und weichen Sie diese über Nacht ein.
2. Spülen Sie die Samen drei- bis viermal täglich und gießen Sie das Wasser aus dem Gefäß ab.
3. Nach 3–4 Tagen hat man eine doppelte Handvoll knackiger Sprossen.

Das Verfahren, Samen zum Keimen zu bringen, ist einfach. Alles, was Sie tun müssen, ist, die Samen in der vierfachen Wassermenge über Nacht einzuweichen, sie dann regelmäßig mehrmals am Tag unter laufendem Wasser abzuspülen. Nach 3 bis 4 Tagen sind die Samen gekeimt und gesprossen, sind doppelt so groß wie ursprünglich und können verzehrt werden.

Lassen Sie die Samen in einem Kunststoffsieb oder Durchschlag oder in einem weithalsigen Glasgefäß, das mit einem Stück Nessel oder Netz verschlossen ist, sprießen. Hierdurch kann Luft eintreten und Wasser zum Spülen gegossen werden, die keimenden Samen können jedoch nicht herausfallen. Gießen Sie das Gefäß aus, indem Sie es mit einem Winkel in eine Schüssel stellen.

Gut keimende Getreide sind Weizen, Alfalfa (Luzerne), Gerste, Roggen, Hirse und Buchweizen, die man essen sollte, wenn der »Schwanz« des Keims etwa die Größe des Samens erreicht hat. Die am besten zu keimenden Hülsenfrüchte sind Bohnen, die in der chinesischen Küche verwendet werden, Erbsen und Linsen, die am besten sind, wenn sie 5–7 cm lang sind.

Versuchen Sie Kresse, Rettich-, Senf- und Sonnenblumenkerne. Gehen Sie sicher, daß Sie keine mit Chemikalien behandelten Samen zum Keimen bringen. In Reformhäusern können Sie zu keimende Samen kaufen und auch in chinesischen Lebensmittelgeschäften und Samenhandlungen wie Thompson & Morgan.

Sprossen ißt man am besten roh und frisch, mischt sie in Salate, vermahlt sie zu Frühstücksprodukten und Müsli, mischt sie in Fruchtsäfte oder streut sie aufs Brot mit weichem Hüttenkäse. Sie schmecken auch leicht gedämpft, wenn sie mit einem Stück Butter angerichtet werden. Verwenden Sie sie bei Omelettes, Aufläufen, Eintöpfen und Suppen kurz vor dem Anrichten, da langes Kochen Knusprigkeit und Nährwert zerstört.

Sojabohnen lassen sich am schwierigsten zum Keimen bringen, da sie leicht gären. Übergießen Sie sie regelmäßiger als andere Sprossen, etwa alle 4 Stunden. Auch sollten sie vor dem Verzehr gekocht werden.

Getreide- und Bohnensprossen sind eine frische Quelle für Protein, Ballaststoffe, Mineralstoffe und alle Vitamine, insbesondere Vitamin C und die Vitamin-B-Gruppen. Sie können das ganze Jahr über in der Speisekammer, einem Abstellraum oder unter dem Abwaschbecken ziehen. Zwischen den einzelnen Spülungen sollte man die Sprossen an einem dunklen Platz aufbewahren.

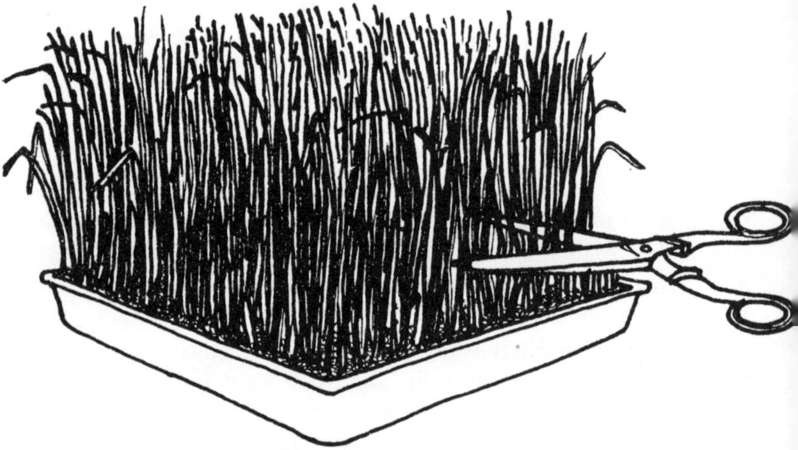

Eine Schale gesprossenen Weizengrases

Salat aus Sprossen

Sie können im Sommer und Winter Salate dadurch zubereiten, daß Sie verschiedene Arten von Sprossen miteinander vermischen und Zitrone oder französische Salatsoße zugeben; oder Sie können Sprossen auch mit anderen Salatzutaten vermischen.

Ein Tablett mit Grünzeug

Wenn Sie nicht genügend Raum haben, Ihr eigenes Gemüse anzubauen, können Sie immer noch Weizengras, Sonnenblumen, Rettich oder Buchweizen-»Salat« auf einem Tablett im Hause ziehen.

Weichen Sie Weizen und andere Samen 12 Stunden in Wasser ein und pflanzen Sie diese sodann in feuchten Kompost auf einem Backblech oder Schachteln, die im Boden Abzugslöcher haben. Verteilen Sie die Samen gleichmäßig über die Oberfläche und bedecken Sie sie mit nassen Zeitungsblättern oder einem feuchten Handtuch. Wässern Sie die Tabletts zweimal täglich leicht. Nehmen Sie die Abdeckung nach 3–4 Tagen ab. Sie können das Erntegut nach 8–10 Tagen, wenn es 10–20 cm hoch ist, mit einer Schere nahe dem Boden abschneiden.

Weizengras in einem Handentsafter ergibt ein nahrhaftes Getränk. Die abgeschnittenen Halme lassen sich gut in einem Glasgefäß oder im Kühlschrank aufbewahren.

KOCHEN MIT WENIG ENERGIEVERBRAUCH

Wir sind froh, daß wir zum Kochen und Heizen Gas haben, da unsere Stromrechung im letzten Jahr um 50% gestiegen war. Obgleich der Gaspreis um 20% anstieg, sind wir der Meinung, daß es der wirtschaftlichste Brennstoff in der Stadt ist.

Wenn Sie darauf bedacht sind, Ihre Familie oder den Haushalt mit guten, billigen Nahrungsmitteln zu versorgen, werden Sie zum Zubereiten, Kochen und Essen die meiste Zeit in der Küche zubringen. Von jetzt ab sollten Sie zu sparen versuchen, indem Sie nur die geringste Brennstoffmenge zum Kochen verbrauchen.

Herdplatte

Kochen Sie Gemüse in der kleinstmöglichen Wassermenge. Sobald etwas kocht, drehen Sie den Schalter auf eine niedrigere Wärmestufe und lassen Sie das Gericht simmern.

Versuchen Sie, Gerichte »in einem Topf« zu kochen. Kochen Sie mehrere Gemüsesorten in einem Topf und benutzen Sie Einsätze.

Kochtöpfe werden schneller heiß, wenn man sie mit einem Deckel verschließt. Bringen Sie sie zum Sieden und entfernen Sie dann den Deckel, wenn Sie dies bevorzugen.

Benutzen Sie Kochtöpfe mit flachem Boden, die die ganze Kochplatte bedecken.

Kochtöpfe und Bratpfannen guter Qualität bestehen aus schwerem Gußeisen, Emaille oder rostfreiem Stahl und haben dicke Böden, oftmals aus Kupfer, das sich schneller erwärmt und die Hitze hält, sie gleichmäßig verteilt, so daß weniger Energie zum Kochen benötigt wird.

Bei Elektroherden schalten Sie die Kochplatte, einige Minuten bevor das Essen gar ist, aus.

Verwenden Sie einen elektrischen Kessel oder eine Kanne zur Bereitung von Tee-, Kaffee- oder Kräuterteewasser anstelle eines Teekessels auf der Herdplatte. Versuchen Sie nur soviel Wasser zu erwärmen, wie Sie benötigen.

Das Ofeninnere

Braten und backen (auch Brot) im Ofen verbraucht viel Energie, jedoch ist der Ofen gut geeignet, um lange kochende und langsam garwerdende billige Fleischstücke zuzubereiten. (Diese brauchen weniger Kochzeit, wenn man sie zuvor mariniert hat.)

Planen Sie alles genau, dann können Sie, ist der Ofen erst einmal an, auf allen Blechen »en masse backen«. Bereiten Sie einen Braten mit Soße für den nächsten Tag, verdoppeln Sie die Nahrungsmittelmenge und frieren Sie den Rest für später ein oder backen Sie ein Brot, während Sie ein anderes Gericht zubereiten.

Lassen Sie die Ofentür zu, denn 20% der Wärme gehen jedesmal verloren.

Benutzen Sie feuerfestes Glas, Gußeisen oder Keramiktöpfe, die die Ofenwärme ausreichend übertragen und sie eine Zeitlang halten. Wenn Sie Brot backen, verwenden Sie schwarze oder geschwärzte Brotformen.

Drehen Sie den Ofen 10 Minuten vor der benötigten Kochzeit aus. Nehmen Sie die Zeitschaltuhr zu Hilfe. Der Ofen bleibt warm und sie können 10 Minuten umsonst kochen! Die im Ofen angespeicherte Wärme hält auch ein zweites Gericht warm, bis es serviert werden soll.

Halten Sie Ihren Herd sauber und kaufen Sie keinen größeren als notwendig. Beim Gasherd reinigen Sie den Ofen und die Brenner und kochen Sie auf kleiner Flamme. Bei elektrischem Herd reinigen Sie die Heizplatten-Reflektoren, so daß die Wärme nach oben geleitet wird.

Machen Sie es mit der Hand!

Das vielseitigste Küchenwerkzeug hat fünf behende Finger und befindet sich am Ende Ihrer Arme. Benutzen Sie Ihre Hände zum Aufmachen von Dosen, mahlen, quirlen, schlagen, reiben, schnitzeln, kneten, rühren und zerkleinern Sie mit ihnen und sparen Sie kostspielige Ausrüstungen und die Elektrizität, die ihrem Betrieb dient.

Kochen in Vakuumkolben

Ein weithalsiger Vakuumkolben oder eine Thermosflasche hält die Nahrung mehrere Stunden warm, so daß Eintopfgerichte, Suppen und heiße Getränke für die Nachtschichtarbeit oder andere, die es nicht zum Essen schaffen, darin aufbewahrt werden können.

Man kann auch in einer Thermosflasche heißes Wasser, eingeweichte getrocknete Körner, Gemüse und Hülsenfrüchte aufbewahren und sie durch Zugabe von heißem Wasser kochen.

Feuerlose Kocher

Der einfache Strohkasten oder die mehr entwickelten Kochkisten sind feuerlos. Sie arbeiten in der gleichen Weise wie ein Vakuumkolben, indem sie die Wärme durch Isolation aufrechterhalten.

Sobald ein Topf Suppe oder Eintopf zum Kochen gebracht worden ist, stellt man ihn in den Isolierkasten, wo er mehrere Stunden weiterkocht, ohne daß noch irgendwelche Energie verbraucht wird.

Diese langsame Kochweise ist hervorragend für Suppen, Eintöpfe, Brei, Reis, Getreide und Aufläufe geeignet. Man kann die Kochkiste zum Warmhalten von Wasser oder gekochten Gerichten und sogar zur Bereitung von Joghurt benutzen.

Die Kochkiste stellt ein langsames, gleichmäßiges Kochen sicher, das sogar billige Fleischstücke und zähes, altes Geflügel mürbe und servierbar macht. Auf diese Weise kann nichts überkochen, das Essen kann nicht übererhitzt werden, anbrennen oder austrocknen. So haben sie keine angesetzten Pfannen abzukratzen und zu reinigen.

Das Essen wird im Topf oder der Kasserolle auf dem Herd gekocht, bis es siedet, oder etwa ⅓ bis ½ der gewöhnlichen Kochzeit, sodann in die Kochkiste gestellt, wobei der Deckel nicht abgenommen wird. Die Kochkiste wird verschlossen und man beläßt das Essen angenähert dreimal so lange darin, um es vollständig zu garen.

Haferbrei für ein morgendliches Frühstück sollte über Nacht in die Kochkiste gestellt werden. Hafermehl, Reis, gespaltener Weizen und andere Getreidearten quellen auf, wenn sie auf diesem Wege gekocht werden, jedoch sollten getrocknete Bohnen vor dem Kochen über Nacht eingeweicht werden. Stellen Sie das Abendessen tagsüber in die Kochkiste, gehen sie weg und genießen Sie es, wenn Sie abends zurückkommen, müde und hungrig.

Getreidekörner zum Frühstück

Füllen Sie eine Tasse Körner, beispielsweise Weizen, in einen weithalsigen Thermosbehälter und fügen sie 4 Tassen kochendes Wasser hinzu, etwa 12 Stunden bevor die Mahlzeit fertig sein soll. Das Wasser wird dann in den Garten geschüttet und das Korn ist an einem kalten Morgen ein köstliches Gericht, mit Honig und Sultaninen schmackhaft gemacht. Man kann die Körner auch kalt essen. Reis wird etwas klebrig.

Thermosflaschen sparen Energie

Ich stelle eine Thermosflasche in die Nähe eines elektrischen Topfes, und nach der Zubereitung des Tees fülle ich das übrige heiße Wasser in die Thermosflasche. So kann man es warmhalten und für all die Zwecke benutzen, die heißes Wasser erfordern. Nachts besonders reizvoll für die Wärmflasche! Dies ist nur ein Detail auf dem Weg, Energie zu sparen.

Kolben und Strohkasten

Eine weithalsige Flasche kann wie ein Heu- oder Strohkasten verwendet werden. Bringen sie kleingeschnittenes Gemüse, Reis, Linsen und andere Zutaten einige Minuten zum Kochen, füllen Sie sie in den Kolben oder die Flasche, verschließen Sie sie und lassen alles einige Stunden stehen. Es ist nützlich in Zeiten von Energiebeschränkungen oder wenn Sie zur Arbeit aus dem Haus müssen. Für größere Mahlzeiten habe ich eine Kochstelle in einer Truhe. Sie ist halb mit trockenem Gras gefüllt. Machen Sie eine Grube in das Heu, in die der gewählte Kochtopf genau hineinpaßt (oder noch besser, ein Dampfkochtopf), wickeln Sie ihn nach dem Kochen in Zeitungspapier ein, stellen Sie ihn in dieses Bett und drücken Sie ihn gut hinein. Vielleicht ist vor dem Anrichten ein erneutes Erhitzen erforderlich.

Fertigen Sie eine Kochkiste an

Eine Styropor-Picknickkiste ist ein ideales Behältnis für eine wirkungsvolle Kochkiste. Zu einem gewissen Grad ist schon eine Isolation vorhanden, die weiter dadurch verbessert werden kann, daß man Isolationsmaterial eng um den Hohlraum, in den der Kochtopf paßt, anordnet.

Einfacher Heukasten

Der hier gezeigte einfache Heukasten wird dadurch hergestellt, daß man eine bauchige Dose (die als Essensbehälter dient) in einer Holzkiste mit nicht zerschnittenem Heu einsetzt. Ein Kissen auf der Oberfläche ergibt eine isolierende Abdeckung. Um das bauchige Behältnis herum sollten wenigstens 10 cm gepacktes Isolationsmaterial liegen.

Der Behälter kann ein Mülleimer aus Metall oder Kunststoff, eine Trommel, ein Eimer oder eine Kerosindose sein. Die Isolation kann aus zerschnitzeltem Zeitungspapier, Polystyrolplatten, Baumwolle, Sägemehl, Stahlwolle, getrocknetem Seegras oder einer alten Wolldecke bestehen, soweit das Material trocken und sauber ist.

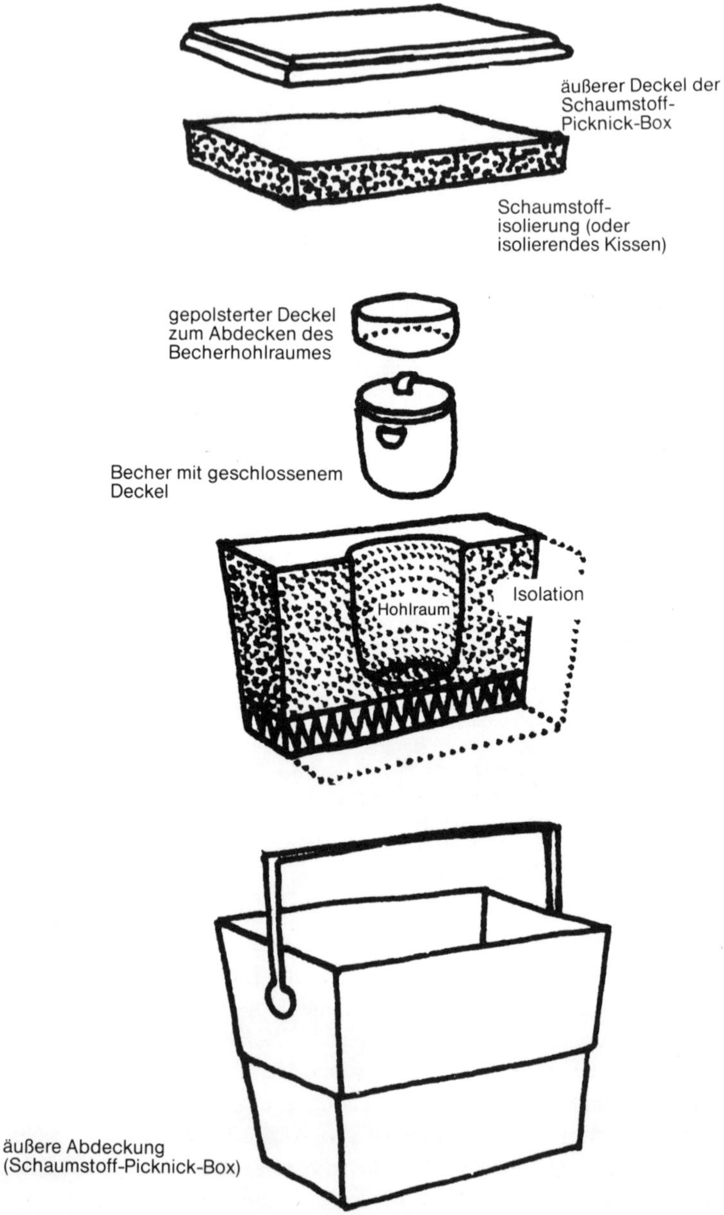
äußerer Deckel der
Schaumstoff-
Picknick-Box
Schaumstoff-
isolierung (oder
isolierendes Kissen)
gepolsterter Deckel
zum Abdecken des
Becherhohlraumes
Becher mit geschlossenem
Deckel
Isolation
Hohlraum
äußere Abdeckung
(Schaumstoff-Picknick-Box)

Braten aus der Kochkiste

Fragen Sie den Fleischer nach einem Rollbraten mit einem Gewicht von etwa ½ kg.

Legen Sie ihn mit genügend Wasser, das ihn gerade bedeckt, in den Drucktopf, erinnern Sie sich jedoch an die Gebrauchsanweisung für Drucktöpfe, wonach der Topf nicht mehr als ⅔ gefüllt sein darf. Fügen Sie Salz hinzu.

Bringen Sie das Fleisch langsam zum Kochen. Dann belassen Sie den Topf etwa 5 Minuten unter Druck. Wickeln Sie ihn in Isolationsmaterial und stellen Sie ihn etwa 4 Stunden lang oder mehr in die Kochkiste. Probieren Sie es aus.

Der Kochvorgang findet in den ersten 4 Stunden statt, danach wird das Essen warmgehalten. Man kann in ähnlicher Weise Corned beef (unter Hinzufügen von Essig und Gewürzen), Suppen oder andere langzeitig kochende Nahrungsmittel (z. B. Rüben) zubereiten. Dies führt zur Senkung der Stromrechnung.

einfacher Heukasten

Dämpfen

Dämpfen ist eine alte Kochtechnik und wurde jetzt wieder entdeckt. Gedämpfte Nahrung verliert wenig Nährstoffe und behält ihren Geschmack, Farbe, Saft und Nährwert bei.

Es ist auch wirtschaftlich. Mit Dampf kochen ist billig, geht schnell und spart Brennstoff, da nur eine geringe Flüssigkeitsmenge - Wasser oder Brühe - benötigt wird. Wenn die Flüssigkeit kocht, können Sie die Wärme verringern, da das Simmern genügend Dampf zum Kochen des Essens gibt.

Das Essen wird in einem verschlossenen Topf gekocht, und zwar über dem Wasserbad. Hierdurch wird es weich und mürbe, so daß es leicht verdaulich wird. Sie benötigen lediglich einen Brenner oder eine Herdplatte, um viele Gerichte zuzubereiten, auch eine vollständige Mahlzeit in übereinandergestapelten Dampfbehältern, oder Sie können natürlich auch Fleisch oder andere Nahrungsmittel in der für den Dampf benötigten Flüssigkeit kochen.

Mit Dampf kocht man am besten die meisten Gemüsesorten - entweder im ganzen oder zerkleinert - und Fisch wird köstlich. Sie können auch bereits gekochte Nahrungsmittel wieder erwärmen. Spinat und andere grünblättrige Gemüse eignen sich jedoch nicht so gut zum Dämpfen, da sie leicht verwelken und Nährstoffe verlieren.

Dämpfer

Es gibt viele Wege, einen improvisierten Dämpfer herzustellen. Es kann einfach eine Untertasse oder Suppenplatte sein, die umgestülpt in einen Kochtopf gestellt werden. Legen Sie das Essen auf eine andere Untertasse oder Platte, die darauf steht. Sie können auch einen Dreifuß im Topf benutzen oder einen Durchschlag über den Topf mit kochendem Wasser legen, der mit einem Topfdeckel oder Aluminiumfolie abgedeckt ist.

Sie können auch einen Pastetendämpfer oder einen zusammenlegbaren Dampfeinsatz oder eine hausgemachte Dämpfvorrichtung, wie sie hier gezeigt sind, verwenden.

Dampfeinsatz

Ein aus Aluminium oder rostfreiem Stahl gefertigter Dämpfereinsatz, der zusammengelegt werden kann und faltbare »Flügel« besitzt. Verwenden Sie ihn in einem Kochtopf, um in 5 Minuten lang geviertelte Kartoffeln oder Karotten zu kochen. Einige dieser Einsätze haben Unterteilungen, so daß man verschiedene Gemüse getrennt voneinander zubereiten kann.

Selbstgemachter Dämpfer

Diese improvisierte Dämpfeinrichtung wird dadurch hergestellt, daß man den Boden einer Blechdose an verschiedenen Stellen einschneidet, um ihn mit Löchern zu versehen. Stellen Sie die Dose in einen Topf und füllen Sie ihn 3/4 mit Wasser. Die zuzubereitende Nahrung wird auf ein Geschirrteil gelegt, das auf die Dose gestellt wird. Verschließen Sie den Topf fest.

Lassen Sie das Wasser erst zum Kochen kommen, ehe Sie Nahrungsmittel in den Dämpfer geben. Sollten Sie ihn längere Zeit benutzen (etwa beim Kochen von Schweinefleischgerichten) gießen Sie heißes Wasser aus dem Teekessel nach.

Wickeln Sie Pasteten oder Getreide vor dem Dämpfen in Fettpapier oder Butterbrotpapier ein. Halten Sie den Dämpfer sauber. Sie können auch Aluminiumdämpfer kaufen.

Kochen im Wok

Wäre der chinesische Wok gerade erfunden worden, hätte er einen Preis für zweckmäßige Gestaltung erhalten. Er besteht aus einer großen Kochfläche, die sich über seine abgerundeten Seiten erstreckt und man benötigt lediglich ein Büchschen Öl, da sich die Nahrungsmittel in der Mitte sammeln, wo die meiste Wärme konzentriert ist.

So können Sie über einer Flamme sehr schnell gebratene Gerichte zubereiten. Man spart Energie und der Geschmack und die Knusprigkeit bleiben den zerkleinerten Hülsenfrüchten und grünblättrigen Zutaten erhalten. Der Wok kann auch zum Braten, Schmoren und Dämpfen »rotgekochter« Gerichte (große Fleischstücke in Sojasoße) benutzt werden.

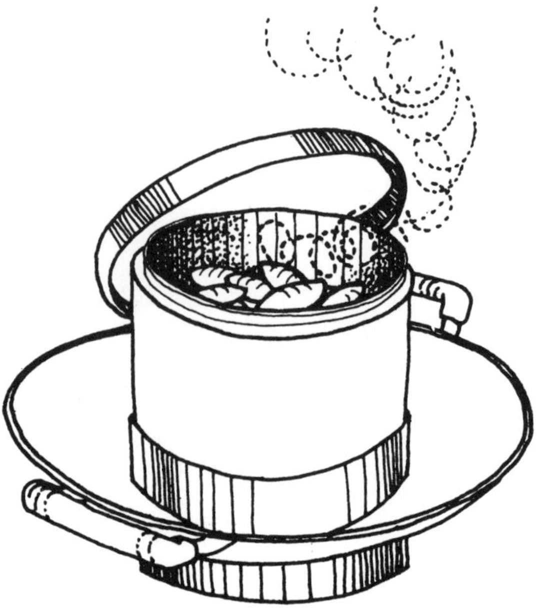

Hitze, Öl und Dampf ergeben in Kombination ausgezeichnete Gerichte und einen einmaligen Geschmack.

Gerührte, gebratene Sprossen

Schneiden Sie alle Gemüse, die Sie kochen wollen, beispielsweise Chinakohl, Zwiebeln, Pilze, fügen Sie dann Zuckererbsenschoten und Bohnensprossen hinzu. Erhitzen Sie sodann 1 Eßlöffel Öl im Wok und braten Sie zügig, wobei Sie die ganze Zeit über rühren müssen, um ein Anbrennen oder Anhaften zu vermeiden.

Sind die Zutaten nahezu gekocht, fügen Sie etwas Wasser zu, gießen Sie es an die Pfannenseiten. Decken Sie den Wok sodann ab und lassen die Zutaten dämpfen, dies dauert etwa 3 Minuten. Man serviert mit gebratenem Reis oder Pilau, einem orientalischen Reisgericht.

Pflegen Sie Ihren Wok

Ein schwerer Gußeisen-Wok ist gut, aber auch ein Wok aus rostfreiem Stahl läßt sich verwenden.

Um einen neugekauften Wok (oder eine Bratpfanne) einsatzfähig zu machen, waschen Sie ihn zunächst mit Wasser und Seife, überziehen Sie ihn sodann mit ein wenig Pflanzenöl. Erhitzen Sie ihn über großer Flamme etwa 1 Minute lang und spülen ihn mit kaltem Wasser aus.

Reinigen Sie den Wok mit Löschpapier oder indem Sie ihn mit Papier auswischen oder benutzen Sie eine Bürste und heißes Wasser, ohne Seife. Trocknen Sie ihn sofort aus, damit er nicht rostet.

Kochen im Drucktopf

Wenn man sich des Drucks heißen Wasserdampfes bedient, sparen Druckkochtöpfe sowohl Zeit als auch Brennstoff, die Nahrungsmittel werden schnell weich und behalten ihren Geschmack und die Nährstoffe, einschließlich Vitamin C bei.

Unser Druckkochtopf benötigt nur ⅓ der Zeit, die wir gewöhnlich zur Zubereitung unserer Mahlzeiten benötigen. Bei einem Druck von 2 atü können Bohnen in drei Minuten, Kartoffeln in 5–8 Minuten, getrocknete Bohnen in 25–30 Minuten, Gulasch und Eintopf in 15 Minuten gekocht werden, Brühknochen ergeben schneller eine gute Brühe und Suppen benötigen weniger Zeit.

Viele Menschen fürchten sich noch vor Druckkochtöpfen, aber sie sind einfach und sicher in der Anwendung; hält man sich an die mitgelieferte Gebrauchsanweisung, kann nichts passieren. Ein Rat zum sicheren Betrieb ist, niemals den Deckel zu entfernen, bis der Druck abgefallen ist.

Wenn Sie Apfelsoße, Bohnen oder Getreide kochen, die schäumen, kann es vorkommen, daß der Luftabzug verstopft wird. Dies wird jedoch nicht passieren, wenn Sie Ihren Drucktopf nur zu ⅔ füllen.

Benutzen Sie Ihren Drucktopf, um die besten Proteinausbeuten aus Getreide und Hülsenfrüchten, die unter Verwendung einer Unterteilung gleichzeitig gekocht werden, zu erzielen. Geeignet hierfür sind insbesondere Sojabohnen (oder Linsen) und brauner Reis. Man kann hervorragend Trockengemüse, Körner, Reis, Erbsen, Teigwaren und Sojabohnen (20–25 Minuten) oder Hasenpfeffer darin kochen.

Nährwerte bewahren

Der Nährwert frischer Nahrungsmittel geht schnell verloren durch hohe Temperaturen, längere Lagerung, Lufteinwirkung, Sonnenlicht, Einbringen in Wasser und zu langes Kochen. Vorschläge: Kochen Sie Gemüse und Bohnen in ihrem Einweichwasser. Schälen Sie nicht zu dick ab, verwenden Sie auch die äußeren Blätter. Nehmen Sie kein

Natron. Rühren Sie nicht, sieben Sie nicht und zerquetschen Sie nicht, solange die Nahrungsmittel noch heiß sind.

Bereiten Sie Salate erst kurz vor dem Anrichten zu. Trinken Sie Gemüsewasser (es ist köstlich mit ein wenig Butter und einer Prise Pfeffer) oder bewahren Sie dieses als Brühe auf (Weißkohl-, Blumenkohl- und Mangoldwasser eignet sich nicht).

Tauen Sie Gefrierkost schnell auf. Lagern Sie Früchte und Gemüse in einem kühlen, dunklen Raum. Kaufen Sie Lebensmittel, die sich leicht handhaben lassen und nicht verarbeitet werden müssen.

DAS ERNTEN VON GETREIDE UND GEMÜSE, INSBESONDERE HÜLSENFRÜCHTEN

Getreideprodukte für das Frühstück weisen einen hohen Nährwert auf und enthalten auch Ballast. Sie können täglich davon essen. Es sind einfache, natürliche Lebensmittel.

Die besten Getreide sind diejenigen, die nicht behandelt wurden. Vollkorn enthält die Keime und äußeren Hülsen, während bei vorbehandelten Getreideprodukten nur noch der innere Kern erhalten blieb, was ihren Nährwert herabsetzt.

Körner sollten sorgfältig gelagert und ganz gegessen werden, gekocht, gebacken, als Sprossen oder zu Mehl verarbeitet.

Getreideprodukte aus ganzen Körnern

Eine Schüssel heißer, gekochter, ganzkörniger Getreideprodukte aus Weizen oder anderem Getreide wird Sie für den ganzen Tag fit machen. Es ist eine der einfachsten und preiswertesten Mahlzeiten.

1 Tasse Vollkorn (oder andere Körnerfrüchte)
3 Tassen kochenden Wassers

Geben Sie die Körner in das heiße Wasser, kochen Sie alles auf und nehmen Sie es von der Kochstelle. Bedecken Sie den Topf und lassen Sie über Nacht weichen. Am nächsten Morgen bringen Sie Wasser und das Getreide zum Kochen und lassen es 10 Minuten simmern. Man richtet mit Milch und Honig, mit oder ohne Rosinen, entweder warm oder kalt, an. Zu weiteren Körnerfrüchten, die in gleicher Weise gekocht oder gemischt werden können, gehören Hafer, Roggen, geschälte Gerste oder Buchweizen.

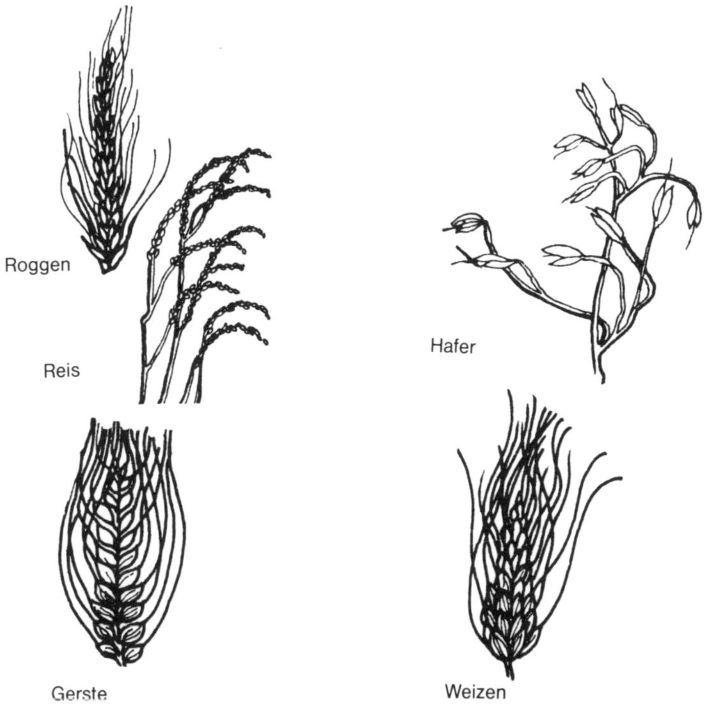

Bohnen und Erbsen (Hülsenfrüchte) enthalten pflanzliches Protein, Ballaststoffe, Vitamine, insbesondere Thiamin, Niacin, Riboflavin, etwas Vitamin E und K, aber auch Eisen, Kalzium und Spurenelemente.

Getrocknete Erbsen und Bohnen lassen sich gut lagern, müssen jedoch meist lange Zeit gekocht und über Nacht in etwa 3 Teilen Wasser pro Teil Bohnen eingeweicht werden. Ausgenommen hiervon sind Linsen. Kochen Sie 2–3 Stunden auf kleiner Flamme und rühren Sie hin und wieder (wenn überhaupt) um, jedoch sollten die Bohnen ihre Konsistenz nicht verändern.

Daumenregel: 1 ½ Tassen getrocknete Bohnen reichen für 4–5 Personen. Sie quellen beim Einweichen und Kochen auf wenigstens die doppelte Menge auf.

Müsli
1 kg Haferflocken
500 g Weizenkeime

500 g Lecithin
500 g zerkleinerte Kokosnuß
250 g Sonnenblumenkerne
250 g Sesamsamen
eine Handvoll gehackter Nüsse
2 Tassen Honig
2 Tassen gehackte Datteln
Sultaninen, Rosinen, getrocknete Aprikosen usw.

Bringen Sie die ersten sieben Zutaten einschließlich der Nüsse (Haselnüsse sind besonders zweckmäßig) in einen Topf und kochen Sie über mittlerer Hitze. Geben Sie langsam Honig zu, wenn das Gemisch braun wird, rühren Sie ständig um. Ein bevorzugtes Verfahren besteht darin, das Gemisch dünnflüssig auf eine Platte zu bringen, die man einige Zeit in den Ofen stellt. Je länger das Gemisch im Ofen verbleibt, um so dickflüssiger wird es.

Mit ein wenig Experimentieren werden Sie sehr schnell das Gemisch herausfinden, das Ihren Anforderungen entspricht. Geben Sie das Obst zu, wenn sich das Gemisch abgekühlt hat. Es ist tatsächlich köstlich, entweder trocken oder mit Milch.

Frühstücksgebräu
2 Tassen kurz gekochte Haferflocken
1 Tasse geröstetes Müsli
1 Tasse unbehandelte Weizenkleie
1 Tasse Kleie
½ Tasse Sultaninen
5 Tassen Wasser
Salz ist nicht erforderlich

Vermischen Sie alle Zutaten in einem Topf und bringen Sie ihn zum Kochen, wobei Sie ständig rühren müssen, damit nichts anbackt, bis das Gemisch dick genug ist. Servieren Sie es mit Milch und Zucker oder Honig.

Reis

Reis ist ein Grundnahrungsmittel und die Hälfte der Erdbevölkerung lebt davon. Sie ißt täglich ihre Reisgerichte aus der Schüssel. Brauner Reis ist natürlich am besten, polierter weißer Reis hat seine Kleiebestandteile verloren, die die Mineralstoffe und Vitamine, insbesondere den B-Komplex, enthalten. Brauner Reis besitzt weniger Kohlenhydrate als weißer.

Daumenregel: Verwenden Sie eine Tasse Reis auf zwei Tassen Wasser. Aus jeder Tasse rohem Reis erhalten Sie drei Tassen gekochten Reis, genug für zwei hungrige Seelen.

Gekochter Reis

1 Teil Reis
2 Teile Wasser
Salz

Waschen Sie den Reis gut. Bringen Sie Salzwasser zum Kochen und geben Sie den Reis zu, rühren Sie, bis er wieder kocht. Verschließen Sie den Topf mit einem Deckel, reduzieren Sie die Wärme und lassen Sie den Reis 20 Minuten simmern (bei braunem Reis 45 Minuten). Der Reis dürfte dann fertig sein, das Wasser ist aufgesogen und die Körner sind noch locker. Schalten Sie die Herdplatte aus, lassen Sie den Reis noch einige Minuten ziehen und richten Sie ihn dann an.

Eintopf aus Reis und Gemüse

2 Tassen Reis
8 Tassen Wasser
2–3 Tassen Gemüse
Salz nach Belieben

Die verwendeten Gemüse hängen davon ab, was gerade billig, saisonbedingt oder frisch aus Ihrem Garten kommt. Es können die folgenden oder ein Gemisch dieser sein: in Scheiben geschnittener Kürbis, Karotten, Pastinaken, Zwiebeln, Sellerie oder Bohnen.

Tun Sie alles in einen großen Topf. Bringen Sie ihn zum Kochen, decken Sie ihn zu und lassen Sie 60–80 Minuten leicht simmern oder so lange, bis die Zutaten weich sind. Beachten Sie das Wasser und geben Sie welches zu, wenn dies notwendig ist.

Reis und gebackenes Gemüse

5–6 Tassen gekochter Reis
2–3 Tassen feingeschnittenes Gemüse (irgendeine Mischung)
etwas Öl zum Backen

Nehmen Sie eine Bratpfanne. Erhitzen Sie das Öl, fügen sodann die Zwiebeln und weitere Gemüsesorten in der Reihenfolge ihrer Kochzeit zu, beispielsweise Sellerie, dann Karotten, dann Erbsen, Bohnen usw.

Schütteln oder rühren Sie, bis es gar ist.

Wenn Sie mögen, spritzen Sie einige Tropfen Sojasoße darüber und richten es mit heißem Reis an.

Einfacher gebackener Reis

4 Tassen kalter, gekochter Reis
½ Tasse Bohnensprossen
½ Tasse Erbsen und/oder Maiskörner
1 leicht geschlagenes Ei
Sojasoße
etwas Bratöl
wahlweise: ½ Tasse gekochtes, zerkleinertes Fleisch (Schinken oder Speck)

Man koche den Reis am besten in der empfohlenen Weise einen Tag vorher, so daß er kalt und trocken ist. Erhitzen Sie etwas Öl in der Bratpfanne. Gießen Sie das geschlagene Ei hinein und braten es auf beiden Seiten, nehmen es heraus und schneiden es in Streifen. Geben Sie den Schinken oder Speck hinein, braten ihn schnell und nehmen ihn heraus. Geben Sie etwas mehr Öl hinzu, wenn dies erforderlich ist und backen den Reis unter Rühren 3–4 Minuten. Geben Sie das Fleisch, Ei und Gemüse hinzu. Vermischen und rühren Sie, bis alles durchgewärmt ist. Vor dem Servieren geben Sie einige Tropfen Sojasoße darüber.

Variationen sind unbegrenzt und Sie können den ganzen Charakter dieses Gerichts durch Zugabe von Langusten, gehackten Nudeln, alle Arten gekochter Bohnen, Karotten, Mandeln, spanischem Pfeffer oder Gewürzen wie Gelbwurz, Kardamom oder Safran oder Pilzen und Kräutern wie Dill, Thymian und Oregano verändern.

Reis mit würzigen Erbsen

2 Tassen Erbsen
1 geschnittene Zwiebel
etwas zerriebener Ingwer
1 Eßlöffel gehackter frischer Koriander oder Petersilie
1 zerkleinerte Knoblauchzehe
¼ Teelöffel Cayenne
Salz nach Belieben
Öl zum Braten

Geben Sie die Erbsen in eine Schüssel und fügen Sie 5–8 cm Wasser hinzu. Salzen Sie und lassen Sie sie über Nacht eingeweicht. Gießen Sie das Wasser am nächsten Tag ab. Geben Sie die Erbsen in einen großen Topf mit frischem Wasser und bringen Sie sie zum Kochen; lassen Sie sie dann etwa 1 Stunde langsam simmern.

Braten Sie Zwiebeln, Knoblauch und Ingwerwurzel im Öl, bis sie weich sind. Geben Sie die Erbsen in ihrer Flüssigkeit hinzu. Lassen Sie sie aufkochen und simmern, sodann weitere 20 Minuten oder bis die Erbsen weich sind. Behalten Sie den Flüssigkeitsspiegel im Auge, so daß nur wenig übrigbleibt. Gießen Sie alles über den heißen gekochten Reis und geben Sie Koriander und Petersilie darüber.

Variationen: Die Erbsen können durch Spalterbsen, Linsen oder schwarze Bohnen ersetzt werden. Oder verwenden Sie Nudeln oder Kartoffeln anstelle von Reis.

Pilau

Pilau (oder auch Pilav oder Pilaf) ist in Brühe gekochter Reis und wird als Grundstock oder Beilage zu Hauptgerichten serviert. Es wird Brühe zugegeben und der Reis darin gekocht. Er absorbiert die Flüssigkeit und deren Aroma. Halten Sie den Topf bedeckt.

Nachdem Sie den Herd ausgeschaltet haben, lassen Sie den Reis wenigstens zehn Minuten stehen, lockern Sie ihn mit einer Gabel oder einem geschlitzten Löffel, bis Sie ihn servieren. Pilau kann auch in eine geölte Form gepreßt werden, um seine Form auf dem Teller zu erhalten, wenn die Form gestürzt wird. Man sollte Langkornreis verwenden.

Einfacher Pilau

2 Tassen Langkornreis, gewaschen und abgetropft
¼ Tasse Butter oder anderes Fett
3 ½ Tassen Hühnerbrühe
Salz nach Belieben

Erwärmen Sie die Butter in einer Pfanne, geben den Reis dazu und rühren über mittlerer Hitze 4–5 Minuten. Geben Sie die Brühe und Salz zu und rühren Sie gelegentlich, bis es kocht. Bedecken Sie die Pfanne mit einem Deckel und simmern Sie langsam 25 Minuten oder bis der Reis gar ist. Schalten Sie den Herd ab und lassen Sie zehn Minuten stehen. So kann der Reis die Feuchtigkeit aufnehmen. Lockern Sie mit einer Gabel und servieren Sie (oder formen Sie den Reis).

Es kann jede Brühe verwendet werden, sogar Brühe aus Brühwürfeln, aber Sie können natürlich eine kräftigere Hühnerbrühe für Hühnerpilau aus Hühnerteilen in Wasser mit gehacktem Gemüse zubereiten. Gießen Sie die Brühe vor der Verwendung durch ein Sieb und tragen Sie die Hühnerteile als Beigabe zum Pilau auf.

Gemüsepilau

2 ½ Tassen Langkornreis
4 Tassen Hühnerbrühe (oder Gemüsebrühe)
¼ Tasse Butter
¼ Tasse Sultaninen
1–2 Tassen geriebene Möhren
1 Tasse feingehackter Sellerie
1 feingeschnittene Zwiebel
1 Knoblauchzehe (wahlweise)
1 Tasse Erbsen (wahlweise)
½ Teelöffel gemahlener Kardamom
½ Teelöffel Ingwerwurzel (oder Ingwerpulver)

Waschen Sie den Reis und lassen Sie ihn abtropfen. Erwärmen Sie die Butter und braten Sie die Zwiebel goldbraun. Geben Sie Karotten und Sellerie hinzu und rühren und braten Sie 1–2 Minuten. Geben Sie Knoblauch und Ingwer hinein und braten Sie eine weitere Minute. Fügen Sie den Reis bei und braten Sie langsam unter Rühren weitere 4–5 Minuten. Nun geben Sie die übrigen Zutaten hinzu und rühren gut, bis alles zum Kochen kommt, dann decken Sie ab und simmern 20 Minuten.

Nehmen Sie den Topf vom Herd und lassen ihn zugedeckt weitere 5–10 Minuten stehen, anschließend noch einmal 5–10 Minuten aufgedeckt. Der Pilau kann verformt werden. Garnieren Sie ihn gegebenenfalls mit Mandeln, Cashew- oder Piniensamen oder hartgekochten Eihälften.

Risotto

Risotto ist die italienische Version von Pilau. Der Hauptunterschied besteht darin, daß Pilau ziemlich trocken sein sollte mit etwa der gleichen Flüssigkeitsmenge wie Reis, während Risotto feucht sein sollte mit etwa der Hälfte mehr an Flüssigkeit.

Reis wird gewöhnlich in einer Kombination von Hühner- und Rinderbrühe und Weißwein gekocht und mit Butterflöckchen oder geriebenem Käse serviert. Es können viele Zutaten hinzugegeben werden wie Zwiebeln, Hühnerleber, Nierenbohnen, Schoten, Thunfisch oder gehackte Äpfel, Nüsse und Rosinen.

Reis und Erbsen (Risibisi)

Dieses appetitlich aussehende Gericht kann lediglich aus Reis und Erbsen bestehen, die nach dem Kochen mit einem Stück Butter vermischt worden sind. Diese Methode ist traditioneller:

2 Tassen Reis
eine kleine gehackte Zwiebel
½ kg Erbsen in der Schale (ergibt 250 g enthülste Erbsen)
4 Eßlöffel Butter
3 Tassen Wasser oder Brühe
Pfeffer, Salz nach Belieben
2 Eßlöffel geriebener Parmesankäse

Erhitzen Sie die Butter und kochen Sie die Zwiebel darin weich und goldbraun. Geben Sie den Reis zu und rühren Sie 1–2 Minuten. Gießen Sie Flüssigkeit auf und geben Salz und Pfeffer hinein. Kochen Sie zugedeckt langsam 15–20 Minuten. Prüfen Sie die Flüssigkeit und geben sie von Zeit zu Zeit mehr zu, wenn dies erforderlich ist und rühren Sie gelegentlich um. Die Flüssigkeit sollte nach dem Kochen absorbiert und der Reis feucht sein. Streuen Sie Käse darüber.

Reis mit Hühnerleber

1 kleine geschnittene Zwiebel
3 Eßlöffel Butter oder Olivenöl
100 g geschnittene Pilze
200 g Reis
¾–1 Liter Hühnerbrühe
200 g Hühnerleber
Parmesankäse

Braten Sie die Zwiebel in Butter oder Öl an, fügen Sie die Leber hinzu und braten Sie weiter, bis die Leber ihre rosa Farbe verliert. Fügen Sie die Pilze hinzu und rühren Sie um. Geben Sie den Reis zu und kochen Sie langsam 7–8 Minuten unter ständigem Rühren. Gießen Sie Brühe auf und rühren Sie, dann kochen Sie 15 Minuten über mittlerer Flamme oder bis der Reis gar ist. Wenn erforderlich, geben Sie mehr Flüssigkeit hinzu. Die Flüssigkeit sollte dann absorbiert sein, wobei der Reis noch feucht sein muß. Servieren Sie mit geriebenem Käse. Variationen: Anstelle der Leber geben Sie Erbsen oder Tomaten, Schinken oder Fisch, wie Thunfisch, hinzu.

Rizogalo (griechischer Reispudding)
1 Liter Milch
½ Tasse Reis
2 Eigelb
½ Tasse Wasser
2 Eßlöffel Zucker (oder 1 Eßlöffel Honig)
2 Teelöffel Maismehl
Salz nach Belieben
einige Tropfen Vanilleessenz (wahlweise)

Bringen Sie das Wasser unter Verwendung eines schweren Kochtopfes zum Kochen. Fügen Sie den Reis hinzu und rühren Sie, bis das Wasser absorbiert ist. Geben Sie Salz und Milch zu und bringen Sie alles unter Rühren zum Kochen. Schalten Sie den Herd herunter und simmern Sie langsam, bis der Reis gar ist (etwa 20 Minuten). Rühren Sie gelegentlich um.

Schlagen Sie die Eidotter mit Maismehl und etwas kalter Milch. Nehmen Sie etwa eine Tasse des heißen Reisgemischs und quirlen es in die Eier. Dann füllen Sie alles wieder unter ständigem Rühren in den Topf. Geben Sie Zucker und Vanille zu und rühren Sie, bis das Gemisch dick zu werden beginnt.

Gießen Sie das Gemisch in eine Schüssel oder Schälchen und lassen es erstarren. Streuen sie pulverförmigen Zimt oder Muskatnuß darüber.

Anmerkung: Der traditionelle gebackene Reispudding besteht aus weniger Zutaten und benötigt nur eine kurze Kochzeit, während er im Ofen sehr lange bäckt. Ohne Zweifel ist der griechische Pudding aufgrund seiner kurzen Kochzeit (obgleich Eigelb verwendet wird) unser Favorit. Jede Art, heiß oder kalt, ist lecker und man kann den Pudding mit Sahne anrichten.

Gebackener Reispudding
3 Tassen Milch
1 Tasse Reis
2 Eßlöffel Zucker
oder 1 Eßlöffel Honig

einige Tropfen Vanilleessenz (wahlweise)

Erwärmen Sie die Milch und rühren Sie Zucker und Honig und Vanille (wenn verwendet) hinein. Wenn sich alles gelöst hat, rühren Sie den Reis herein und bringen das Gemisch fast zum Kochen. Dann gießen Sie es in eine gefettete Backform und backen bei sehr niedriger Temperatur 4–5 Stunden.

Grieß

Grieß ist ein stärkehaltiges Getreideprodukt, das aus Hartweizen als ein Nebenprodukt des Vermahlens gewonnen wird. Es gibt feinen oder groben Grieß, jedoch können beide Sorten für die nachfolgenden Gerichte verwendet werden.

Grießdessert

Gießen Sie das gleiche Gemisch wie in dem Rezept für Grießbrei auf eine Platte und bestreuen es mit Schokoladenpulver, Ahornsirup, Honig oder goldgelbem Sirup. Kinder mögen dieses Grießrezept, da das Gericht glatt und weich ist.

Grießpudding

Gießen Sie den Brei in eine Schüssel, feuchte Form oder einzelne Dessertschälchen. Kühlen Sie ihn gut. Servieren Sie ihn mit Honig, goldgelbem Sirup, Obstsoße, Karamel- oder Schokoladensoße. Bereiten Sie den Grießpudding aus halb Milch, halb Wasser für ein leichteres Gericht zu.

Leichte, heiße Fruchtsoße

Erwärmen Sie irgendeine Marmelade langsam und servieren Sie die Soße sofort.

Grießbrei

600 ml Milch
½ Tasse Grieß
30 g Zucker
Salz nach Belieben

Erwärmen Sie die Milch, geben Salz und Zucker hinzu. Wenn die Milch fast aufkocht, geben Sie den Grieß unter ständigem Rühren hinein. Senken Sie die Wärme und rühren sie kontinuierlich weiter, bis der Brei dick zu werden beginnt. Nehmen Sie ihn vom Herd (er wird danach noch dicker). Gießen Sie ihn sodann in Schüsseln und richten Sie mit Milch an.

Fleischlose Gerichte

Korn-/Hülsenfruchtpastete

3 Tassen gekochten Reis oder Mais, Sojabohnen, Linsen oder ein Gemisch dieser Zutaten
½ Tasse Weizenkeime oder Mehl oder Brotkrumen
1 geschlagenes Ei
Pfeffer und Salz nach Belieben
gehackter Sellerie oder Kräuter, geriebene Karotten, Zwiebeln

Vermischen Sie alle ausgewählten Zutaten. Das Gemisch sollte feucht sein. Geben Sie eine kleine Wasser- oder Brühemenge hinzu, wenn dies erforderlich ist. Formen Sie Pasteten und kochen sie auf beiden Seiten gar.

Oder Sie können das Gemisch auch als Gemüseauflauf servieren. Geben Sie es in eine eingefettete Auflaufform und backen bei 175° C 50- 60 Minuten.

Linsenpastete

375 g geschälte Linsen
1 Teelöffel Selleriesamen
375 g Kartoffelbrei
1 Eßlöffel Margarine
30 g geriebenen Käse
Paprika
Pfeffer und Salz nach Belieben

Waschen Sie die Linsen, gießen Sie sie ab und simmern Sie sie 30 Minuten im Wasser, bis sie gar sind. Gießen Sie sie sorgfältig ab und schlagen Sie die Linsen mit einem Holzlöffel zu einem Brei. Rühren Sie die Selleriesamen und Gewürze zusammen mit Salz und Pfeffer darunter.

Verteilen Sie die Linsen auf einem Teller, decken Sie mit Kartoffelbrei ab und bestreuen Sie sodann mit Käse und Paprika. Man bäckt in einem Ofen bei mittlerer Hitze etwa 30–35 Minuten, bis die Masse goldbraun ist.

Sojabohnen-Pastetensoße
1–2 zerkleinerte Zwiebeln
1–2 gehackte Knoblauchzehen
2 Eßlöffel Olivenöl
2 Tassen gekochte Sojabohnen
1 Tasse Tomatensaft
2 große, in Scheiben geschnittene Tomaten
Pfeffer und Salz nach Belieben
1 Eßlöffel gehackte Petersilie
1 Teelöffel gehacktes Basilikum und Oregano

Braten Sie die Zwiebeln und den Knoblauch, bis sie weich sind. Rühren Sie die Tomaten, Kräuter und Gewürze hinein. Geben Sie Flüssigkeit zu und lassen 20 Minuten simmern. Sodann gibt man die gekochten Bohnen hinzu und simmert weitere 5 Minuten. Das Gemisch sollte dick geworden sein, jedoch kann man auch etwas Mehl zugeben. Gießen Sie es über heiße, gekochte Teigwaren oder Reis. Streuen Sie geriebenen Käse vor dem Servieren darüber.

Bohnenauflauf
1 Tasse Bohnen
Zwiebel, Knoblauch
1 Ei
Pfeffer und Salz nach Belieben
1 Eßlöffel Maismehl oder Mehl
Milch
geriebene Gemüse
gehackte Kräuter
Butter oder Margarine

Weichen Sie die Bohnen über Nacht ein. Bringen Sie sie am nächsten Tag zum Kochen, bis sie gar sind. Pürieren Sie sie etwas und geben Sie gehackte Zwiebeln, zerstoßenen Knoblauch (wenn Sie ihn mögen), Ei, Salz und Pfeffer (Würzsalz eignet sich gut), gehackte Kräuter, ein Stückchen Butter oder Margarine, 1 Eßlöffel Maismehl oder Mehl, geriebenes Gemüse (gegebenenfalls) und genügend Milch hinzu, um eine ausrollbare Konsistenz zu erzielen.

Gießen Sie das Gemisch in eine gut gefettete Auflaufform und backen Sie etwa 20 Minuten bei 175° C. Es können natürlich mehr Bohnen verwandt werden, um einen größeren Auflauf zuzubereiten.

Würzige Linsenpastetchen

2 Tassen Linsen
1 Teelöffel Gelbwurz
1 Teelöffel Kümmel
1 Teelöffel Chillipulver (oder weniger)
1 Eßlöffel gemahlenen Reis
Salz nach Belieben

Waschen Sie die Linsen gründlich (sechsmal) und geben Sie sie in einen Topf mit 3 Tassen kaltem Wasser. Kochen Sie sie, bis sie breiig sind - verwenden Sie einen Kartoffelstampfer. Geben Sie alle anderen Zutaten zu und vermischen sie gut.

Lassen Sie das Gemisch erkalten und formen Sie dann Pastetchen. Erwärmen Sie Öl in einer großen Pfanne, bis es ziemlich heiß ist. Geben Sie die Pasteten hinein und bräunen Sie sie auf allen Seiten. Lassen Sie auf Küchenpapier abtropfen.

Diese Linsenpastetchen sind würzig und können gut mit Gurken und Joghurtsalaten, Tomatenscheiben, einer kleinen Zwiebel, gehackter Minze und mit einigen Spritzern Zitronensaft gegessen werden.

Gebackene Bohnen

Man sagt, daß dies das Originalrezept sei, von dem Herr Heinz 57 Spezialitäten abgeleitet hat. Ich bereite dieses Gericht oft zu, wenn ich viele frische Tomaten habe, die ein Püree anstelle der Dosensuppe ergeben.

300 g Bohnen
3 Eßlöffel Butter
2 Eßlöffel Mehl
600 ml Brühe (Fleisch oder Gemüse)
1 Dessertlöffel Melasse
1 × 375 g Tomatensuppe aus der Dose
Gewürze nach Belieben
gehackte Fleischreste, Schwein oder Speck (wenn Sie welche haben), aber es geht auch ohne Fleisch.

Waschen Sie die Bohnen und bedecken Sie sie mit kochendem Wasser. Lassen Sie sie über Nacht weichen. Gießen Sie ab und fügen Sie frisches, kochendes Wasser zu, kochen Sie eine Stunde langsam und gießen Sie ab. Setzen Sie der 600 ml Brühe Flüssigkeit zu.

Schmelzen Sie die Butter und geben Mehl hinein, kochen Sie 2–3 Minuten, rühren Sie die Brühe ein und bringen alles zum Kochen. Geben Sie Melasse, Suppe, Speck und abgetropfte Bohnen zu. Backen Sie sehr langsam etwa 3 Stunden in einer bedeckten Kasserolle und rühren Sie gelegentlich um.

Gersten-Auflauf

Ich habe viele vegetarische „Fleisch"-Auflaufgerichte versucht und habe mich sorgfältig an die Rezepte gehalten, dennoch war ich sehr enttäuscht. So habe ich mich daran gemacht, meinen eigenen Auflauf zuzubereiten und kann sagen, daß er auch dem anspruchsvollsten Geschmack gerecht wird. Er ist wirklich köstlich.

2 Tassen gekochte Gerste
2 Tassen gekochte, gemischte Gemüse (Erbsen, Mais, Karotten usw.)
1 große grob gehackte Zwiebel
2 Eßlöffel Sojasoße
2 Eßlöffel Tomatenmark oder frische Tomaten
2 Eßlöffel Erdnußbutter
2 Eßlöffel Sesamsamen
1 Tasse geriebenen Käse (wahlweise)
50 g Butter oder Margarine
2 leicht geschlagene Eier
Pfeffer, Knoblauch, Salz nach Belieben.

Ich gebe immer etwas Hefepulver, Mandeln und Weizenkeime zu, jedoch können Sie natürlich nehmen, was Sie wollen. Manchmal ersetze ich das Tomatenmark teilweise durch 1 Teelöffel Currypulver.

Schmelzen Sie Butter, Erdnußbutter und Tomatenmark in einem Topf und kochen Sie die Zwiebel, bis sie glasig ist. Fügen Sie alle weiteren Zutaten mit Ausnahme der geschlagenen Eier hinzu und vermischen Sie alles gründlich. Nehmen Sie den Topf vom Herd und rühren Sie die Eier ein.

Füllen Sie das Ganze mit einem Löffel in eine Auflaufform und backen Sie es eine Stunde im Ofen bei mittlerer Temperatur. Wir essen dieses Gericht mit hausgemachtem Brot.

Getreidemühlen mit Handbetrieb

Ihre Arme schmerzen, Ihr T-Shirt klebt am Rücken. Sie fühlen den Widerstand, wenn Sie beständig am Handgriff kurbeln, Umdrehung für Umdrehung, Minute für Minute. Es ist eine wahre Schinderei!

Das Bedienen einer handbetriebenen Getreidemühle läßt einem ein Bibelzitat in anderem Licht erscheinen. Es ist eine ermüdende Arbeit, erfordert Muskelkraft und Ausdauer. Es kann 30–40 Minuten dauern, um genügend Mehl für zwei große Laibe selbstgemachtes Brot herauszuwalzen.

Ist es das wert? Es muß wohl so sein, oder würden sonst Tausende von Menschen eine handbetriebene Getreidemühle haben? Nach einer Weile haben Sie sich daran gewöhnt und finden Ihre Ruhe wieder, wenn Sie hin und wieder andere Küchenarbeiten zwischendurch verrichten.

Sie haben die Genugtuung, zu sehen, wie die harten Weizenkörner in den Trichter fallen und fühlen Sie, wenn sie durch die Metallwalzen oder Schleifsteine hindurchgehen. Dann kommt Ihre Belohnung - Vollkornmehl, von dem Sie wissen, daß es frisch ist! Sie wissen auch, daß es immer noch Weizenkeime und Vitamin E enthält, da das langsame Handmahlen die Körner nicht erhitzt und Weizenkeime und Vitamin E nicht zerstört werden (wie dies in den Quetschwerken großer Bäckereibetriebe geschieht).

Sie werden selbstbewußter werden, wenn Sie einen Teil Ihrer Nahrungsmittel-Verarbeitung selbst übernehmen, indem Sie rohen Weizen kaufen und Ihr eigenes Mehl erzeugen. In dem Moment, indem Sie die erste Scheibe des nußartig schmeckenden Vollkornbrotes essen, werden Sie die harte, physische Anstrengung längst vergessen haben.

Wenn Sie genug Raum zur Lagerung von Getreide haben, können Sie es in großen Mengen von einem freundlichen Bauern kaufen und wenn Sie regelmäßig Ihre Handmühle benutzen, Getreideprodukte herstellen und Brot backen, wird sich dies sicherlich auf Ihren Lebensmittelrechnungen günstig auswirken.

Wenn Sie die Handmühle benutzen, mahlen Sie immer nur soviel Weizen, wie Sie benötigen, und nur dann, wenn Sie das Mehl brauchen, da beim längeren Lagern das Weizenkeimöl das Mehl ranzig macht. Wenn Sie das Mehl gleich nach dem Mahlen in den Kühlschrank legen, hält es sich einige Wochen. Natürlich können Weizenkörner jahrelang gelagert werden.

Eine Entscheidung, die Sie treffen müssen, ist diejenige, ob man eine

Stein- oder Stahlmühle anschafft. Viele Getreidemühlen kann man heutzutage umstellen. Steinmühlen ergeben ein feineres Mehl, wenn man trockenes Getreide verwendet, sind jedoch für ölige Getreidearten, Nüsse, Samen und Sojabohnen nicht geeignet. Stahlwalzen mahlen grob und manchmal müssen Sie die Körner mehrmals hindurchlaufen lassen. Sie führen jedoch bei öligem Getreide, Getreideprodukten, Nüssen oder Hülsenfrüchten zu keinen Problemen.

Beim Handmahlen.

Sie müssen kräftig und geduldig oder beides sein, aber was macht es schon, ein paar Kalorien bei der Nahrungsmittelherstellung zu verbrennen? Der tatsächlich frische Geschmack des »neuen« Vollkornmehls ist zuerst unglaublich. Dann beginnen Sie darüber nachzudenken, wie alt im Laden gekaufte Nahrungsmittel sind, insbesondere wenn Sie einen Früchtekuchen gekauft haben, dessen „Herstellungdatum« bereits ein Jahr zurückliegt. Mit anderen Worten, der heute hergestellte Kuchen kann unbedenklich während der nächsten 12 Monate gegessen werden – »Konservierungsmittel enthaltend« ist eine Untertreibung.

Elektrische Getreidemühlen

Elektrische Getreidemühlen schließen harte Arbeit aus, die mit dem Mahlen von Korn in Mehl verbunden ist – Sie werden allerdings die Augenbrauen hochziehen, wenn Sie deren Preise hören.

Die Hauptvorteile sind frisches Mehl, feinvermahlen für Backwaren oder grob, um Erbsen zu verkleinern oder Getreideprodukte herzustellen. Sie können viele Mehlsorten herstellen, Ihre Diät verbessern und Geld dadurch sparen, daß Sie das Getreide in großen Mengen kaufen und sich die elektrische Getreidemühle mit anderen Benutzern teilen.

Unser Vorschlag: Wenn Sie jung und fit sind, kaufen Sie eine Handmühle; sollten Sie wegen eines Energieausfalls besorgt sein, können Sie eine kaufen, die sowohl elektrisch als auch von Hand betrieben werden kann. Manche sind auch so konstruiert, daß man Sie mit einem Benzinmotor, Fahrrad, Windmühle oder sogar einer Wassermühle antreiben kann.

Einfaches Brot

500 g Vollkornmehl
etwa 350 ml lauwarmes Wasser
1 Teelöffel Salz
20 g frische Hefe (oder 5 g Trockenhefe).

Lösen Sie die Hefe in etwas lauwarmem Wasser mit 1 Eßlöffel Mehl auf und stellen Sie sie 10 Minuten an einen warmen Platz. Vermischen Sie Mehl und Salz mit der Hefe und genügend Wasser, um einen knetbaren Teig herzustellen. Kneten Sie 15 Minuten, decken Sie die Schüssel ab und stellen sie für eine weitere Stunde an einen warmen Platz. Kneten Sie erneut 10 Minuten und lassen Sie den Teig eine weitere halbe Stunde aufgehen. Kneten Sie noch einmal kurz durch und formen Sie Laibe oder füllen Sie den Teig in gefettete Formen. Wenn sich die Größe verdoppelt hat, schieben Sie ihn 45 Minuten bei 190° C in den Ofen, oder bis der Boden des Brotes beim Klopfen hohl klingt.

Gibt man einen Teelöffel Kümmel oder Sonnenblumenkerne in den Teig, erhält man ein köstliches Brot.

Ich liebe Brot! Ich kann dem überwältigenden Duft nicht widerstehen, der dem Ofen entströmt, dem ländlichen Aussehen eines knusprigen braunen Laibs oder dem süßen, nußartigen Geschmack einer Scheibe ofenfrischen Brots, die mit geschmolzener Butter bestrichen ist.

Diese Brotart kommt nicht in fertigen Formen, bereits geschnitten und in Kunststoff verpackt. Es ist dunkel, hat die Farbe der Kleie, die die für unsere Diät benötigten Ballaststoffe liefert.

Heißes Brot gibt Wärme, Reformbrote die Textur und kontinentales Brot die Form des „Bauernbrotes", nur müssen Sie alle drei Sorten selber backen.

Das einfachste Brot enthält nichts weiter als die wesentlichen Zutaten, die Sie zum Backen von Hefebrot brauchen. Vollkornmehl, Hefe, Wasser und Salz (Salz kann auch weggelassen werden). Es ist billig und läßt sich leicht herstellen.

Es ist nicht das primitive Brot, wie die hefelosen Fladenbrote des Mittleren Ostens, von denen viele wie Eierkuchen gebacken werden. Es braucht schon ein gewisses Kneten; ich genieße dies und die tatsächliche Zeit, die Sie physisch zum Vermischen und Kneten des Teigs benötigen, sind nur 25–30 Minuten. Den Rest erledigt die Hefe für Sie, die Küchenluft und die Ofenwärme.

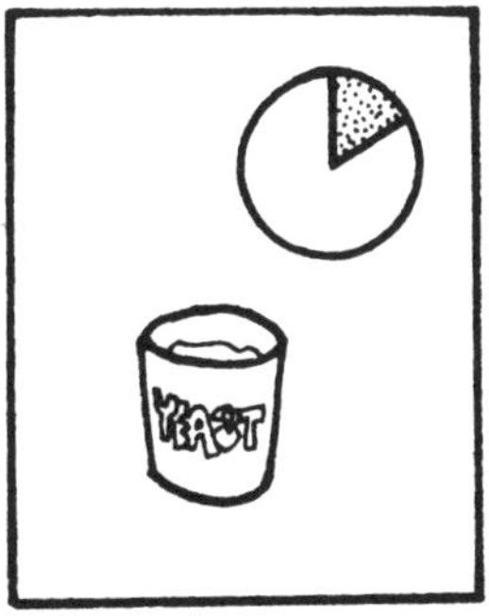

1. Lösen Sie Hefe in lauwarmem Wasser mit 1 Eßlöffel Mehl auf. Stellen Sie sie 10 Minuten an einen warmen Platz.

2. Vermischen Sie Mehl, Salz, Hefe und genügend Wasser, um einen knetbaren Teig zuzubereiten. Salz kann auch fortgelassen werden.

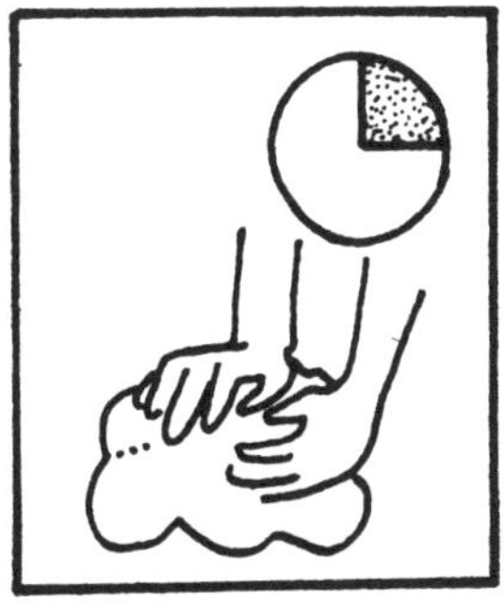

3. Kneten Sie 15 Minuten.

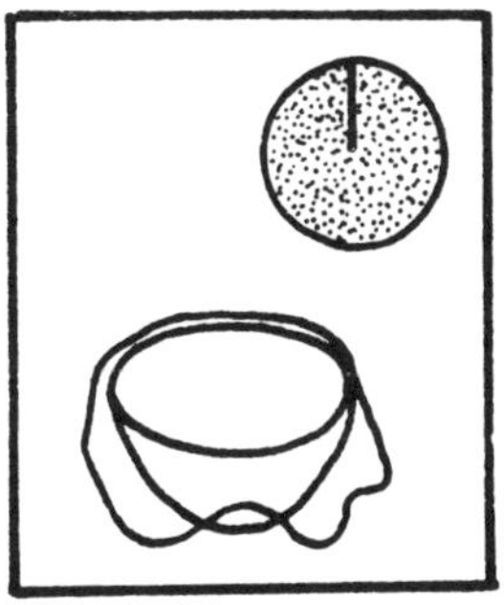

4. Decken Sie die Schüssel ab und stellen Sie sie eine Stunde an einen warmen Platz.

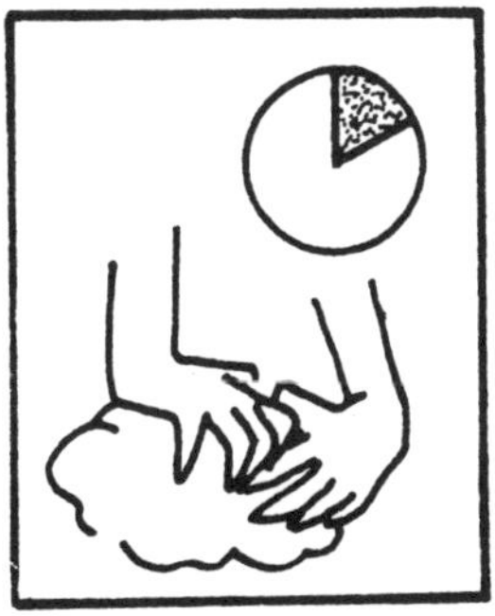

5. Kneten Sie erneut 10 Minuten

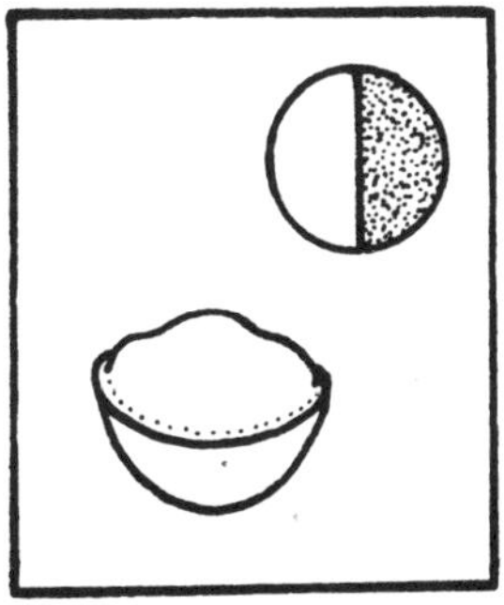

6. Lassen Sie das Gemisch ½ Stunde aufgehen

7. Kneten Sie kurz durch und formen Sie Laibe oder Brötchen

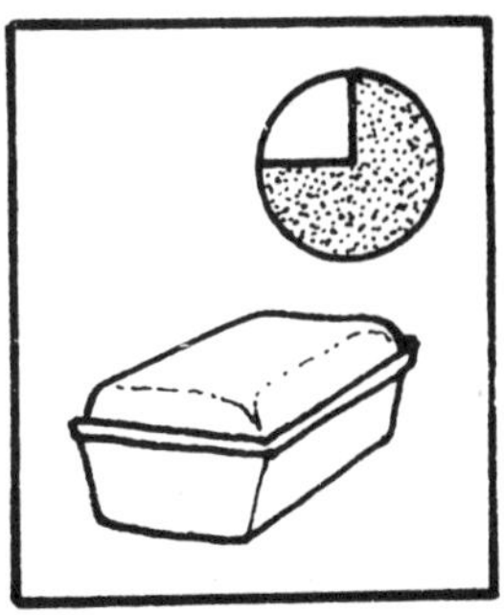

8. Lassen Sie den Teig aufgehen und backen Sie 45 Minuten bei 190° C.

Mit Käse und Zwiebeln ist dieses Brot ein phantastisches Bauernfrühstück und man kann es natürlich auch mit einem Glas Bier herunterspülen. Es wird nach ein paar Tagen altbacken, wenn Sie es aber in dünne Scheiben schneiden, haben Sie phantastischen Toast und können sich wiederum am Geruch frischen Brotes, der durch das Haus zieht, laben.

Wenn Sie das Ganze ausreichend feucht bekommen haben, kneten Sie es gut. Dies ist der Hauptteil dieser Arbeit . . . Die Fäuste sollten kräftig hineinlangen. Es muß übereinandergerollt, ausgepreßt, übereinander gefaltet und wieder ausgepreßt werden, bis alles zu einem steifen und festen Teig verarbeitet ist. Dies ist Arbeit, Aufgabe. Ich habe mir lange Zeit nichts mehr aus Bäckerbrot gemacht, nachdem ich in Frankreich einen kräftigen Burschen in einem Backhaus sah, der das Brot mit seinen nackten Füßen knetete.

Hier eine Reihe von Richtlinien:

Mehl: Die Mehlsorte, die Sie verwenden, ist wichtig. Es sollte Vollkornmehl sein, das zwischen Steinen vermahlen wurde, so daß die Kleie und das Vitamin E in den Keimen noch im Mehl vorliegt. Sie können dies jetzt in Reformhäusern und vielen Supermärkten kaufen. Organisches und biodynamisches Getreide, das weder mit chemischen Sprühmitteln noch Dünger behandelt worden ist, wird natürlich bevorzugt.

Das in den Weizenkeimen vorhandene Vitamin E läßt das Mehl jedoch in ein paar Wochen ranzig werden, wenn man es nicht im Kühlschrank aufbewahrt. Wenn Sie jedoch jedesmal zum Backen frisches Mehl haben möchten, können Sie Weizen mahlen, der sich gut lagern läßt, und zwar entweder mit einer handbetriebenen oder einer elektrischen Getreidemühle.

Kleber: Dieses ist der Eiweißanteil des Weizens, der den Teig elastisch macht und nach dem Backen dem Brot seine Textur verleiht. Harte Weizensorten enthalten mehr Kleber und eignen sich somit besser zur Brotherstellung. Zusammen mit Hefe löst Kleber die Fermentation aus, die den Teig aufgehen läßt.

Das weiße Allzweckmehl, das es in Supermärkten und Lebensmittelgeschäften gibt, erfordert den Zusatz von Kleber, um gutes Brot zuzubereiten. Dieses Brot ist meistens für die Kuchenherstellung vorgesehen. Sie können jedoch Kleber in vielen Reformhäusern kaufen. Geben Sie zu weißem Mehl 1 Teelöffel pro ½-kg-Laib zu.

Salz: Wenn Sie kein Salz mögen oder gerade eine salzfreie Diät machen, lassen Sie das Salz einfach weg. Salz im Brotteig steuert die Geschwindigkeit der Hefefermentation und setzt Kleber frei, obwohl der Teig auch dann aufgeht, wenn kein Salz zugesetzt worden ist.

Es ist einfach eine Geschmackssache und man sollte am besten Kochsalz, Steinsalz oder Seesalz verwenden.

Wasser: Bei dem Rezept ist die angegebene Wassermenge nur eine Empfehlung. Sie mögen mehr oder weniger in Abhängigkeit davon benötigen, wieviel Wasser durch das Mehl aufgenommen wird. Nach einer Weile wird es Ihnen nicht schwerfallen, zu entscheiden, wieviel Sie brauchen. Als allgemeine Regel gilt: Halten Sie den Teig ziemlich trocken.

Hefe: Sie ist eine lebende Pflanze, die sich vom Zucker im Weizen ernährt und Kohlendioxid abgibt, wodurch sich im Teig Blasen bilden. Zucker, Honig oder Melasse beschleunigen die Hefewirkung, während Salz sie verlangsamt. Während des Backens werden die Hefezellen durch die Hitze abgetötet und das Gas (und eine geringe Menge Alkohol) entweicht.

Sie können Hefewürfel kaufen, die sich im Kühlschrank zehn Tage lang halten. Ich verwende die „aktive" Trockenhefe, die man in Supermärkten erhält. Diese gibt es in Beuteln, die sich ungeöffnet jahrelang halten. Ein Beutel Trockenhefe entspricht der vierfachen Menge frischer, gepreßter Hefe. Halten Sie sich an die Anweisungen des Rezeptes.

Aktive Trockenhefe aus dem Reformhaus ist in größeren Mengen billiger. Verwahren Sie sie in einem Schraubglas in der Kühlschranktür. Dies ist die Hefe, die auch die meisten Bäcker verwenden.

Die Hefe geht bei 9–40° C auf und die Zellen sterben bei einer Temperatur um 54° C ab.

Anderes Brot

Hier ist ein einfacher Weg zur Brotherstellung, Stufe für Stufe dargestellt durch unsere Malerin.

1. Vermischen Sie Hefe mit Honig oder Zucker – 1 Teelöffel Hefe auf 1 Dessertlöffel Honig.

2. Fügen Sie 600 ml warmes Wasser hinzu.

3. Warten Sie, bis die Hefe aufzugehen beginnt (kleine Gasbläschen).

4. Fügen Sie ausreichend Mehl hinzu, um einen Rührteig zu ergeben. Schlagen Sie eine Minute mit einem Holzlöffel.

5. Lassen Sie das Gemisch stehen, bis es seine doppelte Größe erreicht hat (½ Stunde).

6. Geben Sie mehr Mehl hinzu, bis es eine teigige Konsistenz angenommen hat.

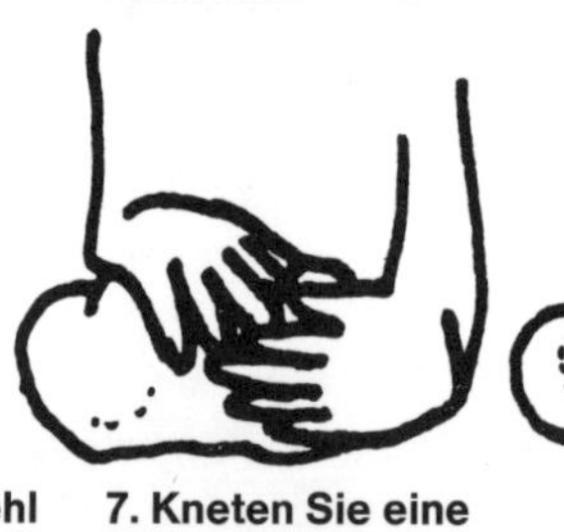

7. Kneten Sie eine Minute und geben Sie noch etwas Mehl hinzu, wenn das Gemisch noch zu klebrig ist.

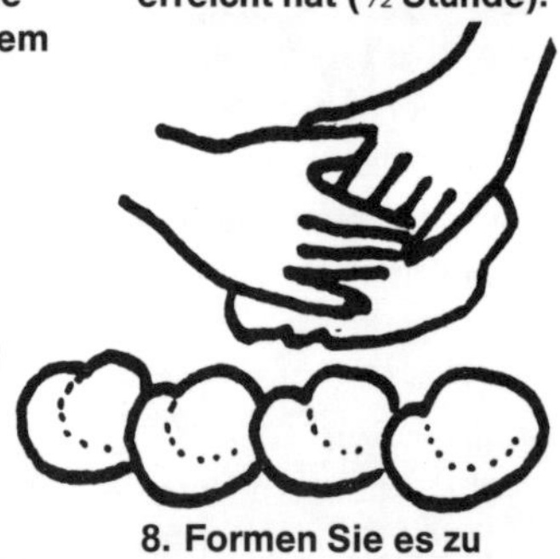

8. Formen Sie es zu Broten oder Brötchen. Warten Sie, bis der Teig sich erneut verdoppelt hat. Backen und essen Sie!

Hefe aus Kartoffeln

Ich erhielt dieses Rezept zur Hefeherstellung von einer älteren Dame, deren Erinnerungen in die Zeit zurückgingen, als es noch keine Autos gab.

Waschen Sie eine mittlere Kartoffel. Vierteln Sie diese und pellen Sie sie nicht. Kochen Sie sie in einem kleinen Topf mit 1 Eßlöffel Hopfen. Gießen Sie das Wasser ab und heben es auf.

Pürieren Sie die Kartoffel und den Hopfen mit einem Eßlöffel Zucker und einem Eßlöffel Mehl. Vermischen Sie alles mit dem aufgehobenen Kartoffelwasser. Geben Sie es mit 2 Rosinen in eine Glasflasche und korken Sie zu. Stellen Sie die Flasche an einen warmen Platz.

Beim Gebrauch lassen Sie ein wenig von der flüssigen Hefe zurück, um den nächsten Ansatz zu kultivieren.

Zitronenhefe

Nehmen Sie ein Gewürzglas. Vermischen Sie den Saft einer großen Zitrone mit 3 Eßlöffeln feuchtem Zucker und 600 ml kochendem Wasser. Geben Sie dies im warmen Zustand in die Flasche.

Weinsteinhefe

Nehmen Sie jeweils einen Eßlöffel Weinstein, Zucker und Mehl, vermischen in eine glatte Paste mit etwas warmem Wasser und geben Sie zwei Tassen warmes Wasser zu; füllen Sie die Paste am Morgen in Flaschen und mittags können Sie sie benutzen. Sie ist ausreichend für 10 Brote.

Kneten: Nun kommt der wichtigste Teil der ganzen Prozedur – Schlagen, Drücken und Ziehen des Teigs, um den Kleber freizusetzen. Nehmen Sie ein Brett oder eine mit trockenem Mehl bestreute Küchenbank.

Kneten Sie mit der Handfläche oder den Handknöcheln, wenn es bequemer für Sie ist. Kneten Sie den Teig gründlich durch, drücken Sie ihn zusammen, ziehen Sie ihn auseinander, legen ihn übereinander und kneten Sie wieder und wieder ... Arbeiten Sie sich einen Rhythmus aus. Wenn der Teig an Ihren Fingern kleben bleibt, setzen Sie etwas Mehl zu oder ölen Sie Ihre Hände zuerst mit etwas Pflanzenöl.

Sie werden fühlen, wie der Teig glatt und geschmeidig wird. Nach dem Kneten bedecken Sie den Teig mit einem feuchten Tuch und lassen ihn an einem warmen Platz aufgehen; vorzugsweise nahe dem Ofen oder einem Heißwassersystem, wenn die Küche kalt ist. Teig geht am besten bei Temperaturen von 27-32°C auf. Kneten Sie wieder eine Stunde. Dies nennt man den »zweiten Schlag«, da Sie den Teig tatsächlich wieder auf seine ursprüngliche Größe zusammenpressen. Dann lassen Sie ihn erneut stehen. In 20–30 Minuten wird er seine Masse verdoppelt haben. Kneten Sie wieder und backen Sie dann.

Dieses einfache Brot ist grob, schwer, schmeckt nach Nüssen und ist delikat. Sie brauchen kräftige Zähne, um es zu kauen. Genießen Sie es!

Sauerteig (unter Verwendung von Hefe)

Pioniere und Goldsucher in Alaska, Kanada, Kalifornien und Australien hatten immer einen Topf fließfähigen Sauerteigs bei sich, um ihr hausgemachtes Brot aufgehen zu lassen und ihm einen besonderen Geschmack zu verleihen.

Sauerteig besteht aus Mehl und Wasser, worin Hefe einige Tage fermentierte. Sie können vielleicht etwas Sauerteig von einem Freund bekommen, oder kaufen Sie ihn. Doch läßt er sich auch leicht selbst herstellen.

15 g gepreßte Hefe (oder eine entsprechende Menge Trockenhefe)
½ Tasse warmes Wasser
¾ Tasse Vollkorn-Weizenmehl

Wählen Sie einen Behälter mit einem Fassungsvermögen von etwa zwei Tassen. Das Gefäß oder der Topf kann aus Glas, Kunststoff, Steingut, Emaille oder rostfreiem Stahl bestehen und einen Deckel haben. Verwenden Sie keine Metalle, die durch Säuren angegriffen werden.

Lösen Sie die Hefe in warmem Wasser und vermischen Sie sie mit Mehl. Decken Sie den Topf zu und belassen ihn 2–4 Tage an einem warmen Platz. Die optimale Temperatur zur Fermentation beläuft sich auf 25° C.

Das Gemisch sollte Blasen schlagen und flüssiger werden, wobei die Flüssigkeit bis zum oberen Ende ansteigt. Wenn sich ein scharfer Geruch entwickelt hat, ist es zur Verwendung für Brot und Pfannkuchen fertig.

Bereits aufgegangener Teig

Wird aus dem Sauerteig am Abend vor dem Backen zubereitet.

2 Tassen warmes Wasser
2½ Tassen Vollkorn-Weizenmehl
etwa 1 Tasse Sauerteig aus Ihrem Topf

Vermischen Sie die Zutaten in einem nichtmetallischen Behälter, der groß genug ist, die doppelte Menge aufzunehmen. Decken Sie ihn zu und lassen Sie ihn 8 Stunden oder über Nacht an einem warmen Ort stehen. Am nächsten Morgen rühren Sie den Teig, geben 1 Tasse in einen sauberen Sauerteigtopf und frieren Sie ihn bis zur Verwendung ein. Die Flüssigkeit kann nach oben ansteigen und dunkel werden, Sie müssen jedoch nur rühren und mehr Mehl und Wasser zugeben, um einen neuen Biskuitteig herzustellen.

Nach Zurückbehalten einer Tasse kann der Rest des Teigs gebacken werden.

Pumpernickel aus Sauerteig (ergibt drei große Brotlaibe)

½ Tasse warmes Wasser
1 Eßlöffel rohe Melasse
15–30 g frische Hefe (kann auch weggelassen werden, jedoch geht das Brot viel schneller auf und wird leichter und süßer).

Vermischen Sie die Zutaten und lassen Sie sie an einem warmen Platz stehen, bis sie aufzugehen beginnen (etwa 10 Minuten).

Biskuit (mit Ausnahme der bereits abgenommenen Tasse)
2 Tassen warmes Wasser
2 Eßlöffel Kochöl
2 Teelöffel Salz
1 Teelöffel Kümmel
1 Tasse entrahmtes Milchpulver
3 Tassen Vollkorn-Weizenmehl
4 Tassen Roggenmehl
4 Tassen weißes Mehl

Vermischen Sie das Hefegemisch, den bereits aufgegangenen Teig, warmes Wasser, Öl, Salz, Kümmel und Milchpulver. Geben Sie genügend Mehl hinzu, um einen Teig zu erhalten. Kneten Sie ihn auf einem mit Mehl bestäubtem Brett, bis er geschmeidig und glatt ist und fügen Sie gegebenenfalls mehr Mehl hinzu. Geben Sie ihn in eine gefettete Schüssel. Decken Sie sie zu und lassen das Gemisch so lange gehen, bis die doppelte oder nahezu doppelte Menge erreicht ist (2–4 Stunden in Abhängigkeit von der verwandten frischen Hefemenge und dem Zustand des bereits aufgegangenen Teigs).

Hat er sein doppeltes Volumen erreicht, drücken Sie ihn zusammen, rollen Sie ihn auf ein mit Mehl bestäubtes Brett und geben Sie mehr Mehl zu, wenn der Teig zu weich geworden ist. Formen Sie ihn zu Brotlaiben – lassen Sie diese wieder aufgehen, bis sie ihre Größe verdoppelt oder nahezu verdoppelt haben (etwa die Hälfte des ersten Aufgehens). Backen Sie bei 190° C 45–50 Minuten lang.

Kürbis-Brot
4 geschlagene Eier
2 Tassen gekochten, pürierten Kürbis
2/3 Tasse Wasser
2 Teelöffel Backpulver
1 1/2 Teelöffel Salz
1 Teelöffel Zimt
1 Teelöffel Muskat
3 1/2 Tassen Vollkornmehl.

Schlagen Sie alle Zutaten. Gießen Sie das Gemisch in zwei Brotformen. Backen Sie 70 Minuten bei 180° C.

Brotformen

Aus dem aufgegangenen Teig können Sie jegliche gewünschte Brotform herstellen, beispielsweise Brötchen, Schnecken oder erfundene Formen. Bereiten Sie einen Zopf, indem Sie drei Teiglängen ausrollen und sie flechten, ausgehend von der Mitte. An den Enden drücken Sie den Teig fest an.

Ein traditionelles Hüttenbrot wird hergestellt, indem man 1/3 des Teigs abnimmt. Man setzt es auf das größere Teigstück auf, nachdem beide zu Kugeln geformt worden sind. Dann pressen Sie Ihren Daumen oder einen Holzlöffel genau nach unten durch den Schopf in die gefettete Backform, lassen Sie es noch einmal aufgehen und backen Sie. Diese Methode hinterläßt die typische »Einkerbung« im Brotlaib.

Um krustenreicheres Brot herzustellen, schneiden Sie den Laib oben mit einem scharfen Messer ein. Bürsten Sie Wasser oder geschlagenes Ei darüber. Milch ergibt eine süße, feuchte Kruste und Butter oder Öl eine weiche.

Ein alter Ratschlag ist, den Brotlaib umzudrehen, wenn er abkühlt. Hierdurch kann Wasserdampf entweichen und der Boden des Brotes wird nicht klitschig.

Ein altbackener Laib

Wenn der Laib ausgetrocknet, aber noch brauchbar ist, tauchen Sie ihn 3 Minuten in eine Wasserschüssel ein; lassen Sie ihn eine halbe

Stunde stehen, damit das Wasser eindringen kann und backen Sie ihn dann wieder im Ofen auf. Man ißt das Brot am besten heiß.

Nie versiegendes Brot

Nehmen Sie 4–6 Tassen entweder hälftig Weizenschrot und reines Mehl, nur Weizenschrot oder ein Gemisch aus Weizenschrot, reinem Mehl und Roggenmehl. Füllen Sie es in ein großes Gefäß oder einen Trog.

Geben Sie in eine kleine Schüssel oder einen großen Becher ein Päckchen getrocknete Hefe oder einen gehäuften Teelöffel Bäckerhefe (oder andere Hefe) mit zwei Teelöffeln Zucker und ½ Tasse warmem Wasser.

Rühren Sie gut, decken Sie zu und stellen Sie das Gefäß an einen warmen, nicht heißen Platz, entweder 15 Minuten oder bis sich eine »hefeartige« Kruste bildet.

Lösen Sie dann einen Eßlöffel Butter, einen Dessertlöffel Salz, 1 Dessertlöffel goldgelben Sirup, Honig oder Malz in einer Tasse kochendem Wasser. Hat sich alles gelöst, fügen Sie kaltes Wasser hinzu, um das Gemisch etwas abzukühlen.

Mischen Sie die aufgegangene Hefe in das Mehl, sodann das aufgelöste Salz usw. Setzen Sie, wenn notwendig, mehr warmes Wasser hinzu, damit sich ein feuchter, schwammartiger Teig ergibt. Decken Sie das Gefäß mit einem dicken Handtuch an einem warmen Ort ab, bis der Teig seine doppelte Größe erreicht hat.

Kneten Sie dann gründlich durch. Legen Sie den Teig in cinc gefettete Pfanne oder Brotformen und lassen Sie ihn auf die erforderliche Höhe aufgehen. Backen Sie bei mittlerer Hitze, bis sich das Brot »dumpf« anhört, wenn Sie es mit dem Knöchel beklopfen und es gleichmäßig gebräunt ist.

Rollen Sie es in ein sauberes Handtuch und stellen es auf ein Drahtgestell, bis es ausgekühlt ist.

Kleie in Kuchen

Ein praktischer Tip für diejenigen wie wir, die keine Eier oder Treibmittel in ihren Kuchen und im Teegebäck verwenden möchten, ohne die das fertige Produkt sehr hart werden kann, ist Kleie anstelle der halben Mehlmenge zu nehmen.

Obgleich sie das Gemisch nicht aufgehen läßt, macht sie es wesentlich leichter und weicher. Kleie ist billiger als Mehl und liefert Ballaststoffe für die Diät.

Selbstgemachte Hefe

Bis zur Mitte des 19. Jahrhunderts wurde Bierhefe als Gärmittel für Brot verwendet. Nach 1850 wurde »deutsche Preßhefe« entwickelt und in Lebensmittelgeschäften verkauft.

Flüssige Ersatzmittel für Hefe wurden aus Getreide, Kartoffeln, Hopfen, Malz, Zucker, Erbsen und Mehl gezüchtet. Man nennt sie auch Fermente; diese wilden Hefen wurden in Gefäßen an einem kühlen Platz gelagert und am Backtag benutzte man sie als Ausgangsprodukt in ähnlicher Weise wie die Joghurtkultur.

Hier erläutern wir zwei Ausgangsprodukte, die wir in alten Büchern aufgestöbert haben:

1. Kochen Sie ½ kg Mehl, 125 g braunen Zucker und ein wenig Salz eine Stunde in fünf Liter Wasser. Wenn das Gemisch lauwarm ist, füllen Sie es auf Flaschen und verkorken Sie sie. Man kann das Produkt noch 24 Stunden verwenden. 600 ml dieses Ausgangsproduktes reichen für neun Kilogramm Brot.
2. Gießen Sie kochendes Wasser in eine Teetasse voller gespaltener oder zerquetschter Erbsen und stellen Sie sie 24 Stunden in ein Gefäß neben der Feuerstelle. Die Erbsen werden fermentieren, auf dem Gefäß bildet sich eine große Schaummenge und gibt damit die »Antwort für den Zweck einer guten Hefe«.

Sollte eines der Gemische ein eigenartiges Aussehen oder üblen Geruch entwickeln, werfen Sie es weg und versuchen Sie es erneut.

Süße Eierkuchen

Eierkuchen werden aus einem dünnen Teiggemisch bereitet. Es sollte glatt und flüssig genug sein, damit man es gießen kann und eine cremige Konsistenz besitzen.

100 g Mehl (weiß, Vollkorn- oder jedes beliebige andere Mehl)

2 Eier
600 ml Milch (oder geringfügig weniger)
Butter
Salz nach Belieben

Geben Sie Mehl und Salz in eine Schüssel. Drücken Sie in die Mitte eine Delle und geben Sie die Eier hinein. Schlagen Sie die Eier und arbeiten Sie sie langsam in das Mehl ein. Gießen Sie langsam Milch unter ständigem Rühren zu. Vermischen Sie alles gut und rühren Sie, bis der Eierkuchenteig glatt und ohne Klumpen ist.

Backen Sie mit ziemlich hoher Hitze unter Verwendung nur einer geringen Buttermenge. Der Eierkuchen hält sich im Kühlschrank einige Tage.

Erhitzen Sie ein Stück Butter in einer Pfanne. Gießen Sie etwa zwei Eßlöffel Eierkuchenteig hinein, drehen und kippen Sie die Pfanne, so daß sich der Teig gleichmäßig darauf verteilt. Braten Sie den Teig, bis er auf der Unterseite goldfarben ist, wenden Sie ihn und braten Sie die andere Seite ebenso.

Eierkuchenfüllungen

Einige Vorschläge für süße Eierkuchenfüllungen.

Zitronensaft und Zucker
Honig, goldener Sirup, Ahornsirup
gekochte Äpfel
irgendeine Marmelade
zerhackte Beeren
Obstpüree
Schokoladensoße
Aprikosenmarmelade und gemahlene Mandeln

Bei den folgenden kann auch Sahne oder saure Sahne verwendet werden.

Käse: Vermischen Sie gleiche Anteile saurer Sahne und Hütten- oder Weichkäse mit etwas Zucker, Sultaninen und Eigelb. Breiten Sie das Gemisch auf den Eierkuchen aus und rollen Sie sie auf. Halten Sie sie bei mittlerer Hitze im Ofen warm.

Schokolade: Um Schokoladen-Eierkuchen herzustellen, füllen Sie sie entweder mit Schokoladensoße oder geben Sie zwei Eßlöffel Schokoladenpulver zu – oder ein Eßlöffel Schokoladenpulver und Instantkaffee. Servieren Sie mit Sahne.

Smoko-Kekse (ergibt 6 Dutzend)
250 g Butter
1½ Tassen Rohzucker (oder ¾ Tasse Honig)
1 Ei
½ Tasse Wasser
2 Tassen Vollkornmehl
½ Teelöffel Natriumbikarbonat
1 Teelöffel Zimt
4 gehackte Blätter Zitronenmelisse (wahlweise)
½ Tasse zerkleinerte Nüsse
½–1 Tasse getrocknete Mischfrüchte
2½ Tassen Haferflocken
Salz nach Belieben

Stellen Sie den Ofen auf 190° C ein und fetten Sie die Backbleche. Schlagen Sie Butter, Zucker (oder Honig), Ei und Vanille, bis sie leicht und flockig sind. Sieben Sie die Trockenzutaten, zerkleinerten Nüsse, Früchte und Haferflocken hinein. Vermischen Sie alles gut. Füllen Sie das Gemisch mit einem erhitzten Teelöffel auf die Bleche. Backen Sie 12–15 Minuten, bis die Plätzchen leicht gebräunt sind. Kühlen Sie sie auf einem Drahtgestell.

Nimmt man Zucker, erhält man härtere, knusprigere Plätzchen, während Honig zu delikaten, »kuchenartigen« Plätzchen führt. Sie haben eine handliche Form und sind eine perfekte Beigabe zum Kräutertee in der Schummerstunde.

KRAFTSUPPE

Suppe wärmt und nährt und man kann sie strecken, um viele Menschen damit zu versorgen. Sie ist billig und wärmt Sie in kalten Winternächten auf. Sie ist die beste Vorspeise einer Mahlzeit oder sie kann auch eine selbständige Mahlzeit sein. Versuchen Sie eine dicke Minestrone mit frisch gebackenem Brot und einem Salat als leichte Mahlzeit.

Es gibt Hunderte von Suppen, aus allen Teilen der Welt, mit Fleisch und Gemüse, einfach oder kunstvoll zubereitet. Aber wie gewöhnlich ist die hausgemachte Suppe bei weitem die beste und keine Dosensuppe oder Trockensuppe kann sich mit ihr messen.

Suppe kann dünn sein, wie klare Lamm- oder Hühnerconsomme, oder cremig, dick oder mit Mehl oder Getreide angedickt, sogar als Püree zubereitet werden. Eine herzhafte Suppe mit viel Fleisch und Gemüse, Gerste oder gespaltenen Erbsen kann am ersten Tag als Eintopf gegessen werden, am zweiten Tag als eine dicke Suppe und am dritten Tag als dünne Suppe.

Einfache Hühnerbrühe
1 kg Hühnerklein
1 fein gehackte Zwiebel
1 gewürfelte Pastinake
2 gewürfelte Karotten
kleine gewürfelte (oder halbierte) Rübe
3–4 kleingeschnittene Selleriestangen und Blätter
¼–½ Teelöffel gemahlener Pfeffer
1 Teelöffel gehackter Dill
2 Teelöffel gehackte Petersilie
2 Liter Wasser
Salz nach Belieben

Waschen Sie das Fleisch. Geben Sie alle Zutaten in einen großen Topf mit Deckel. Kochen Sie auf und simmern sodann sehr langsam wenigstens 3 Stunden. Je länger sie kochen, desto mehr Aroma und Qualität kocht aus den Knochen heraus. Entfernen Sie jeglichen Schaum von der Oberfläche des Topfes.

Verwenden Sie die Suppe, wie sie ist - oder gießen Sie sie ab und bewahren Sie sie im Kühlschrank als Grundlage für andere Suppen auf. Beim Abgießen entfernen Sie die Knochen und Haut. Dies ist leicht, da das Huhn durch das lange Kochen ohnehin zerfällt. Schneiden Sie das Fleisch klein und geben Sie es zurück in die Suppe. Lassen Sie das Gemüse, wie es ist, oder zerstampfen oder pürieren Sie es, wenn Sie das bevorzugen.

Diese Hühnersuppe ist eine berühmte jüdische Medizin, die man zubereitet, wenn jemand Grippe hat, zu blaß ist oder eine Krankheit auskurieren muß. So ist Matzo-Knoedel- (oder Kneidlach-)Suppe in unserer Familie bevorzugt.

Um Kneidlachs (Klöße) zuzubereiten, brauchen Sie ein grobes Matzo-Mehl aus einem Delikatessengeschäft.

Matzo Kneidlach
1 Tasse grobes Matzomehl
2 geschlagene Eier
1 Tasse Wasser
Pfeffer und Salz nach Belieben
2–3 Eßlöffel Hühnerfett (geschmolzene Butter oder das auf der Suppe gesammelte Fett tun es auch)

Vermischen Sie alle Zutaten gründlich miteinander. Das Gemisch muß feucht genug sein, um Kugeln zu formen, aber nicht zu matschig. Formen Sie daraus mit nassen Händen Klöße mit einem Durchmesser von etwa 4 cm. Geben Sie sie in die kochende Hühnersuppe und simmern Sie 20 Minuten.

Sie können diese Klöße auch in reinem Wasser kochen und sie als Beilage zu geschmortem Fleisch und anderen Gerichten servieren.

Wenn man sagt, daß Suppe eine lange Kochzeit benötigt, ist das richtig (es sei denn, es handelt sich um ein Püree), aber die Vorbereitungen, das Schneiden des Fleisches und des Gemüses und alles ins Wasser zu tun, erfordern nur wenige Minuten. Sie müssen nicht in der Küche bleiben, während die Suppe langsam vor sich hinsimmert. Sie haben auch die Wahl, die Suppe über Nacht zu kochen, indem Sie sie am Abend vorher vorbereiten oder früher hergestellte Brühe verwenden.

Im Winter steht bei uns immer ein Topf Suppe auf unserem Gasofen, fertig aufgewärmt, um jederzeit gegessen zu werden. Jeden Tag werden alle Sorten von übriggebliebenem Gemüse, Schalen und Bröckchen, frisch gepflückte Kräuter und Gemüseblätter aus dem Garten hineingetan, wie auch alles Gemüsewasser. Nichts wird weggeworfen.

Diese Suppe schmeckt tatsächlich von Tag zu Tag besser! Der Geschmack verbessert sich zunehmend und verfeinert sich, bis sie ihren Höhepunkt an dem Tag erreicht hat, an dem sie aufgegessen worden ist, wenn die Flüssigkeit eine Art konzentrierter Güte erreicht hat.

Das erste Prinzip beim Zubereiten guter, altmodischer Suppen ist immer, sie langsam bei geringer Hitze zu simmern. Kochen Sie die Suppe nicht. Ein langsamer Verbrennungsofen ist für die Suppenherstellung hervorragend geeignet.

Der zweite Punkt, die Grundlage jeder traditionellen Suppe, ist die Brühe. Brühe ist einfach Wasser, in dem Fleisch (beispielsweise Lamm, Kaninchen, Rind, Kalb, Hühnchen, Fleischknochen oder was immer Sie zur Hand haben), Fisch oder Gemüse gekocht worden ist.

In früheren Zeiten, insbesondere in Frankreich, simmerte immer ein Topf mit Brühe - wozu jeder Kochtopf mit Deckel geeignet ist - auf dem hinteren Teil des Ofens.

»Ein alter Hase oder Vögel, die so zäh sind, daß man sich die Zähne daran ausbeißen kann, ergeben immer noch eine gute Suppe«, schrieb Dr. William Kitchener. Sie können Suppen aus dem billigsten Fleisch und Knochen oder auch nur aus Knochen ohne Fleisch kochen, die sehr billig sind. Versuchen Sie billige Fleischstücke wie Haxen, Innereien, Hühnerbeine, Schweinsfüße, Hühnerklein und Schinkenknochen. Sie können Hühnerklein ausgeprochen billig kaufen.

Es können sehr viele Zutaten für die Suppe verwendet werden, um ihren Geschmack und Nährwert zu verbessern, insbesondere gehören hierzu die Suppengemüse. Dies sind Pastinaken, Sellerie, kleine und große Rüben, Zwiebel, Karotten, Kohl, Lauch, Petersilie, Erbsen, Linsen, Kartoffeln, Tomaten oder Spinat; Stangen und Abfälle von Broccoli oder Chicoree; verwelktes Grün von Löwenzahn oder Kresse, die für einen Salat nicht mehr knackig genug sind; Gartenkräuter, Bohnensprossen und matschige Tomaten.

Als Faustregel gilt: Setzen Sie pro Kilo Festbestandteile 1-2 Liter Wasser zu. Wenn die Suppe kalt ist, entfetten Sie sie. Das Fett setzt sich auf der Suppe ab, wenn der Topf über Nacht stehengelassen oder in den Eisschrank gestellt wurde.

Gelatine aus den Fleischknochen wird in der Suppe aufgenommen und wird gallertartig, wenn das Gemisch kalt ist. Ein Kalbsfuß oder Spitzbeine gelieren ebenfalls in der Suppe, obgleich sie wenig Geschmack haben.

Um eine Suppe anzudicken, fügen Sie Getreide, wie Perlgerste, Reis, Hafermehl, Hirse, Teigwaren wie Makkaroni, Nudeln und Spaghetti, Kartoffeln, Klöße, Fleischbällchen, Mehl oder Bohnen und Erbsen oder Croutons hinzu. Ganze Eier können in die Suppe gegeben werden oder zuvor leicht geschlagen sein. Quirlen Sie und kochen Sie etwa eine Minute auf.

Viele der nachfolgenden Suppenrezepte haben Fleischbrühe zur Grundlage, während andere wieder strikt vegetarisch sind, und kein Fleisch enthalten. Bei der Zugabe von Salz, Sahne und Butter müssen Sie sich auf Ihren eigenen Geschmack verlassen.

Suppengrundlage

Rind oder dunkle Brühe wird ebenso zubereitet wie Hühnerbrühe, doch man verwendet Rindknochen (Haxe oder Ochsenschwanz) anstelle von Hühnchen.

Kalbs- oder weiße Brühe: Nehmen Sie anstelle der Hühnerknochen Kalbsknöchel und eine halbe Tasse Gerste. Kochen Sie, bis das Fleisch gar ist.

Um Fischbrühe zu bereiten, verwenden Sie Fischgräten, Köpfe, Bauchfleisch oder andere Abfälle und gießen Sie ab, um die Knochen zu entfernen. Vermischen Sie Fisch nicht mit anderen Fleischarten. Diese Fischbrühe ist eine ausgezeichnete Grundlage für eine Austernsuppe.

Fleischlose Gemüsebrühe wird aus allen in Stücke geschnittenen Gemüsesorten in aufbewahrtem Gemüse-, Teigwaren- oder Reiswasser zubereitet. Der Geschmack wird durch Zugabe von Getreideprodukten, insbesondere Gerste, Reis, Hirse oder Haferflocken oder gekochte Bohnen oder Nudeln verbessert.

Soll die Suppe schärfer sein, braten Sie das Gemüse zunächst in etwas Butter an, bevor Sie das Gemüsewasser zugeben. Zwiebeln, einschließlich der Schale, geben der Brühe einen guten Geschmack und Farbe; dies tun auch alle Kräuter oder Grünzeug.

Leichte Kürbissuppe
1 Kürbis
Milch
Wasser
Tomatenmark (wahlweise)
Sahne oder saure Sahne

Schälen und zerschneiden Sie den Kürbis. Kochen Sie ihn in etwas Wasser gar. Sodann: (a) Gießen Sie ihn ab oder streichen Sie ihn durch ein Sieb, vermischen sodann mit Milch, Salz und Pfeffer, bis sich eine dicke Flüssigkeit mit der Konsistenz dünner Mayonnaise ergibt. Geben Sie einen Löffel Tomatenmark zu. (b) Wahlweise können Sie auch alle Zutaten in einem Mischer vermischen. Servieren Sie die Suppe heiß mit einem Klecks Sahne oder saurer Sahne. In der gleichen Weise können Sie Karotten-, Zwiebel-, Artischoken- oder Lauchsuppe zubereiten – lassen Sie einfach nur das Tomatenmark weg.

Püree-Suppen

Ein Püree ist ein Gericht aus einem glatten Brei, den man entweder durch ein Sieb gestrichen oder in einem Mixer verrührt hat. Es gibt einige Variationen, wie das Gericht hergestellt worden ist, bevor es püriert wird, um eine Suppe aus einer gewöhnlichen, dünnen Brühe zu bereiten.

Bei der ersten Methode zerkleinern Sie das Gemüse, beispielsweise Kartoffeln, Kürbis, Karotten oder Spinat, und simmern in Wasser gar. Drücken Sie das Gemüse dann durch ein Sieb und fügen Sie Butter oder mit Mehl angedickte Milch oder Sahne oder saure Sahne als Bindemittel hinzu. Kochen Sie dann eine Minute auf.

Der zweite Weg besteht darin, das Gemüse zu sautieren oder sehr leicht in Butter oder Öl anzubraten, wozu Erbsen, Bohnen, Broccoli usw. geeignet sind. Vermischen Sie es dann im Mixer, bis die Suppe eine cremige Konsistenz annimmt. Diese Suppen können heiß oder kalt serviert werden.

Ein dritter Weg ist sehr populär geworden, weil man die zu servierende Suppe kaum kocht, so daß alle Enzyme, Vitamine und Mineralstoffe der verwendeten Gemüse nahezu erhalten bleiben. Die Gemüsesorten werden im Mixer bei mittlerer Geschwindigkeit zu einem Brei verarbeitet, Wasser oder Brühe hinzugegeben, das Gemisch aufgekocht und sodann läßt man es fünf Minuten oder etwas länger simmern.

Die letzte Methode betrifft die meisten »Instant«-Suppen. Beispielsweise können frische Erbsen (oder Erbsen aus der Dose oder der Gefriertruhe) in den Mixer gegeben und fünf Minuten später mit gehackter Minze garniert als wunderschöne, grasgrüne Suppe serviert werden, die köstlich schmeckt.

Minestrone

100 g Bohnen
1 große zerkleinerte Zwiebel
1 zerdrückte Knoblauchzehe
2 kleingeschnittene Speckstreifen
1-1½ Liter Rinderbrühe (oder Wasser)
2 große Tomaten
2 Karotten
2 Selleriestangen

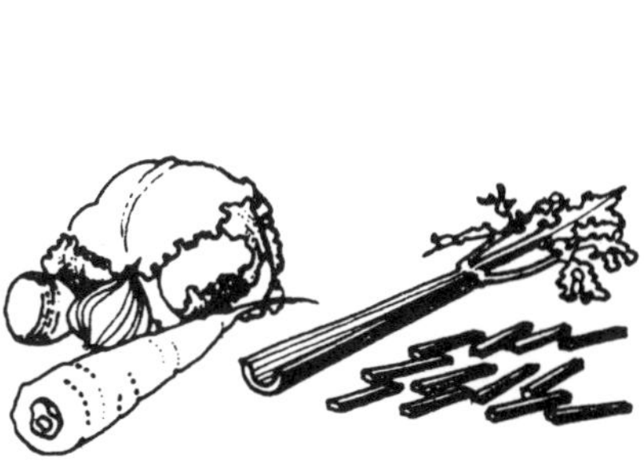

¼ Kohlkopf (klein)
Öl oder Butter
75 g Makkaroni oder andere Teigwaren
1 Tasse Erbsen (wahlweise)
Salz und Pfeffer nach Belieben
geriebenen Parmesankäse

Weichen Sie die Bohnen über Nacht ein und gießen Sie sie ab. Braten Sie die Zwiebel, Speck und Knoblauch in Öl oder Butter. Geben Sie die Bohnen und die Brühe zu und lassen Sie 1½ Stunden simmern. Zerkleinern Sie die anderen Gemüse (außer Erbsen) und geben Sie sie zu der Suppe. Lassen Sie langsam eine Stunde simmern.

Geben Sie Makkaroni und Erbsen (wenn diese vorgesehen sind) hinzu, bringen Sie sie zum Kochen und lassen Sie weitere 20–30 Minuten simmern. Wenn die Suppe zu dick wird, gießen Sie mehr Wasser auf. Würzen Sie mit Salz und Pfeffer und garnieren Sie mit Kräutern.

Bestreuen Sie die Suppe vor dem Servieren großzügig mit geriebenem Parmesankäse. Es ist eine reiche, sättigende, farbenfrohe Suppe.

Julienne-Suppe
2 Karotten
2 Rüben
2 Stangen Lauch oder 3 kleine Zwiebeln
1 Salat
1 Sellerieknolle
Butter
gehackter Kerbel oder andere Kräuter
1 Liter Fleisch- oder Gemüsebrühe

Schaben, schälen und schneiden Sie das Gemüse mit Ausnahme des Salats in dünne Streifen, wie Streichhölzer etwa 4–5 cm lang. Versuchen Sie, alle in der gleichen Größe zu schneiden. Braten Sie die Karotten, Rüben, Sellerie und Lauch (oder Zwiebeln) in Butter, bis sie gut gebräunt sind. Kochen Sie die Fleisch- oder Gemüsebrühe auf und gießen Sie sie über das Gemüse. Simmern Sie eine Stunde. Geben Sie dann den in Streifen geschnittenen Salat dazu (oder grüne Erbsen oder bereits gekochte Bohnen) und simmern Sie weitere fünf Minuten. Entfetten Sie. Servieren Sie heiß oder lassen Sie die Suppe abkühlen und kühlen Sie sie im Eisschrank.

Diese klare Gemüsesuppe ist nach einem französischen Koch namens Jean Julien benannt, der sie 1785 zum ersten Mal zubereitete.

Kartoffelsuppe
6 Kartoffeln
2 Zwiebeln
Butter
Pfeffer und Salz nach Belieben
Petersilie und Minze

Reiben Sie die Kartoffeln und Zwiebeln und lassen Sie sie in etwas Wasser simmern. Wenn sie weich sind, passieren Sie sie durch ein Sieb und vermischen sie mit Milch, um die Konsistenz cremig zu machen. Geben Sie Pfeffer und Salz nach Belieben zu, ein Stück Butter und kochen sie. Servieren Sie mit gehackter Petersilie, Kerbel oder Minze, die über die Suppe gestreut werden.

*Französische Zwiebelsuppe (*Soupe à l'Oignon Gratinée)
4 braune Zwiebeln
1 Liter Rinder- oder Gemüsebrühe
4 runde Scheiben Toastbrot
100 g geriebenen Gruyère-Käse
2 Eßlöffel Öl oder Butter

Dies ist die einfachste Version der so berühmten französischen Suppe und am besten serviert man Sie in einer tiefen, irdenen Schüssel oder Kasserolle.

Schälen Sie die Zwiebeln und schneiden Sie sie in dünne Scheiben. Braten Sie sie langsam in Butter oder Öl, bis sie braun sind. Dann geben Sie die Brühe (oder durch Bouillonwürfel verstärktes Wasser) hinzu, vorzugsweise heiß. Simmern Sie langsam 30 Minuten lang.

Während die Suppe kocht, bereiten Sie die irdenen Schüsseln vor, indem Sie dünne Brotscheiben oder Toast hineinlegen (natürlich eignet sich französisches Brot am besten); oder legen Sie in jede einzelne Suppenschale eine Scheibe. Streuen Sie etwa 1/3 des geriebenen Käses (vorzugsweise Gruyère) darüber.

Dann gießen Sie die Suppe hinein und das Brot schwimmt nach oben. Verteilen Sie den restlichen Käse darauf. Stellen Sie die Schalen oder Schüssel unter einen Grill oder in den Ofen, bis der Käse braungeworden ist. Servieren Sie sofort.

Voilà! Sie müssen sich durch die goldene Käsekruste durchbeißen, um den Mund voll zu bekommen.

Um eine Soupe à l'Oignon et au lait (Zwiebel-Milchsuppe) zuzubereiten, nehmen Sie das gleiche Rezept, aber Milch anstelle von Brühe.

SUPPEN-TIPS

Versalzene Suppen: Wenn Sie zuviel Salz in die Suppe gegeben haben, schälen Sie eine rohe Kartoffel, zerkleinern sie und geben Sie sie zu der Suppe. Erhitzen Sie ein paar Minuten, nehmen Sie sie dann heraus. Die Kartoffelscheiben werden etwas von dem Salz absorbiert haben.

Entfetten von Suppen: Nehmen Sie Löschpapier oder Papiertücher, um das Fett von heißen Suppen zu entfernen. Nehmen Sie einen Löffel, um bereits verfestigtes Fett von der Suppe abzunehmen.

Bouquet garni für Suppen: Ein Bouquet garni verleiht jeder Suppe einen besonderen Geschmack. Kräuter werden als Bündel in einem Musselinsack gelagert und in die Suppe getaucht, während sie noch kocht, und dann kurz vor dem Anrichten herausgenommen. Die gewöhnlich in einem Bouquet garni benutzten Kräuter sind Petersilie, Thymian, Salbei und Lorbeerblätter oder eine Kombination dieser Kräuter. Man kann sie auch gut für Fleischeintöpfe verwenden.

Croutons: Schneiden Sie hausbackenes Brot in 5 mm dicke Scheiben. Entfernen Sie die Kruste und schneiden Sie es in kleine Würfel oder Dreiecke. Braten Sie in heißer Butter oder Öl, bis sie knusprig sind. Gießen Sie ab und streuen Sie sie über die Suppe, kurz bevor sie serviert wird.

Gemüseerzeugnisse

Kartoffeln

Als Hauptgericht und wichtigstes Nahrungsmittel sind Kartoffeln heute, seit sie in Europa eingeführt wurden, das am meisten genutzte und vielseitigste Produkt. Man erhält sie in Dosen, gefroren, als Kartoffelpulver, als salzige Chips, entwässerte Scheiben und Muscheln und bekommt sie mit allen möglichen Dingen als Pommes frites im Schnellimbiß.

Aber es gibt auch noch »richtige« Kartoffeln. Bauen Sie sie in Ihrem Garten an oder kaufen Sie sie zum Selbstkochen. Sie erwärmen uns, sättigen und enthalten viel Vitamin C und Mineralstoffe wie Schwefel und Kalium - und viel weniger Kohlehydrate als man vermutet (weniger als Reis, Teigwaren oder Brot).

Die meisten dieser wertvollen Nährstoffe sind in einer dünnen Schicht unmittelbar unter der Schale enthalten, deshalb koche man sie in der Schale oder schäle sie so dünn wie möglich. Die Schale läßt sich nach dem Kochen leicht abziehen, wenn man sie absolut nicht mitessen möchte und die Nährstoffe bleiben erhalten.

Frische Kartoffeln sind schmackhafter. Sie verlieren durch langes Lagern Vitamin C, die B-Vitamine und Mineralstoffe.

Man kann die Kartoffeln dämpfen, in Omelettes verwenden, zu Suppen, Fleischtöpfen und Eintöpfen zugeben oder aus ihnen die besten Pommes frites machen. Kinder mögen Kartoffeln, die man zu Püree zerquetscht hat. Der Zusatz von Milch zu Kartoffelbrei erhöht den Proteingehalt.

Beim Kauf wählen Sie feste, einigermaßen saubere Kartoffeln ohne grüne Flecken oder Keime aus. Lagern Sie sie an einem kühlen, dunklen Ort. Wärme macht sie weich und läßt sie keimen - pflanzen Sie sie, wenn Ihnen die Sorte zusagt.

Neue Kartoffeln, insbesondere ganz kleine, sollte man nur leicht bürsten ehe man sie in der Schale kocht. Neue Kartoffeln garen schnell, da ihre Schalen noch dünn sind. Ernten Sie sie frisch oder kaufen Sie sie erst, wenn sie benötigt werden. Größere Kartoffeln eignen sich gut für Salate und für gekochte Gerichte, in die sie hereingeschnitten werden, da sie ihre Form behalten. Backen Sie keine neuen Kartoffeln.

Wählen Sie große, mehlige alte Kartoffeln für Suppen und zum Backen in der Schale. Man rechnet für 3–4 Personen ½ kg Kartoffeln.

Neue Kartoffeln in der Schale

Dies ist der beste Weg, neue Kartoffeln, insbesondere frische aus dem Garten, zu kochen. Bürsten Sie den Schmutz leicht ab und tun Sie sie in kochendes Salzwasser mit einem Spritzer Minze. Man kocht 15–20 Minuten (je nach Größe). Nach dem Abgießen werden sie mit gehackter Minze, Petersilie oder Schnittlauch bestreut und mit Butter serviert.

Eine Variation ist, die neuen Kartoffeln zu dämpfen und Butter und Kräuter zuzugeben.

Gekochte Kartoffeln

Bürsten Sie alte Kartoffeln und bedecken sie mit kaltem Salzwasser in einem festverschlossenen Topf. Lassen Sie aufkochen und kochen Sie kleinere Kartoffeln 15 Minuten, größere 20–25 Minuten. Dann gießen Sie das Kochwasser ab (heben Sie es für andere Verwendungszwecke auf), decken den Deckel wieder auf und stellen den Topf hinten auf den Herd (bei ausgeschalteter Hitze). Lassen Sie die Kartoffeln dämpfen und in ihrem eigenen Saft weitere 5 Minuten kochen.

Die Kochzeit hängt von der Größe der Kartoffeln ab. Man sollte sie leicht mit einer Gabel anstechen können. Die Schalen sind dünn wie Papier und lassen sich leicht abziehen.

Geröstete Kartoffeln

Legen Sie ganze, gleichmäßig große Kartoffeln in eine gut geölte Backform, um Ihre Lammkeule oder anderen Braten herum, etwa eine Stunde, bevor Sie essen. Backen Sie bei 180° C. Wenden und begießen Sie mehrere Male.

In der Schale gebackene Kartoffeln

Große, alte Kartoffeln lassen sich gut backen. Bürsten Sie die Kartoffeln und reiben Sie sie trocken. Stechen Sie die Schalen nur mit einer Gabel an (stechen Sie nicht in die Kartoffel hinein). Reiben Sie die Schalen mit Öl ein.

Backen Sie 45 Minuten bis 1 Stunde im heißen Ofen, bis sie gar sind. Sie werden in der Schale heiß mit Butter, Salz und Pfeffer serviert.

Schnell backen: Legen Sie die Kartoffeln vor dem Backen etwa 15 Minuten in heißes Wasser. Dies erfordert weniger Kochzeit und spart Energie, kann aber für die Nährstoffe schädlich sein. Eine andere Möglichkeit ist, die Kartoffeln 15 Minuten vor dem Backen zu kochen.

Kartoffelwasser

Heben Sie das Kartoffelwasser auf; es ist reich an Nährstoffen. Geben Sie Kartoffelwasser zu Suppen, Fleischtöpfen, Brotteig (besonders Roggenbrot) und benutzen Sie es zum Anfeuchten von Fleischpasteten und Pudding.

Kartoffelbrei

Kochen Sie ½ kg Kartoffeln in der Schale oder schälen Sie sie erst, schneiden sie klein und kochen sie dann. Gießen Sie ab, entfernen Sie die Schalen und zerquetschen Sie sie gut über geringer Hitze. Schlagen Sie 30 g Butter und ½ Tasse Milch mit Salz und Pfeffer hinein, bis der Brei cremig und glatt und flockig (nicht matschig) ist. Fügen Sie natürlichen oder selbstgemachten Joghurt anstelle von Milch und Butter hinzu, um einen anderen Geschmack zu erzielen.

Polnische Kartoffelkuchen (Kremlach)

Geriebene, rohe Kartoffeln
geschlagenes Ei
Pfeffer und Salz nach Belieben
Bratöl

Schälen und reiben Sie die Kartoffeln. Quetschen Sie die gesamte Flüssigkeit heraus. Mischen Sie Salz, Pfeffer und Ei unter. Tropfen Sie das Gemisch löffelweise in das heiße Öl und braten Sie auf beiden Seiten, bis die Kuchen gerade braun sind. Sie schmecken gut zu Fleisch oder Apfelsoße.

Kartoffelbälle

Kartoffelbrei
feingehackte Zwiebel, gebraten
feingehackte Petersilie
geriebener Parmesankäse (wahlweise)
Pfeffer, Salz
geschlagenes Eigelb

Vermischen Sie alle Zutaten. Formen Sie kleine Bällchen und legen Sie sie auf ein gefettetes Backblech, so daß sie nicht miteinander verkleben. Man bäckt sie 25–30 Minuten bei 180° C.

Oder rollen Sie die Bällchen in Mehl, dann in geschlagenem Ei und dann in Brotkrumen. Braten Sie in ziemlich heißem Öl, bis sie golden sind. Kinder mögen dieses Hausrezept.

Gefüllte, gebackene Kartoffeln

Dies ist ein gutes Hauptgericht. Backen Sie dicke Kartoffeln, schneiden Sie oben eine Scheibe ab und legen sie beiseite. Dann höhlen Sie das mehlige Innere aus und mischen es mit Butter, Pfeffer und Salz. Stopfen Sie das Gemisch wieder in die Kartoffel, legen Sie die abgeschnittene Scheibe darauf und backen Sie sie braun. Servieren Sie heiß.

Variationen: Füllen Sie die Kartoffeln mit Sahne oder saurer Sahne und Kümmel oder mit geriebenem Käse.

Schäfer's Pastete

½ kg gekochtes Fleisch, Hackfleisch und ½ Tasse Brühe oder Wasser oder ½ kg rohes Hackfleisch und 1 Tasse Brühe oder Wasser.
½ kg Kartoffeln, gekocht
Pfeffer und Salz
1 Eßlöffel gehackte Petersilie
1 Eßlöffel Mehl
etwas Muskatnuß
1 geschnittene Zwiebel

Braten Sie die Zwiebel in etwas Öl oder Butter, bis sie goldbraun ist. Geben Sie das Fleisch zu. Wenn Sie rohes Fleisch verwenden, bräunen Sie es gut. Rühren Sie dann das Mehl ein und erhitzen Sie, bis das Gemisch andickt. Gießen Sie es in eine Auflaufform oder einen Glastiegel.

Zerquetschen Sie die Kartoffeln mit etwas Milch und/oder Butter, bis sie glatt sind, und geben Sie eine Schicht über das Fleisch. Glätten Sie den oberen Teil mit einem in Milch getauchten Messer oder bürsten Sie mit etwas Milch über.

Stellen Sie die Form in einen mäßig warmen Ofen und backen Sie etwa 20 Minuten, bis die Kartoffelschicht leicht gebräunt ist.

Backkartoffeln
½ kg Kartoffeln
2 hartgekochte Eier
½ Tasser saure Sahne
Pfeffer und Salz
einige Butterstücke

Schälen Sie sie Kartoffeln und kochen Sie sie halbgar. Lassen Sie abkühlen. Legen Sie dann in ein Backgeschirr Schichten von Kartoffelscheiben, Eierscheiben, Saure-Sahne-Flocken. Bestreuen Sie mit Pfeffer und Salz und legen Sie weitere Schichten darüber. Legen Sie oben einige Butterstücke drauf und backen Sie bei 180° C etwa 20 Minuten. Hierzu passen gut Geflügel oder Rostbraten.

Um eine vollständige Mahlzeit zu erhalten, fügen Sie Schichten halber Frankfurter Würstchen hinzu.

Irene's Kartoffelsalat
½ kg Kartoffeln
2 hartgekochte Eier
gemahlener Pfeffer, Salz nach Belieben
½ Tasse Mayonnaise
etwas Milch

Kochen Sie die Kartoffeln in der Schale, bis sie gerade gar sind. Lassen Sie sie abkühlen, pellen und schneiden Sie sie in Scheiben. Mischen Sie die gehackten Eier, Salz, Pfeffer und ein wenig Milch, um die Kartoffeln anzufeuchten. Sodann wird die Mayonnaise untergemischt. Kühlen. Servieren Sie mit gehackter Petersilie.

Scharf gebratene Kartoffelchips

Um knusprige, goldene Chips zuzubereiten, sollten Sie Kartoffelscheiben in einer größeren Ölmenge (oder sauberem Fett) scharf braten. Sie benötigen einen tiefen, schweren Topf oder eine Pfanne, vorzugsweise mit einem Drahtkorb (Fritteuse), um die Chips herauszuheben, obgleich dies nicht wesentlich ist. Beim Braten sollte genügend Öl im Topf sein, das die Chips bedeckt; jedoch sollte der Topf nicht mehr als bis zur Hälfte mit Öl gefüllt sein, weil dies gefährlich wäre.

Aus etwa ½ kg Kartoffeln lassen sich Chips für 4–5 Personen zubereiten.

Schälen Sie die Kartoffeln und entfernen Sie alle schlechten Stellen aus den großen Kartoffeln. Teilen Sie sie in Hälften und schneiden Sie Streifen oder Scheiben, so dick, wie Sie wollen. Möchten Sie »Strohkartoffeln«, schneiden Sie sie in dünne Streifen, so lang und dünn wie Streichhölzer (oder Stroh).

Bewahren Sie die Stücke in kaltem Wasser auf, damit sie nicht braun werden, trocknen Sie sie gründlich mit einem Handtuch oder sauberem Tuch ab. Dann bestreuen Sie die Kartoffelscheiben mit Salz und wickeln sie zum Aufsaugen der Feuchtigkeit ein, während das Öl erhitzt wird. Trocknen Sie sie erneut.

Braten Sie in heißem Öl bei ungefähr 190° C; legen Sie die Chips vorsichtig in den Topf. Bereiten Sie nicht zu viele auf einmal zu, daß das Öl schnell Blasen bildet; die Chips können zusammenbacken und die Temperatur des Öls verringern.

Braten Sie bis zur Gare. Bringen Sie die Chips zum Abtropfen auf Löschpapier oder ähnliches, bestreuen Sie sie mit Salz und servieren sie sofort heiß.

Tomaten

Schälen von Tomaten

Wenn Sie die Tomaten häuten müssen, ist dies der schnellste, zeitsparendste Weg:

Tauchen Sie die Tomaten etwa ½ Minute in kochendes Wasser, lassen Sie sie dann direkt in kaltes Wasser fallen, wodurch sich die Haut löst und sich leicht abziehen läßt.

Tomatensaft

Entfernen Sie Flecke und Beschädigungen aus festen, reifen Tomaten, schneiden Sie sie in Stücke und zerquetschen Sie sie. Lassen Sie sie simmern, bis sie weich sind. Nicht kochen. Drücken Sie sie sodann durch ein Sieb oder eine Fruchtpresse oder zerkleinern sie in der Küchenmaschine. Gegebenenfalls würzen Sie mit einem Teelöffel Salz und einem Teelöffel Zucker pro Liter Saft.

Abfüllen auf Flaschen: Erhitzen Sie bis zum Kochen und füllen Sie sterilisierte Einweckgläser bis auf 5 mm vom oberen Ende. Stellen Sie sie 15 Minuten in ein kochendes Wasserbad. Nehmen Sie die Gläser heraus, versiegeln Sie sie und lagern Sie sie.

Einfrieren: Legen Sie die Tomaten in sterilisierte Einweckgläser, versiegeln sie, lassen Sie sie abkühlen und frieren Sie sie ein oder lassen Sie den Saft zu Eiswürfeln gefrieren, legen Sie diese in Kunststoffbeutel und frieren sie dann ein.

Tomatensuppe

1 kg einwandfreie Tomaten (oder entsprechend eingeweckte oder pürierte Tomaten)
etwas Zucker und Salz
2 Eßlöffel Butter
1 Eßlöffel Mehl, ½ Liter Milch

Zerkleinern Sie die Tomaten und geben Sie sie in einen Topf mit schwerem Boden, zusammen mit Salz und Zucker. Kochen Sie sie langsam bei verschlossenem Deckel, bis sie weich genug zum Zerquetschen sind. Oder verwenden Sie eingemachte Tomaten.

Schmelzen Sie die Butter und geben Sie die durchgesiebten Tomaten hinein. Rühren Sie Mehl ein und kochen Sie langsam unter Rühren etwa 2 Minuten weiter. Geben Sie langsam, ebenfalls unter Rühren, Milch hinzu, bis die Suppe heiß ist. Nicht kochen. Würzen Sie nach Geschmack.

Eine andere Zubereitungsart (ohne Milch): Ersetzen Sie die Milch durch Suppenbrühe und geben Sie zwei Eßlöffel Reis hinzu. Ansonsten verfahren Sie wie oben. Lassen Sie aufkochen, dann langsam simmern, bis der Reis gar ist, etwa 20 Minuten.

Tomatensalat nach griechischer Art

2–3 frische, feste, rote Tomaten
1 Teelöffel weißer Essig
1 Eßlöffel Olivenöl
Salz nach Belieben
gehacktes Basilikum etc.

Dieser Salat wird am besten kurz vor dem Anrichten zubereitet, wobei man im Sommer eisgekühlte Tomaten verwendet. Schneiden Sie die Tomaten in dünne Scheiben und ordnen Sie diese auf einer ovalen Platte an. Begießen Sie sie mit Essig, Öl und Salz und streuen Sie dann entweder gehacktes Basilikum (das Tomatengewürz), Minze, Koriander oder Oregano drüber. Fügen Sie rohe Zwiebelscheiben hinzu, wenn Sie es mögen. Man kann diesen Salat hervorragend mit frischem Brot, Fettkäse und Oliven essen.

Die Franzosen haben ein ähnliches Gericht, aber die Tomaten werden erst abgezogen und mit Zucker bestreut, bevor die Salatsoße darüber gegossen wird (lassen Sie Salz weg).

Kalte Tomatensuppe

Die Tomaten werden zerquetscht, umgerührt und durch ein Sieb oder Mixer gegeben. Sodann gibt man Joghurt, Pfeffer, Salz, gehackte Petersilie und ein wenig gehacktes Basilikum oder Koriander dazu. Das ist alles.

Rohe, gefüllte Tomaten

Schneiden Sie die Tomaten in Hälften. Schälen Sie das Innere mit einem Teelöffel heraus. Es gibt viele köstliche Füllungen für Tomaten. Versuchen Sie es mit Mayonnaise und aufgeschnittenen, gekochten Eiern, garniert mit frisch gehackter Petersilie oder anderen Kräutern; Hüttenkäse oder Cremekäse, vermischt mit gehackten Kräutern; Thunfisch gemischt mit Mayonnaise.

Füllung Provence: Ziehen Sie die Feuchtigkeit ab, indem Sie die Tomaten mit Salz bestreuen und umdrehen, damit die Flüssigkeit ablaufen kann. Füllen Sie sie mit einem Gemisch aus Petersilie und zwei zerstoßenen Knoblauchzehen. Servieren Sie nach einer Stunde, wenn das Aroma in die Tomaten eingezogen ist.

Avocadofüllung: Ziehen Sie die Tomaten ab und schneiden sie oben auf, entfernen Sie Kerne und Fleisch. Schälen und zerquetschen Sie eine Avocado mit Zitronensaft, dem Fruchtfleisch der Tomaten (wenn erwünscht), feingehackter Petersilie und Koriander. Füllen Sie die leeren Tomaten.

Gebackene, gefüllte Tomaten

Ein einfaches Gericht, das Kinder mögen. Ziehen Sie die Tomaten nicht ab, weil sie sonst beim Kochen zusammenfallen. Schneiden Sie oben eine Scheibe ab und entfernen Sie das Fruchtfleisch für die Füllung. Diese kann gehackter Schinken, mit Zwiebeln gebraten, Hackfleisch mit gehackter Petersilie oder anderen Kräutern oder geriebener Käse sein. Oder man kann als Füllung auch Reis mit einigen Pinienkernen oder Sultaninen zubereiten. Vermischen Sie alles, füllen Sie die

Tomaten und decken Sie den Deckel wieder darauf. Nun backen Sie die Tomaten in einer mit Butter eingefetteten Glasform 20–25 Minuten bei 190° C.

Bei großen Tomaten können Sie in der Mitte ein Ei mitbacken.

Gazpacho (kalte spanische Suppe)
4–5 reife, rote Tomaten
1 geschälte Gurke
1 kleine Zwiebel
½ Pfefferschote, entkernt
1–2 Knoblauchzehen
Saft von ½ Zitrone
gemahlener Pfeffer, Salz
1 Eßlöffel Pflanzenöl

Zerkleinern Sie das Gemüse und zerdrücken, sieben oder zerstampfen Sie es. Sie können natürlich auch eine Küchenmaschine benutzen. Wenn das Gemisch glatt ist, geben Sie Öl, Saft und Gewürze hinzu – es sollte etwas pfeffrig schmecken. Wenn die Suppe zu dick ist, verdünnen Sie mit kaltem Wasser. Etwas Rote-Bete-Saft kann zugesetzt werden, um eine kräftigere Farbe zu erzielen. Servieren Sie die Suppe eisgekühlt.

Einwecken von Tomaten

Viele der im Garten geernteten Tomaten mit ihrer natürlichen Fruchtsäure können sicher eingemacht werden. Einige der neu gezüchteten Hybriden, geschätzt wegen ihrer langen Haltbarkeit, haben jedoch einen geringen Gehalt an Fruchtsäure. Wecken Sie diese nicht ein (oder kaufen Sie sie nicht im erstbesten Geschäft).

Lesen Sie feste, junge Tomaten aus, die gerade tischreif sind. Sie müssen nicht blanchiert werden. Wenn Sie mögen, können Sie sie abziehen, ansonsten stechen Sie die Haut an, damit sie nicht platzen.

Ganze Tomaten: Füllen Sie die Tomaten fest in sterilisierte Gläser. Füllen Sie mit Sole bis zum Rand auf; für die Sole geben Sie 0,5 Liter kochendem Wasser einen Teelöffel Salz zu. Verschrauben Sie die Deckel der Einweckgläser, dann setzen Sie die Gläser in sehr heißes Wasser und kochen Sie 50 Minuten (600-ml- oder 1-Liter-Gläser), oder 75 Minuten (2-Liter-Gläser). Nehmen Sie sie raus und versiegeln sie sofort.

Halbe Tomaten: Auf diese Weise können mehr Tomaten in die Gläser eingefüllt werden. Sie können auch die guten Teile von Tomaten schlechter Qualität verwenden, indem Sie Flecken und Druckstellen abschneiden. Ziehen Sie die Haut ab, schneiden Sie sie in Hälften und packen Sie sie eng zusammen in Schichten.

Streuen Sie über jede Schicht etwas Salz (nach ⅓, ⅔ und obenauf). Drücken Sie die Tomaten herunter, so daß sie vom Saft bedeckt sind und prüfen Sie, daß keine Luftblasen vorhanden sind. Sterilisieren Sie 20 Minuten bei 90° C und versiegeln Sie sodann. Verwenden Sie diese Tomatenhälften für Tomatensuppen. Lagern Sie alle Einweckgläser an einem kühlen, trockenen Ort.

Tomatensoße

Sehr reife (oder sogar überreife) Tomaten werden für eine Tomatensoße benötigt.

1 kg reife Tomaten
60 g Butter
1 Prise Salz und Zucker
ein wenig Zitronensaft
1 Glas Weißwein, Brühe oder Wasser

Ziehen Sie die Tomaten ab und zerkleinern sie grob. Schmelzen Sie die Butter, geben Sie die Tomaten hinein und kochen sie 2–3 Minuten bei starker Hitze.

Geben Sie dann nach und nach die Flüssigkeit, Zucker und Salz hinzu, verringern Sie die Hitze und lassen die Soße langsam simmern, bis die Tomaten fast zu einem Brei eingekocht sind. Kühlen Sie ab und rühren den Zitronensaft unter. Die Soße muß nicht passiert werden.

Alternative Methode:

Simmern Sie gehackte, reife Tomaten in 2–3 Eßlöffeln Brühe mit gehacktem Salbei oder Thymian und ein wenig Salz 20–30 Minuten. Rühren Sie etwas Mehl hinein und kochen Sie, bis das Gemisch dick zu werden beginnt. Passieren Sie es durch ein Sieb, wenn dies nötig ist.

Nur mit Tomaten:

Hacken Sie die Tomaten und würzen sie mit Salz, Pfeffer, einer Prise Zucker und einer Prise Paprika. Simmern sie sehr lang, etwa eine Stunde, im geschlossenen Topf.

Letscho (würzige ungarische Soße)

Hacken Sie Tomaten, Zwiebeln und grüne Paprikaschoten. Braten Sie das Gemisch langsam in etwas Öl mit Salz, Pfeffer und Paprika (oder

Cayenne-Pfeffer), bis die Paprikaschoten weich sind. Servieren Sie die Soße mit verschiedenen Gerichten, vom Rührei bis zum Steak oder auf Toast.

Tomaten-Chutney

3 kg reife Tomaten
1 kg Zwiebeln
1 kg Zucker
2 Eßlöffel Currypulver
3 Eßlöffel Senf
½ Teelöffel Gewürz
weißer Essig

Schneiden Sie die Tomaten und Zwiebeln und lassen sie mit Salz bestreut über Nacht stehen. Gießen Sie den Saft ab und geben Sie Essig zu, der die Tomaten und Zwiebeln gerade bedeckt. Kochen Sie nach Zugabe des Zuckers zehn Minuten.

Vermischen Sie Senf, Curry und Gewürz mit etwas Essig zu einer Paste, geben Sie diese zu den Tomaten und kochen Sie eine Stunde. Füllen Sie sie in Gläser und versiegeln sie.

Kürbispastete (englischer Stil)

½ kg geschälter Kürbis
30 g Butter
½ Tasse Zucker
Saft und geriebene Schale einer Zitrone
½ Tasse Korinthen oder Sultaninen
etwa 400 g Blätterteig

Schneiden Sie den Kürbis in Stücke und kochen ihn in leicht gesalzenem Wasser gar. Gießen Sie ab und zerdrücken Sie ihn. Sodann geben Sie Sultaninen oder Korinthen, Zitronensaft und Schale, Zucker und Zimt hinzu. Vermischen Sie alles gut. Belegen Sie eine gefettete 20-cm-Pastetenschale mit Blätterteig. Füllen Sie das Kürbisgemisch darüber und bedecken Sie es mit einer dünn ausgerollten Blätterteigschicht. Drücken Sie die Kanten zusammen und bepinseln Sie die Oberfläche mit geschlagenem Ei oder mit Milch und backen Sie 30–40 Minuten bei mittlerer Hitze. Man kann das Gericht heiß oder kalt servieren.

Kürbispastete (amerikanischer Stil)
1 ungebackener 20-cm-Pastetenteigboden
500 g geschälter Kürbis
2 geschlagene Eier
½ Tasse Honig oder ⅓ Tasse goldenen Sirup
Salz nach Belieben
1½ Tassen Dosenmilch und ½ Tasse Frischmilch.

Schneiden und kochen Sie den Kürbis, bis er gar ist. Gießen Sie ab und zerstampfen Sie ihn. Mischen Sie alle weiteren Zutaten hinein oder geben Sie alles in einen Mixer. Streichen Sie das Gemisch auf den Pastetenboden. Backen Sie 14 Minuten bei 220° C und sodann weitere 40 Minuten bei 180° C. Servieren Sie die Pastete heiß oder kalt mit Sahne.

Phantasievoller Kürbisbrei
1 kg geschälter, kleingeschnittener Kürbis
1–2 Eßlöffel Reis
¼ Tasse saure Sahne
1 Teelöffel Zucker
1 Eßlöffel Butter
Sultaninen (wahlweise)

Geben Sie den Kürbis und Reis in einen Topf mit ein wenig Wasser und Salz. Kochen Sie auf kleiner Flamme, bis beides übergar ist (etwa 40 Minuten), rühren Sie gelegentlich um. Zerstampfen Sie gut, fügen Sie die übrigen Zutaten zu und kochen Sie dann langsam weitere 6–8 Minuten.

Ratatouille

Ratatouille ist ein Gemüseeintopf, gewöhnlich ein Gemisch aus Auberginen, Zucchini und Tomaten, die in Öl und ihrem eigenen Saft gesimmert werden. Das Gemüse braucht nicht geschält zu werden. Schneiden Sie es einfach in Stücke oder Scheiben.
2 in Würfel geschnittene Zwiebeln
2 in Scheiben geschnittene Auberginen
4–5 gewürfelte Zucchini
4–5 gehackte Tomaten
1 Eßlöffel gehackte Petersilie
1–2 Knoblauchzehen

1 Paprikaschote, gewürfelt
Öl
Pfeffer und Salz

Erhitzen Sie das Öl und braten Sie die Zwiebel langsam weich. Geben Sie die Paprikaschote zu und braten Sie weitere 2–3 Minuten. Sodann gibt man die Auberginen zu und brät nochmals 2–3 Minuten. Rühren Sie den Knoblauch und weiteres Gemüse ein. Simmern Sie langsam im verschlossenen Topf etwa 30 Minuten oder bis alle Zutaten gar sind.

Fügen Sie Kräuter und Gewürze hinzu und rühren und kochen Sie im offenen Topf weitere zehn Minuten, bis die gewünschte Konsistenz (nicht trocken, nicht wäßrig) erreicht ist. Servieren Sie heiß oder eisgekühlt.

Eierkuchen mit Blumenkohl

Kochen Sie einen mittelgroßen Blumenkohl weich. Zerstampfen Sie ihn und lassen Sie abkühlen, geben Sie dann 3 Eßlöffel Mehl, 3 Eigelb, Salz (es kann Knoblauch- oder Kräutersalz sein) und wahlweise Pfeffer hinzu. Schlagen Sie 3 Eiweiß und geben Sie sie dem Gemisch bei. Dann formen Sie handgroße Eierkuchen und braten Sie auf beiden Seiten in etwas Öl. Das Gericht ist für 4 Personen.

Spinatpastete (griechische Spanakopital)
Nehmen Sie kleine Pasteten
2 geputzte Spinatbündel oder Mangold (1 kg)
100 g geschmolzene Butter
100 g Fettkäse und 1 Tasse Hüttenkäse oder
2 Tassen Hüttenkäse
3 Eßlöffel geriebenen Parmesankäse
1 Tasse gehackte Frühlingszwiebeln
2 Eßlöffel gehackte Petersilie
1 Teelöffel gehackten Dill
4 geschlagene Eier
Pfeffer und Salz
¼ Teelöffel Muskatnuß

Waschen Sie den Spinat (oder den Mangold unter Entfernen der weißen Stiele) und schneiden Sie Streifen. Dämpfen oder kochen Sie 8–10 Minuten. Gießen Sie die gesamte Flüssigkeit ab und zerhacken Sie grob. Lassen Sie das Gemüse in einer Schüssel abkühlen. Braten Sie die Frühlingszwiebeln sachte und geben Sie Zwiebeln, Käse, Kräuter, Gewürze und die Eier zu dem Spinat und vermischen Sie gut.

Fetten Sie eine Backform (eine, die etwas kleiner als die Pasteten ist, erleichtert die Arbeit). Legen Sie 5 Tafeln des Teigs in die Form, jedesmal eine, überpinseln jede mit geschmolzener Butter und breiten gleichmäßig das Spinatgemisch darauf. Feuchten Sie die Pastetenecken mit etwas Wasser an.

Legen Sie dann weitere 5 Tafeln auf den Spinat und überpinseln Sie sie mit Butter. Schneiden Sie überschüssigen Teig ab und stecken Sie die Ecken in die Seiten der Pastete oder schlagen Sie sie um.

Überpinseln Sie die Oberfläche mit Butter und backen in einem mäßig warmen Ofen 45 Minuten. Die Pastete ist dann knusprig und sattbraun. Das obere Paar der Pastetenschichten kann vor dem Backen angeschnitten werden, um das Schneiden zu erleichtern. Servieren Sie in viereckigen Scheiben.

Omelettes

Ein kleines Omelett unter Verwendung von zwei oder drei Eiern ergibt mürbes, köstliches Frühstück für eine Person. Man kann es auch mit Pilzen, Kartoffelscheiben oder Bohnen, Kräutern, Speck oder Schinken, Käse und Zwiebeln füllen, wenn es für zwei Personen reichen soll. Man serviert dazu selbstgebackenes Brot und Salat.

Verwenden Sie eine flache, gut gefettete Gußeisenpfanne oder eine Omelettpfanne, die nur für diesen Zweck dient und nicht ausgewaschen, sondern nur mit einem Tuch oder Papier nach der Benutzung ausgewischt wird. Ein langes Garen läßt die Omeletts lederartig werden.

Herzhaftes Omelett

4–6 Eier
1 Tasse gekochte Kartoffelscheiben
1 Tasse Hüttenkäse oder krümeliger Käse
½ Tasse Oliven
2 ßlöffel gehackte Kräuter
Pfeffer, Salz
Öl oder Butter zum Braten

Schlagen Sie die Eier schaumig und geben Sie Gewürz zu. Erhitzen Sie Öl oder Butter in einer großen Pfanne über mittlerer Hitze, braten Sie die Kartoffeln etwas an und gießen Sie die Eier darüber. Verringern

Sie nach 1–2 Minuten die Hitze, streuen Sie den Käse und die Kräuter darüber und geben zum Schluß die Oliven zu. Wenn sich der Boden des Omeletts verfestigt, grillen Sie die Oberfläche, bis sie flockig und braun ist. Sofort servieren!

ISS DIE MILCH

Hierunter verstehen wir den einfachen, natürlichen Joghurt, den wir regelmäßig zu Hause zubereiten. Dies dauert nur etwa 5 Minuten. Er schmeckt viel besser und frischer als im Laden gekaufter Joghurt und kostet natürlich viel weniger.

Joghurt unterstützt die Verdauung, da das in der Milch enthaltene Protein und Fett durch die Bakterienkultur in einfachere Verbindungen zersetzt wird. Er enthält keinen Milchzucker, den manche Menschen schlecht verdauen. Somit ist Joghurt für Kinder und ältere Menschen gut geeignet.

Joghurt ist eine gute Protein- und Kalziumquelle. Wenn Sie Antibiotika genommen haben, hilft Joghurt den Körper gegen krankheitserregende Keime widerstandsfähig zu machen, wenn Sie das Medikament absetzen. Joghurt wird im Körper innerhalb einer Stunde verdaut, während Kuhmilch 3 Stunden benötigt.

Hausgemachter Joghurt
4 Tassen frische Milch (1 Liter)
2–3 Eßlöffel Milchpulver (wahlweise, aber empfehlenswert)
2 Eßlöffel Joghurt – entweder einfacher gekaufter Joghurt oder von Ihrem letzten Ansatz.

Stellen Sie etwas Milch beiseite, sagen wir ¼ Tasse. Rühren Sie in den Rest Milchpulver ein und kochen Sie auf, d. h. kochen Sie die Milch nahezu bis zum Siedepunkt.

Lassen Sie abkühlen, bis die Milch lauwarm ist, d. h. wenn sie sich auf dem Handgelenk nicht zu heiß oder kalt anfühlt (etwa in der gleichen Weise, wie Sie eine Babyflasche prüfen). Oder benutzen Sie ein sterilisiertes Thermometer. Die Temperatur sollte 41–43° C sein.

Mischen Sie die Joghurt-Grundlage in die restliche Milch und rühren Sie sie langsam in die warme Milch ein. Gießen Sie die Milch in einen Behälter, wie ein Glas, eine Steingutschüssel mit Deckel oder einen weithalsigen Kolben. Wickeln Sie das Gefäß in ein dickes Tuch oder eine Decke ein und bedecken Sie es damit.

Nach 6–8 Stunden hat sich der Inhalt vollständig in Joghurt umgesetzt (4–6 Stunden, wenn Sie Ihre eigene Grundlage benutzen). Wenn er fertig ist, sollte er die Konsistenz einer festen Eiercreme haben und nicht wäßrig sein.

Kühlen Sie ihn einige Stunden im Kühlschrank ab. Am besten ist der Joghurt nach 12 Stunden bis 2 Tagen. Er hält sich im Kühlschrank eine Woche bis 10 Tage. Nehmen Sie zwei Eßlöffel Joghurt für Ihren nächsten Ansatz ab (füllen Sie ihn in ein versiegeltes Gefäß). Diese Grundlage hält sich im Kühlschrank etwa 3 Wochen. Ein Liter Milch ergibt ein Liter Joghurt.

1. Geben Sie zu einem Liter Milch Milchpulver hinzu und lassen Sie aufkochen – erhitzen Sie fast bis zum Siedepunkt. Lassen Sie abkühlen, bis die Milch lauwarm ist.

2. Geben Sie zwei Eßlöffel Joghurt, gekauft oder von Ihrem letzten Ansatz, zu.

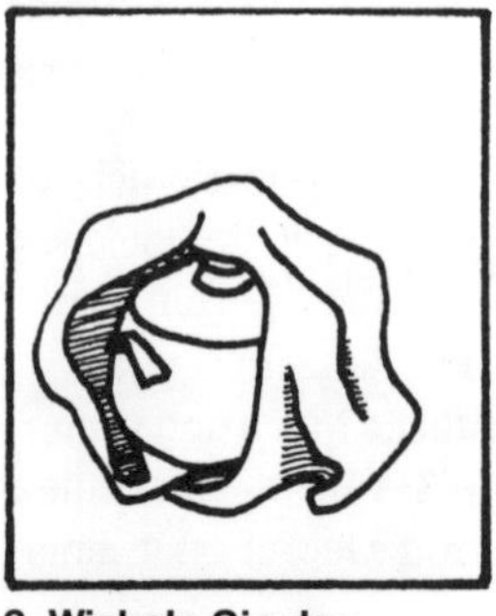

3. Wickeln Sie das Gefäß gut in ein dickes Tuch oder eine Decke ein und halten Sie den Ansatz 4–8 Stunden warm.

4. Wenn der Joghurt fertig ist, stellen Sie ihn in den Kühlschrank. Er hält sich 1–2 Wochen. Nehmen Sie ½ Tasse als Grundlage für Ihren nächsten Ansatz ab.

Von dem National Health and Medical Research Council im Jahre bekanntgegebene Zahlen zeigen, daß eine Tasse (250 ml) einfacher Vollmilch-Joghurt einer erwachsenen Frau 10% ihres täglichen Energiebedarfs, 20% Protein, 49–98% Kalzium, 54% Vitamin B2, 15% Vitamin A, 17% Vitamin B1 und 23% Niacin zuführt.

Joghurt regt den Körper ebenfalls zur Produktion der Vitamine B und K an.

Sie können Joghurt aus roher Kuh-, Ziegen- oder Schafsmilch, frischer pasteurisierter Milch, Milchpulver, entrahmter Milch, kondensierter Milch, Dosenmilch verdünnt mit Wasser oder Sojamilch aus Sojabohnen zubereiten.

Das bei unserem Rezept zugesetzte Milchpulver erhöht den Nährwert und macht den Joghurt fester und cremiger. Es besteht keine Notwendigkeit, Trockenmilch zu erhitzen; da die darin vorhandenen Bakterien bereits verarbeitet sind, geben Sie lediglich lauwarmes Wasser hinzu (vergleichen Sie »Joghurt aus Milchpulver«). Wer auf sein Gewicht achten muß, kann Joghurt aus entrahmter Milch herstellen. Schnell zubereiteter Joghurt aus Milchpulver.

1. Für einen Liter Joghurt geben Sie 6–8 Eßlöffel Milchpulver auf 2 Tassen Leitungswasser direkt in einen Topf mit Deckel. Entrahmtes Milchpulver ist besser.

2. Geben Sie einen Eßlöffel einfachen Joghurt zu und vermischen Sie beides.

3. Gießen Sie langsam kochendes Wasser (etwa zwei Tassen) zu und prüfen Sie mit dem Finger die Temperatur. Es muß lauwarm sein.

4. Legen Sie eine Wärmflasche auf den Boden einer isolierten Kühlbox. Stellen Sie den verschlossenen Joghurtbehälter auf die heiße Wärmflasche. Umgeben Sie den Topf mit zerknülltem Zeitungspapier, Tüchern oder Handtüchern und decken Sie ihn ab. Lassen Sie ihn über Nacht stehen. Bewahren Sie den Joghurt im Kühlschrank auf.

Man kann die Joghurtkultur auch in Reformhäusern kaufen oder sich eine bei einem Freund besorgen. Erneuern Sie Ihre eigene Grundlage mit gekauftem Joghurt oder Kultur alle paar Wochen (sagen wir alle 6 Wochen), da die sauren Beimischungen der Bakterien nach einer Weile überwiegen.

Wenn die Bakteriengrundlage zugesetzt wird, koaguliert die Milch und gerinnt. Die sich von Lactose oder Milchzucker ernährenden Bakterien liefern Milchsäure, die auf das Kasein (ein in der Milch vorliegenden Protein) wirken. Wird der Joghurt warmgehalten, vermehren sich die Bakterien und überführen die Milch in Joghurt.

Es gibt viele Möglichkeiten, das Gemisch bei der richtigen Temperatur (etwa 45° C) über eine genaue Zeitspanne (6–8 Stunden) zu halten, um Joghurt zu erhalten:

Legen Sie eine Wärmflasche unter den Joghurttopf und wickeln Sie ihn von allen Seiten mit dickem Tuch, wie einer Wolldecke, ein.

Wickeln Sie den Joghurt ein und stellen ihn an einen warmen Platz, wie vor ein Feuer, einen Erhitzer oder Heizkörper oder über Nacht auf das Heißwassergerät.

Schalten Sie den Ofen auf die kleinste Stufe und drehen Sie ihn dann aus, bevor Sie den eingewickelten Joghurt hineinstellen, oder stellen Sie ihn in die Nähe des Gasherdes.

Stellen Sie den Joghurttopf auf ein Tuch in einer elektrischen Bratpfanne, erwärmen Sie kurz, schalten dann ab, decken einen Deckel und ein Stück einer Decke auf den Behälter oder ein paar Handtücher, um die Wärme zu halten.

Sie können den Joghurt zum Wärmen auch in alte Wollpullover oder in einen Kaffeewärmer stellen, oder stricken Sie eine speziell isolierte Abdeckung, benutzen Sie eine Heu- oder Kochkiste (vgl. »Kochen mit geringer Energie«), um ihn warmzuhalten. Ein zu langes Warmhalten macht den Joghurt säuerlich und dick. Stellen Sie ihn in den Kühlschrank, oder er wird zu sauer.

Joghurt aus dem Supermarkt enthält Zusatzstoffe, künstliches Aroma, Farbstoffe, Süßstoffe und gelegentlich Gelatine zum Andicken. Geben Sie Ihrem Joghurt Aroma, indem Sie einen Teelöffel Honig, Ihre bevorzugte Marmelade oder Vanille-Essenz hineingeben. Sie können auch Fruchtsaft, Fruchtstücke oder Rohzucker mit dem Joghurt vermischen.

Bananenmus (nehmen Sie einen Mixer)
2 Tassen Milch
2 reife Bananen
1 Tasse Joghurt
eine Prise Muskatnuß
1 Eßlöffel Honig (wenn es süß sein soll)
vermischen Sie alle Zutaten.

Wie man Joghurt andickt

Geben Sie jeweils zu einem Liter: ein Eiweiß oder einen Teelöffel Maismehl oder etwas zusätzliches Milchpulver. Dies verhindert ebenfalls ein Gerinnen des Joghurt, wenn er zum Kochen verwendet wird.

Herstellung von Weichkäse

Weicher, cremiger, weißer, hüttenartiger Käse läßt sich überraschend einfach herstellen. Man verwendet gewöhnliche pasteurisierte Milch, wie man sie in Pappbehältern oder Flaschen erhält.

Herstellung weichen Weißkäses nach Hüttenart

Wie bei der Joghurtzubereitung wird ein Aktivator der Milch zusetzt, um sie in ziemlich feste Klümpchen und wäßrige Molke aufzutauen. Die Klümpchen werden zur Käsegrundlage. Sie können rohe Kuh- oder Ziegenmilch, entrahmte Milch oder ein Gemisch aus Milch und Sahne verwenden - ein Liter Milch ergibt etwa 250 g Weichkäse.

Man benötigt einen Emaille-, Glas- oder rostfreien Stahltopf, Durchschlag, Sieb, Holzlöffel, Steingutschüssel und ein Stück Musselin oder ein Käsetuch.

Man erhitzt zunächst die Milch, genau wie bei der Joghurtherstellung. Der Aktivator wird zugesetzt und in die Milch eingequirlt. Sodann gibt man ½–1 Teelöffel Salz pro Liter Milch zu und rührt es ein. Man läßt das Gemisch an einem warmen Ort (nicht jedoch an einem zu heißen), damit sich die geronnenen Klümpchen von der Molke trennen, was etwa 15-30 Minuten braucht.

Aktivatoren

Dies ist eine grobe Anleitung bezüglich der Aktivatormengen verschiedener Zusammensetzungen, die notwendig sind, um einen Liter Milch ansäuern und gerinnen zu lassen.
Zitronensaft - 2 Teelöffel
Zitronensäure - 2 Teelöffel
Essig - 2 Eßlöffel
Käsehilfe - 2 Tabletten, in Wasser zerstoßen

Joghurt - 8 Eßlöffel
Milchkultur - ½ Tasse
frische Buttermilch - 1 Tasse
flüssiges Lab - ½ Teelöffel (man verdünnt in einem Verhältnis von 1 zu 10 in Wasser).

Lab wird vorzugsweise aus dem Kalbsmagen gewonnen, es gibt jedoch in Reformhäusern auch ein pflanzliches Lab, das aus Bakterien und Pilzen gezüchtet worden ist. Lab enthält das Enzym Rennin, das Milch zum Gerinnen bringt. Käsehilfe enthält Lab in verdünnter Form.

Breiten Sie in einem Durchschlag oder Sieb ein doppeltes Seihtuch aus und gießen Sie die grünlich gefärbte, flüssige Molke ab, wobei die Klümpchen im Sieb bleiben. Ziehen Sie die Ecken des Tuchs zu einem Säckchen zusammen und drücken Sie vorsichtig noch vorhandene Molke aus. Dann hängen Sie es über eine Schüssel und lassen etwa 12 Stunden (über Nacht) abtropfen.

Nun haben Sie Ihren Käse! Man kann ihn essen und er schmeckt am besten frisch. Er hält sich im Kühlschrank eine Woche, insbesondere, wenn Sie ihn mit mehr Salz gewürzt haben, das auch das Aroma verbessert, überschüssige Feuchtigkeit entfernt und die Haltbarkeit des Käses verlängert. Ungesalzener Käse bleibt nicht lange frisch.

Versuchen Sie Weichkäse auch einmal mit Paprika oder Pfeffer oder mischen Sie gehackte Kräuter wie Salbei, Thymian, Oregano oder Schnittlauch unter, wenn Sie Ihr frisch gebackenes Brot bestreichen. Man süßt den Käse, indem man Zimt darüber streut, oder Sie können auch Honig oder ein Gemisch pürierter Früchte einmischen.

Um einen weicheren Käse zuzubereiten, rühren oder mixen Sie ein Teil Sahne oder Joghurt in vier Teile des weichen Hüttenkäses. Er wird streichfähiger.

Um diesen Käse haltbarer zu machen, geben Sie mehr Salz hinein, und zwar zwei Teelöffel Salz zu einem kg Käse, dann schneiden Sie den Käse in Würfel (nehmen Sie ein Messer mit einer langen Schneide), erst kreuzweise, dann längsseitig, und erhitzen Sie langsam, rühren Sie eine Stunde bei 41–43° C. Er schrumpft.

Dann wird der Käse zwischen Brettern oder Tellern, die mit einem Gegenstand mit einem Gewicht von 1–2 kg belastet sind, zusammengedrückt. Nehmen Sie nach einigen Stunden das Gewicht weg und lagern den Käse in einem kühlen Schrank, wischen Sie die Oberfläche jeden Tag ab und wenden ihn oder hängen Sie ihn in einem Schrank an einem kühlen Ort für einen Monat auf.

Der Käse wird härter und trockener, je länger man ihn aufbewahrt. Man kann ihn auch in einer Sole lagern, wie den griechischen Fetta-Käse.

Nährwert: Weichkäse enthält etwa 82 Teile verwertbares Protein pro Gramm und etwa 6 Eßlöffel liefern 1/3 Ihres täglichen Proteinbedarfes.

Die von dem Weichkäse übriggebliebene Molke enthält Mineralstoffe aus der Milch. Sie können sie trinken, zu Brotteig, Suppen oder Eintöpfen zugeben oder Kohl und anderes Gemüse damit kochen. Molke eignet sich auch zur Zubereitung von Ricotta-Käse (siehe Rezept).

Joghurt-Quark

Dies ist eine einfache Weise, aus Joghurt Quark zu bereiten. Nehmen Sie einen Tag alten Joghurt und geben Sie einen Teelöffel Salz pro 500 g hinein. Gießen Sie ihn in ein Stück doppelten Musselin oder in ein Seihtuch. Raffen Sie die Ecken zusammen und drücken Sie das Säckchen aus. Hängen Sie es an einem kühlen Ort über Nacht auf, damit die Molke abtropft.

Dieser schmackhafte, cremige Quark behält den scharfen Joghurtgeschmack. Vermischen Sie mit mehr Salz und Kräutern (Petersilie oder Schnittlauch), um ihn aufs Brot zu streichen oder zu gekochten Kartoffeln zu essen.

Schneller Hüttenkäse

Die Zubereitung dieses Hüttenkäses erfordert nur Minuten und ist völlig narrensicher.

Erhitzen Sie einen Liter Milch (aber kochen Sie sie nicht). Rühren Sie zwei Teelöffel Zitronensaft (oder Zitronensäure) hinein und beobachten Sie, wie sich die Milch vor Ihren Augen trennt. Gießen Sie die Milch durch ein Sieb oder Seihtuch, das doppelte Dicke haben muß. Geben Sie 1/2 Teelöffel Salz zu und schlagen es in den Käse.

Ricotta

Ricotta (was auf Italienisch »wieder gekocht« bedeutet) ist ein cremiger, leichter Käse, der aus der bei der Käseherstellung verbliebenen Molke bereitet wird. Der Molke wird mehr Milch zugesetzt und man verwendet Zitronensaft oder Essig, um die Milch gerinnen zu lassen.

Simmern Sie die Molke langsam 30–40 Minuten und geben Sie dann 1–2 Tassen Milch und 2 Eßlöffel Zitronensaft oder Essig pro 1–2 Liter Molke zu. Rühren Sie langsam und vorsichtig und hören Sie auf, wenn sich Klümpchen bilden und nach oben steigen. Nehmen Sie den Ricotta mit einem Löffel heraus und legen Sie ihn in ein Seihtuch.

Ricotta ißt man frisch mit Salz und gehackten Kräutern, Schnittlauch oder Frühlingszwiebeln, da er sich nur einen Tag lang hält.

Liptauer Käse

2 Tassen Hüttenkäse
1–2 Teelöffel Paprika
1 Eßlöffel feingehackte Zwiebeln
2 Eßlöffel weiche Butter
½ Teelöffel Salz
1 Eßlöffel gehackte Kapern oder zerdrückte Anchovisfilets (wahlweise)

Vermischen Sie alle Zutaten miteinander. Essen Sie diesen Käse gekühlt.

Sojabohnenkäse

Sojabohnenkäse ist als Sojabohnenquark oder Tofu bekannt. Man kann ihn zu Hause unter Verwendung von Sojabohnenmilch oder Sojabohnenmehl zubereiten.

1 Tasse Sojamehl
1 Tasse kaltes Wasser
2 Tassen kochendes Wasser
Saft von 2 Zitronen

Schlagen Sie das Sojamehl in kaltem Wasser, bis es glatt ist und eine gleichmäßige Konsistenz zeigt. Geben Sie kochendes Wasser zu und simmern sie 7–8 Minuten. Unter Rühren wird der Zitronensaft zugegeben. Dann läßt man abkühlen. Wenn sich Klümpchen bilden, gießt man ab und sammelt sie. Die überschüssige Molke kann gut zur Brotherstellung verwendet werden - mischen Sie sie in den Teig.

Billiges Fleisch

Wenn Sie Fleisch kaufen, versuchen Sie einen guten und freundlichen Fleischer ausfindig zu machen. Die Fleischer sind sachkundig und beraten Sie gerne über Sonderangebote und billiges, gutes Fleisch. Gehen Sie aber erst einmal selbst auf einen Erkundungsgang - kleine

Hammelhälfte
1 Keule
2 Lende
3 Schulter
4 Brust
5 Nacken und Lende
6 Haxe
7 Hals und Nackenende

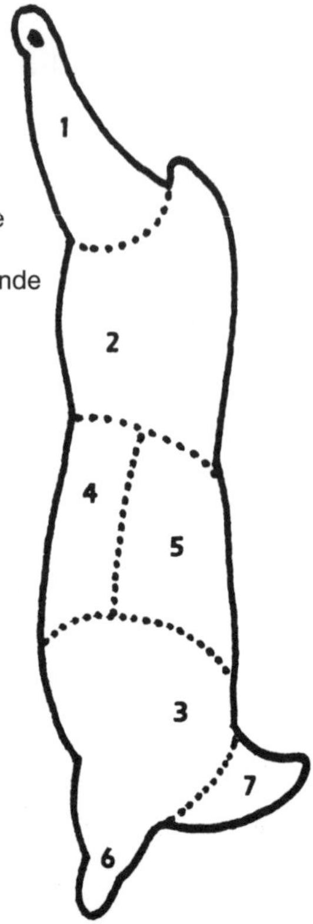

Schweinehälfte
1 Keule
2 Lende
3 Bauch
4 Fuß
5 Rippenspeer
6 Kopf

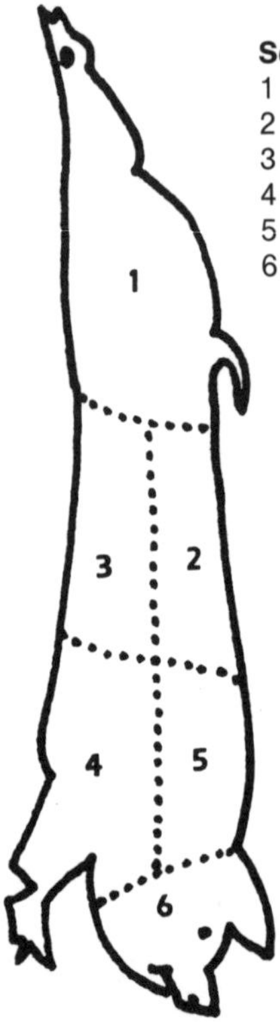

Anleitungen im Fleischerladen geben Ratschläge, wie die Tiere zerlegt werden und bezeichnen die verschiedenen Stücke.

Das billigste Fleisch hängt von der Wohngegend und der Saison ab, z. B. Hammelhals, Schweinebauch und Spitzbeine.

Diese Fleischstücke brauchen etwas mehr Zeit und Sorgfalt, um das Beste aus ihnen zu machen. Beim Hammelhals müssen Sie beispielsweise die Fettschicht oder Haut entfernen. Wenn sich der Koch gern dieser kleinen Mühe unterzieht und weiß, wie es gemacht wird, entbehrt dieses Fleisch nichts von der Qualität einer haute cuisine.

Schafe bieten ein gutes Fleisch mit wenig Fett und ausgezeichnete Knochen zur Suppenbrühe und, was das Beste daran ist, es ist billig.

Wie man Fleischgerichte strecken kann

Durch den Gebrauch einer Vielfalt von Zutaten wie Linsen, getrocknete Bohnen und Erbsen, Gerste, Hafermehl und Bruchweizen kann man viele preiswerte und schmackhafte Gerichte zubereiten, die eine kleine Fleischmenge »strecken«.

Geschmortes Lammfleisch (oder gekochtes) Lammfleisch
Lammfleisch nach Bedarf
Karotten
kleine Zwiebeln
Sellerie, Tomaten usw.
1 Eßlöffel Tomatenmark
Zutaten für eine Marinade

Legen Sie das Fleisch wenigstens 24 Stunden ein. Nehmen Sie es aus der Marinade und bräunen Sie es in einem feuerfesten Topf. Gießen Sie die Marinade hinein und fügen Sie Tomatenmark und Gemüse hinzu.

Kochen und simmern Sie auf dem Herd oder schmoren Sie im Ofen, bis sich der Knochen vom Fleisch löst, etwa 2 Stunden.

Werfen Sie etwa eine Stunde vor dem Anrichten Reis in den Topf, der in der Soße garkocht.

Mariande 1
Spicken Sie das Fleisch mit Knoblauch

Bereiten Sie eine Marinade aus Kräutern Ihres Geschmacks, Bier, um das Fleisch zu bedecken, Tamarinde, Sojasoße, Pfeffer etc. 1 Eßlöffel Mostrich und 1 Glas Wein (wahlweise, aber gut).

Marinade 2

Genau die gleiche wie Marinade 1 mit der Ausnahme, daß anstelle von Bier Joghurt verwendet wird.

Rot gekochtes Schwein
1½–2 kg Schweinebauch
1½ Teelöffel Zucker
4½ Eßlöffel Sojasoße
5 Eßlöffel trockener Sherry
1 Weinglas Wasser oder Bier
Knoblauch oder Kräuter nach Belieben

In China findet man dieses Gericht sehr häufig und es ist eine passende Beigabe für viele Mahlzeiten.

Vermischen Sie Zucker, Wasser, Sojasoße, Knoblauch und Kräuter.

Geben Sie die Schweinestücke in einen feuerfesten Topf und bedecken Sie sie mit kochendem Wasser. Kochen Sie etwa 15 Minuten und gießen Sie dann das Wasser ab. Hierdurch wird viel Fett entfernt. Gießen Sie die Soße hinein und verrühren Sie sie.

Kochen Sie eine Stunde im Ofen bei 150° C. Gießen Sie Sherry zu, decken den Topf wieder zu und lassen ihn zwei weitere Stunden im Ofen, wobei Sie zweimal umrühren müssen.

Dieses Gericht kann gut aufgewärmt werden. Es ist ausreichend für 4–6 Personen. Frühlingszwiebeln, in Soja geschmorte Eier und Reis sind passende Beilagen.

Gebackenes Lammfleisch

Lammfleisch nach Bedarf
kleine Zwiebeln
Sellerie
Karotten oder Gemüse der Saison
Marinade 1 oder 2

Marinieren Sie das Fleisch etwa 24 Stunden. Legen Sie es dann in eine offene Backform und löffeln Sie etwas Marinade darüber. Stellen Sie die Form in einen Ofen bei einer Temperatur von 175° C.

Bepinseln Sie regelmäßig mit der Marinade, sagen wir alle halbe Stunde oder so. Dies geschieht etwa 2½ Stunden lang, bis der größte Teil der Marinade aufgebraucht ist.

Nehmen Sie das Fleisch heraus und stellen Sie es warm. Geben Sie den Rest der Marinade zu dem Fleischsatz im Topf und kochen Sie auf, bis das Gemisch dicklich ist und/oder quirlen Sie Mehl oder Eigelb hinein und rühren Sie, bis die Flüssigkeit angedickt ist. Gießen Sie die Soße über das Fleisch und richten Sie an.

Bereiten Sie Hammelfleisch in der gleichen Weise zu. Entfernen Sie die äußere Fettschicht, so gut Sie können, bevor Sie mit dem Kochen beginnen. Hammelfleisch gibt es in Stücken oder auch in Hälften, was natürlich billiger ist, als wenn man einzeln kauft.

Große Wurstrolle

500 g Wurstmasse
1 geriebene Zwiebel
Pfeffer und Salz nach Belieben
½ Tasse geriebene Karotten

1 Brühwürfel
3 Dessertlöffel Mehl
eine Prise getrockneter Thymian
Wasser
Teig
geschlagenes Ei

Geben Sie die Wurstmasse, gesalzen und gepfeffert, und die geriebene Zwiebel in eine Pfanne. Kochen Sie langsam, bis das Fett austritt. Gießen Sie das Fett ab und geben Sie die geriebene Karotte zu. Vermischen Sie alles mit drei gehäuften Dessertlöffeln Mehl, dem Brühwürfel, der in drei Eßlöffeln Wasser gelöst ist, und der Prise trockenem Thymian. Geben Sie alles zu der Wurstmasse und kochen Sie auf kleiner Flamme zwei Minuten. Lassen Sie die Mischung abkühlen.

Verteilen Sie das Gemisch auf einen Teigboden, rollen Sie ihn wie eine Wurst auf und glasieren Sie mit geschlagenem Ei. Backen Sie die Rolle 10 Minuten im heißen Ofen, verringern sodann auf mittlere Hitze und backen Sie weitere 10–15 Minuten.

Winter-Brisoletten

250 g Erbsen
30 g Speck
1 kleine, gehackte Zwiebel
10 g Margarine
gewürztes Mehl
4 Eßlöffel frische Brotkrumen
2 Eßlöffel gehackte Petersilie
1 Ei
Pfeffer und Salz
getrocknete Brotkrumen

Spülen Sie die Erbsen und bedecken Sie sie mit kaltem Wasser, lassen Sie sie zunächst aufkochen und simmern Sie sie dann etwa 1 Stunde, bis sie gar sind. Gießen Sie sie ab und drücken Sie sie durch ein Sieb. Braten Sie die zerhackte Zwiebel und den Speck leicht an. Vermengen Sie das Erbspüree, Speck, Zwiebel, frische Brotkrumen und Petersilie. Sobald es kalt genug ist, formen Sie kleine Pasteten, wälzen Sie sie in Mehl, tauchen Sie sie in das Ei und sodann in die Brotkrumen. Braten Sie die Pasteten kräftig, bis sie braun sind.

Innereien

Zu den Organen oder Innereien gehören Leber, Därme, Gehirn, Nieren, Herz, Zunge, Füße und Markknochen.

Viel Fleisch wird gewöhnlich weggeworfen, weil es zum Essen nicht geeignet ist, und viele Leute rümpfen die Nase, wenn man die Innereien erwähnt. Die Innereien vieler Tiere enthalten höhere Konzentrationen an Protein, Mineralstoffen und Vitaminen als das übrige Fleisch. Sie sind billiger und erfordern weniger Kochzeit.

Es können viele Gourmet-Gerichte aus ihnen zubereitet werden. Hühnerleberpastete, paniertes Hirn, Kalbsnieren-Kebab oder Gulasch aus Hühnerklein. Passen Sie auf, daß diese Fleischstücke beim Kauf frisch sind.

Gebratene Leber

500 g Hühnerleber
1 geschnittene Zwiebel
Öl oder Butter zum Braten
Pfeffer und Salz nach Belieben

Braten Sie die Zwiebel goldbraun. Geben Sie die Leber zu und braten Sie unter gelegentlichem Wenden, bis die rosa Farbe verschwunden ist und das Fleisch durch und durch braun ist; es dauert etwa 10–15 Minuten. Geben Sie Pfeffer und Salz zu.

Wenn die Leber fertig ist, halten Sie sie warm. Gießen Sie ein wenig Wasser zusammen mit den Zwiebeln und einem Eßlöffel Sojasoße in die Pfanne und dicken Sie sie mit etwas Mehl an. Servieren Sie als Beilage Reis oder Nudeln.

Es kann jede Lebersorte verwendet werden. Ziehen Sie zuerst die Haut ab und schneiden Sie die Leber in Streifen. Kalb- und Rinderleber braucht eine längere Garzeit.

Hühnerleber-Pastete

½ kg Hühnerleber
1 kleine, fein gehackte Zwiebel
1 hartgekochtes Ei (wahlweise)
gemahlener Pfeffer und Salz
Hühnerfett oder Öl.

Braten Sie die Hühnerleber in Hühnerfett oder Öl, bis sie fest ist und ihre rosa Farbe verloren hat, überkochen Sie sie jedoch nicht. Nehmen Sie sie aus der Pfanne. Braten Sie die Zwiebel weich und leicht braun.

Geben Sie alle Zutaten in einen Mixer und vermischen Sie sie gut.

Hackbraten (für 8 Personen)
2 hartgekochte Eier
1 kg Gehacktes
1 geschlagenes Ei
1 Prise gemahlenen Pfeffer, Salz nach Belieben
2 Eßlöffel gehackte Petersilie
1 Tasse Brotkrumen oder Weizenkeime
Backöl
weitere Brotkrumen
wahlweise Zutaten:
1 Eßlöffel Soja- oder Austernsoße
½ feingehackte Zwiebel
2 geriebene Karotten
weitere Kräuter wie Minze, Oregano, Thymian

Vermischen Sie alle Zutaten mit Ausnahme der hartgekochten Eier gründlich mit nassen Fingern. Streuen Sie auf eine Arbeitsplatte oder ein Brett weitere Brotkrumen. Drücken Sie das Hackfleisch auf den Brotkrumen leicht flach. Geben Sie die Eier hinzu und falten und rollen Sie das Fleisch so darüber, daß die Eier vollständig in der Mitte des Bratens eingeschlossen sind. Wälzen Sie den Hackbraten in Brotkrumen und geben ihn in ein geöltes Backgeschirr oder auf einen Teller. Spritzen Sie ein wenig Öl darüber. Backen Sie 1–1¼ Stunden bei mittlerer Hitze.

Variation: Lassen Sie die gekochten Eier weg und formen Sie das Fleischgemisch in kleine Bouletten, die Sie in Öl auf beiden Seiten braun braten.

Osso Buco (Kalbshaxen und Tomatenmark)

Ossi Buchi ist der Plural, wenn Sie aus Mailand kommen, wo dieses Gericht der Favorit ist. Wählen Sie Kalbshaxen mit viel zartrosa Fleisch und bitten Sie den Fleischer, sie in etwa 3–4 cm dicke Scheiben zu schneiden.

Kalbshaxen sind das billigste Fleisch vom Kalb und der beste Teil ist das köstliche Mark in der Mitte des Knochens. 2 Kalbshaxen werden für 5–6 Personen zu einem Fest.
2 Kalbshaxen, in Scheiben geschnitten
1 in Scheiben geschnittene Zwiebel

3–4 Eßlöffel Tomatenmark
300 ml heiße Flüssigkeit – Brühe, Wein oder Wasser (oder halb und halb)
3 Eßlöffel gehackte Petersilie
1 Knoblauchzehe
2 Eßlöffel Butter und 2 Eßlöffel Öl oder 4 Eßlöffel Öl
geriebene Zitronenschale
etwas gewürztes Mehl

Wälzen Sie die Kalbsstücke in Mehl. Erhitzen Sie Öl und Butter und bräunen Sie das Fleisch auf beiden Seiten. Geben Sie Zwiebel, Knoblauch, heiße Flüssigkeit und Tomatenmark hinzu. Lassen Sie etwa 1½ Stunden im verschlossenen Topf simmern. Das Fleisch sollte sehr weich sein.

Vor dem Servieren bestreuen Sie es mit Zitronenschale und Petersilie. Am besten paßt gekochter Reis zu diesem Gericht.

Überbackene Käseschnitte (Welsh Rabbit)

Welsh Rabbit bereitet die Walliserin für Ihren Mann zu, wenn er kalt, naß, bibbernd, enttäuscht und ohne Kaninchen nach Hause kommt. Es wird aus Vorräten gemacht, die die Hausfrau in ihrem Haus hat – Bier, Käse, Senf und natürlich Brot.

Man toastet das Brot, gießt etwa 1 cm Bier in einem kleinen Kochtopf (etwa der Größe von zwei Eiern entsprechend) darüber, gibt Senf und Käseschichten dazu, bis sich eine cremige Substanz ergibt.

Es gibt keine feststehenden Regeln hinsichtlich der Mengen. Es gibt harten und weichen Käse, so müssen Sie selbst entscheiden. Dies hat den Vorteil, daß Sie während der Zubereitung immer noch etwas mehr dazunehmen können.

Wenn Sie Speck haben, verwandelt eine gute, dicke Scheibe den Toast in »Teufel auf dem Pferderücken«, oder man kann eine Speckscheibe mit dem »Kaninchen« übergießen.

Kaninchen

Da Kaninchenfleisch mager ist, muß man Fett, Speck, Schmalz, Butter oder Öl zugeben, weil es sonst zu trocken wird. Junge Kaninchen kann man wie Hühner zubereiten, in Butter gebraten oder im Ofen geschmort oder als Barbecue, nachdem man es eine Stunde in kaltes Wasser gelegt hat, das man zuvor etwas salzt. Alte muß man in einem Schmortopf oder einer Kasserolle länger kochen und simmern. Kaninchen hielten viele Menschen während der Wirtschaftskrise der 30er Jahre über Wasser. Sie sind immer noch billig. Sie haben viele Knochen, schmecken aber sehr gut.

Hasenpfeffer

1 zerlegtes Kaninchen
600 ml Essig
1 in Scheiben geschnittene Zwiebel
2 Eßlöffel Mehl
3 Lorbeerblätter
6 Nelken
Pfeffer, Salz und ein wenig Zucker
Fett oder Öl zum Braten

Legen Sie die Kaninchenstücke mit der Zwiebel und Gewürzen über Nacht in Essig ein.

Nehmen Sie das Kaninchen am nächsten Tag heraus, trocknen es ab und wälzen es einmal in Mehl. Bräunen Sie es im erhitzten Öl oder Fett. Geben Sie den Essig, Nelken und Lorbeerblätter zu, kochen auf und lassen das Fleisch etwa 1½ Stunden langsam simmern, oder so lange, bis das Fleisch weich ist.

Vermischen Sie den zweiten Eßlöffel Mehl mit etwas Wasser und dicken Sie die Flüssigkeit unter Erhitzen an. Legen Sie das Fleisch auf den Teller und übergießen es mit der Bratensoße. Man serviert das Fleisch mit Klößen oder Reis.

Kaninchenpastete

Das Kaninchen wird gewöhnlich vor der Zubereitung einer Pastete gekocht. Die Pastete hat meist nur auf der Oberfläche eine Kruste.

1 Kaninchen
einige in kleine Stücke geschnittene Speck- und Schinkenscheiben
1–2 hartgekochte Eier
1 Eßlöffel Mehl
Pfeffer, Salz
1 in Scheiben geschnittene Zwiebel
½ Teelöffel Muskatblüte oder Muskatnuß

2–3 Eßlöffel gehackte Petersilie
lockerer oder flockiger Blätterteig
Öl oder sauberes Fett zum Braten

Zerlegen Sie das Kaninchen und legen es entweder in kaltes Salzwasser oder Wasser, dem etwas Essig zugesetzt worden ist, 1–2 Stunden ein. Gießen Sie sodann ab und trocknen Sie das Fleisch.

Erhitzen Sie Öl oder Fett und bräunen sodann die Kaninchenteile und Zwiebeln. Bedecken Sie mit Wasser, geben Salz und Pfeffer und Muskatnuß hinein; lassen Sie aufkochen und simmern sodann 20 Minuten. Nehmen Sie das Kaninchen aus der Brühe und lassen Sie diese einkochen, bis etwa eine Tasse übrig ist. Dicken Sie unter Erhitzen mit dem Mehl an.

Für die Pastete: Legen Sie Fleischschichten, Speck- und Schinkenstücke, sodann Eierscheiben in ein Kochgeschirr, streuen Sie die Petersilie und ein bißchen Salz und Pfeffer drauf und übergießen Sie mit der Bratensoße.

Bedecken Sie das Fleisch mit dem Blätterteig, den Sie mit etwas Milch bepinseln. Schneiden Sie ein Loch rein oder stechen Sie den Teig mit der Gabel an, damit Dampf entweichen kann. Überbacken Sie etwa eine Stunde im Ofen bei mittlerer Hitze, bis der Blätterteig goldgelb ist.

Fisch

Fisch ist nahrhaft und relativ preiswert. Man kann Fisch grillen, backen, dämpfen, braten, panieren, pochieren oder zu einer Suppe verwenden.

Fisch backen

Verwenden Sie ziemlich dicke Filets oder Fisch-»Steaks«. Salzen Sie sie und gießen Sie Zitronensaft darüber. Legen Sie den Fisch mit einigen Löffeln Zitronensaft, Weinbrühe oder Wasser in ein Kochgeschirr. Streuen Sie gehackten Fenchel oder Petersilie darüber.

Backen Sie bei 150–180° C. Der Fisch ist fertig, wenn er sich mit einer Gabel zerlegen läßt.

Fisch grillen

Die »fettigen« Fischsorten wie Seebarbe, Makrele oder Thunfisch oder kleine Filets wie Sardinen sind zum Grillen gut geeignet. Salzen Sie den Fisch und bedecken Sie ihn mit Butter oder Öl. Er kocht nicht lange, seien Sie aber vorsichtig, daß die Filets nicht austrocknen. Sie können den Fisch über heißer Kohle oder eingewickelt in Alufolie oder Bananenblättern grillen.

Fisch pochieren

Waschen und salzen Sie den Fisch und wickeln Sie ihn in ein Seihtuch, wobei ausreichend Tuch an den Enden verbleiben sollte. Pochieren Sie den Fisch in Gemüsebrühe. Legen Sie den eingewickelten Fisch in eine Schale mit warmer Brühe, die ihn gut bedecken sollte. Knoten Sie die Enden des Tuches zusammen und lassen Sie sie über den Topfrand hängen, damit Sie den Fisch später herausnehmen können. Lassen Sie den Topf 15-20 Minuten langsam simmern.

Pochierter Fisch wird gewöhnlich mit Soße gereicht. Seien Sie achtsam, wenn Sie den Fisch herausnehmen.

Panierten Fisch braten

Fischfilets
geschlagenes Ei
gewürztes Mehl
Brotkrumen
Öl

Tauchen Sie die Filets erst in das Mehl, dann in die Eier und zum Schluß in die Brotkrumen und gehen Sie sicher, daß jedes Filet vollständig paniert ist. Braten Sie den Fisch in heißem Öl auf beiden Seiten goldbraun.

Man kann diese Art des »Panierens« auch für viele andere Gerichte wie dünngeschnittene Kalbsschnitzel (Wiener Schnitzel), Hühnerfilets, Pilze, Bananen, gekochte Kartoffeln, Äpfel und Ananas benutzen.

Eierteig: Es gibt viele verschiedene Eierteiggemische. Einen dünneren, leichteren Teig erhält man, wenn der Teig flüssiger ist.

1 großes Ei
100 g Mehl
Prise Salz
½ Tasse Milch

Sieben Sie Salz und Mehl in eine Schüssel und drücken Sie in die Mitte ein Loch, in das Sie das Ei tun. Schlagen Sie das Ei und arbeiten es nach und nach in das Mehl ein. Gießen Sie sodann langsam unter ständigem Rühren die Milch hinein. Schlagen Sie den Teig so lange, bis er glatt ist und keine Klumpen mehr vorhanden sind. Etwas mehr oder weniger

Milch ergibt einen dickeren oder dünneren Teig. Anstelle von Milch kann man auch saure Sahne oder Bier verwenden.

SOMMERGETRÄNKE

Kräutertees

Kräutertee kann aus den verschiedensten Kräutern gebraut werden. Sie enthalten viele Mineralstoffe, dienen oft als Medizin, erfrischen an heißen Tagen und wärmen im kalten Winter.

Frische oder getrocknete Blätter und manchmal Blüten werden in kochendes Wasser eingeweicht und eine Weile stehengelassen. Sie können den Tee gegebenenfalls mit Honig oder Rohzucker süßen und ihn heiß oder kalt trinken.

In der ganzen arabischen Welt wird mehrmals am Tag sehr stark gesüßter Pfefferminztee angeboten. Man kann ihn nur aus Pfefferminzblättern oder mit Tee und den Blättern kochen. Andere sehr beliebte Kräutertees werden aus den Blättern von Zitronenmelisse, Salbei und Zitronengras (beide gut bei Erkältungen), Alfalfa, Himbeere (empfohlen für schwangere Frauen) und den Blüten des Klee oder Kamille (gut für die Verdauung) bereiten.

Kräuter-Eistee

Er ist ein erfrischendes Sommergetränk. Kochen Sie Ihren bevorzugten Kräutertee (wir nehmen gewöhnlich Alfalfa) und lassen Sie ihn 5 Minuten ziehen. Gießen Sie den Tee in eine große Kanne und schmelzen Sie zwei große Löffel Honig darin.

Füllen Sie die Kanne zu ¾ mit Eiswürfeln und geben Sie, nachdem der Tee abgekühlt ist, eine Tasse frisch gepreßten Orangensaft und ½ Tasse Zitronensaft hinzu. Ein Spritzer Minze macht den Tee zu einem köstlichen Durstlöscher.

Zitronen-Likör

Vermischen Sie den Saft von 4 Zitronen mit 4 Eßlöffeln Honig. Verdünnen Sie im Verhältnis 4 Teile Wasser zu 1 Teil Likör. Als Limonade gießen Sie sprudelndes Mineralwasser auf und fügen Sie einige Pfefferminzblätter als extra Würze hinzu.

Apfelsaft
Geben Sie etwas Zitronensaft und Honig zu frischem Apfelsaft und legen Sie einige Pfefferminzblätter darauf.

Ein Wintergetränk
Ein liebliches, wärmendes Getränk, das man am knisternden Kamin im Winter trinkt. Erwärmen Sie etwas Apfelsaft oder Cider, aber kochen Sie ihn nicht. Gießen Sie ihn dann in einen Krug. Tauchen Sie einige Zimtstangen hinein und schmelzen Sie vielleicht ein Stückchen Butter darauf. Wenn Sie mögen, können Sie einen Schuß Rum hineingeben!

Hausgebrautes Bier

Die Rohbestandteile zum Brauen des eigenen Biers sind Hopfen, gemalzte Gerste (oder Malzextrakt), Hefe, Zucker und Wasser.

Hopfen ist für den bitteren Geschmack des Biers verantwortlich - je mehr Hopfen, um so bitterer wird das Bier. Das im Hopfen enthaltene Harz konserviert das Bier und läßt es nicht sauer werden.

Malz. Das am meisten verwendete Getreide ist Gerste, die durch Sprießenlassen gemalzt und dann in einem Ofen (oder in einem kleinen Herd) getrocknet wird. Sie verleiht dem Bier das Aroma und den Zucker, der zu Alkohol fermentiert.

Zucker und der Zucker im Malz verleiht dem Bier seinen Alkoholgehalt - je mehr Zucker, desto stärker ist das Gebräu (nimmt man weniger Zucker und Malz, wird das Bier leichter).

Wie beim Herstellen von Brot spaltet die Hefe das Malz und andere Zucker in Alkohol und Kohlendioxidgas auf.

Wasser. Frisches Regenwasser ist am besten, wenn Sie es sammeln können. Kochen Sie Leitungswasser vor dem Gebrauch.

Ausrüstung: Die grundlegenden Haushaltsgegenstände, wie Töpfe, ein Holzlöffel, ein Musselinsack für den Hopfen (oder ein alter Kissenbezug) sollten im Haus vorhanden sein. Als Brauausrüstung nehmen Sie einen Kunststoff-Fermentierer oder eine Mülltonne oder einen Eimer aus Kunststoff (die mit einem Kunststoffsack ausgelegt sein können).

Sie benötigen einen Kunststoffschlauch zum Absaugen und saubere, unbeschädigte Bierflaschen. Verschlußkappen sollten ebenfalls zur Verfügung stehen. Man braucht ein Hydrometer, um die Fermentation zu überprüfen.

Wenn Sie einmal die Ausrüstung zum Herstellen Ihres eigenen Bieres haben, zahlen Sie für jede Flasche hausgemachten Biers wesentlich weniger. Bevor man die Ausrüstung kauft, ist es zweckmäßig, die grundlegenden Handgriffe zu kennen.

Brauzutaten

Ich bereite unser eigenes Bier mit in Konservendosen gelieferten Zutaten. Dies geht schneller, ist nicht so aufwendig und leichter, als wenn man ganz vorne anfängt. So gebe ich hier weniger Rezepte (die Sie in jeder Bibliothek oder in Reformhäusern bekommen können), sondern gebe Hinweise und Ideen, die für Sie zweckmäßig sein können.

Honigbier (für 33 Flaschen)
3½ kg Honig
7 Hopfenfrüchte (oder 2 Dutzend Hopfenknospen)
Saft von 4 Zitronen
5 Liter Wasser
Bierhefe und Zucker

Kochen Sie den Hopfen in fünf Liter Wasser. Lösen Sie Honig in diesem Wasser. Gießen Sie das Gärungsmittel und Zitronensaft hinein.

Bedecken Sie das Gärungsmittel mit kaltem Wasser und geben Sie schließlich etwas warmes Wasser hinzu, wenn das Gebräu kälter als Körpertemperatur ist.

Geben Sie Hefe zu. Lassen Sie das Gebräu etwa neun Tage gären, wobei die ersten drei Tage täglich zweimal umgerührt werden muß (mit einem sterilen Löffel), bis die Hefe gut aufgeht.

Kosten Sie, ob es sehr süß ist oder benützen Sie ein Hydrometer (wird mit den meisten Ausrüstungen mitgeliefert), um zu prüfen, ob das spezifische Gewicht unter 1000 liegt. Füllen Sie das Gebräu unter Zusatz eines ¾ Teelöffels Zucker und 150 ml Wasser pro Flasche in Flaschen ein. Verschließen Sie diese und lagern sie vier Tage.

Nun können Sie davon kosten. Wenn Schaum heraussprudelt, war Ihr spezifisches Gewicht zu hoch, und Sie sollten das Bier schnell verbrauchen oder Sie werden zerbrochene Flaschen vorfinden. Viel Glück!

Hausgemachtes Gebräu
75 g Hopfen
2 kg weißen Zucker

2 kg braunen Zucker
2 kg Malz
Bierhefe
1 l Wasser

Kochen Sie den Hopfen mit etwa 1 Liter Wasser etwa 10 Minuten auf dem Herd. Lösen Sie braunen und weißen Zucker und Malz in heißem Wasser auf. Seihen Sie den Hopfen ab und sieben ihn in den Zucker und das Malz.

Geben Sie das Gemisch in einen 500 Liter fassenden Gärbottich und füllen Sie ihn mit Wasser auf. Wenn das Wasser eine Temperatur von etwa 20° C erreicht hat, geben Sie die Hefe zu. Wenn Sie das Gebräu auf Flaschen ziehen, geben Sie 1 Teelöffel Zucker pro Flasche zu.

Nachdem Sie die Ausrüstung gekauft haben, wird das Bier viel billiger. Sie erhalten 30 Flaschen selbstgemachtes Bier für wesentlich weniger Geld, als Sie für ein Dutzend Flaschen Bier im Handel bezahlen müßten. Es sind ungefähr zwei Stunden Arbeit mit der ganzen Herstellung verbunden, wenn Sie diese im Griff haben.

Bei natürlich gebrautem Bier wird die Blasenbildung durch den Zusatz von Zucker bewirkt, bevor die Flasche verschlossen wird. Dieses Verfahren hilft bei der Klärung des Biers, bildet Blasen und die »Blume« und hinterläßt eine Sedimentschicht auf dem Boden der Flasche, die Sie bei jedem selbstgemachten Bier finden. Dieses Sediment ist reich an Vitaminen des B-Komplexes, insbesondere B6.

Gehen Sie wegen Ihrer Brauzutaten in verschiedene Geschäfte und versuchen Sie verschiedene Marken. Man sollte sich immer um einen Mengenrabatt bemühen.

Natriummetabisulfit eignet sich gut zum Sterilisieren von Flaschen und Behältern, man sollte es jedoch vor dem Auffüllen von Spirituosen gründlich ausspülen. Ich bereite einen Ansatz vor und lagere ihn in zwei Weinflaschen. Damm gieße ich etwas in die Flasche oder Behälter, schwenke sie herum und gieße es in die Weinflasche zurück. Dies kann man öfter wiederholen, bis sich der Geruch der Lösung schwächt.

Ein 30-kg-Sack Zucker paßt genau in eine saubere Mülltonne aus Metall. Ich stelle den Sack hinein, schlitze ihn oben auf und rolle ihn einfach herum, wenn ich die benötigte Menge entnommen habe.

Weichen Sie verschmutzte Flaschen oder Flaschen, auf deren Boden sich das Sediment abgesetzt hat, über Nacht ein, dann lassen sie sich leichter reinigen.

Die »Ablagerungen« vom Boden des Fermentierers und der Flaschen sind ein ausgezeichnetes Aktivierungsmittel für den Kompost oder können als Schweinefutter verwendet werden.

Versichern Sie sich, daß alle Ausrüstungsgegenstände steril sind. Seien Sie in dieser Hinsicht pingelig, es ist der sicherste Weg, ein »reines Gebräu« zu erhalten. Bakterien vermehren sich leicht und machen das Bier sauer.

Ursula's Bier
300 g Gerste
75 g Hopfen
18 l Wasser
1 kg braunen Zucker
500 g helles Malz
100 g dunkles Malz
15 g Hefe

Kochen Sie Gerste und Hopfen in einem Kopfkissenbezug 1 Stunde in 4 l Wasser. Nehmen Sie den Beutel heraus, lassen ihn abtropfen und werfen Hopfen und Gerste auf den Komposthaufen.

Geben Sie zu dem Gebräu braunen Zucker und helles und dunkles Malz. Gießen Sie das Gemisch und das übrige heiße Wasser in den Fermentierer. Wenn es sich auf 38° C abgekühlt hat, setzen Sie die Hefe zu. Verschließen Sie den Behälter luftdicht und lassen ihn eine Woche stehen.

Ziehen Sie auf Flaschen ab. Benutzen Sie gut sterilisierte Flaschen unter Zugabe eines Teelöffels Zucker (gehäuft) pro Flasche. Verschließen Sie die Flaschen und lagern Sie sie etwa 3 Wochen.

Das ist Ursula's Bier. Das erste Gebräu mag aufgrund mangelnder Praxis nicht so gut ausfallen.

Haushalts-Tips

- Machen Sie es selber
- Reinigen und polieren
- Häusliche Ratschläge
- Ungeziefer und Insekten
- Reinigung
- Hausgemachte Seife

MACHEN SIE ES SELBER

Sie können Geld sparen und Freude daran haben, wenn Sie sich Ihre eigenen Reinigungsmittel, Polituren, Möbelwachs und Rostentferner aus einfachen, billigen Grundbestandteilen, von denen Sie viele im Haus finden können, selbst herstellen.

Die Sammlung erprobter und geprüfter Hinweise und Rezepte auf den folgenden Seiten soll Ihnen als Hilfe dienen, wie Sie Ihre Möbel, Küchenutensilien, Kleidung, Schmuck und andere Gegenstände aufarbeiten und pflegen können.

Das Herstellen dieser alternativen Produkte, ausgehend von billigen, leicht zugänglichen Mitteln, vermeidet die Provisionen von Vertretern, die verschwenderische Verpackung und kostspielige Reklame, mit denen Supermarktwaren belastet sind, und Sie haben keine Zweifel, was Sie wirklich vor sich haben.

Einerseits können Sie diese Produkte selbst benutzen, andererseits nach den Rezepten Ihre eigenen Markenprodukte herstellen, sie in wiederverwendbare Dosen, Glaskannen oder Kunststoffflaschen lagern und sie mit Freunden tauschen oder sie ihnen verkaufen. Eine Wachspolitur ähnlich dem hier genannten Rezept wird in Antiquitätenläden verkauft.

Wir haben uns an einfache Bestandteile, einfache Maßeinheiten und einfache Methoden gehalten und auf komplizierte chemische Gemische aus den »Machen Sie Geld mit geheimen Formeln«-Büchern verzichtet, und haben uns an die alten Zeiten, den guten Menschenverstand und Haushaltsratschläge gehalten.

Der größte Teil der Ausgangsmaterialien sind Dinge, die man in der Speisekammer oder unter dem Küchenausguß aufbewahrt, wie Salz, Zitrone, Mehl, Essig, Eier, Seife, Olivenöl, Epsom-Salz, Talkum, Backpulver, Glyzerin und Tomatensaft.

Andere wiederum mögen Sie in der Waschküche, im Schuppen oder der Garage haben, einschließlich Ätznatron, Kerosin, Methylalkohol, Terpentin, Ammoniak, Borax und Leinsamenöl.

Einige sind weniger bekannt, jedoch in Heimwerkergeschäften erhältlich - wie Bienenwachs, Paraffin zur Kerzenherstellung, Alaun oder Weinstein zum Färben, Bleichen (einfache pulverisierte Kreide), Fullererde (getrockneter Ton) oder Gips.

Um Ihnen zu helfen, haben wir eine Tabelle der Ausgangsmaterialien zusammenegestellt, die die herkömmlichen Namen, chemische Bezeichnung (wo bekannt), Aussehen, Quelle und grundlegende Vorsichtsmaßnahmen wiedergibt. Bitte beachten Sie unbedingt die Warnungen.

Warnung

Die meisten in diesen Haushaltsratschlägen verwendeten Produkte sind natürlich und harmlos, einige jedoch leicht giftig, können brennen oder Augen, Nase, Hals oder die Haut irritieren.

Seien Sie bitte vorsichtig. Lesen Sie die Gebrauchsanweisungen sorgfältig. Halten Sie leicht brennbare Flüssigkeiten oder Feststoffe von Wärme und offener Flamme entfernt, benutzen Sie sie in gut durchlüfteten Räumen und tragen Sie erforderlichenfalls Handschuhe. Lagern Sie die Produkte an einem sicheren Ort. Es bleibt Ihnen überlassen, daß Sie sich, ihre Kinder oder Haustiere nicht gefährden. Wir können für mögliche Beschädigungen oder Unfälle keine Verantwortung übernehmen.

Eine dringende Warnung: Es finden sich hier keine Formeln zum Vermischen von Ammoniak- und Chlorbleiche. Gehen Sie sicher, daß dies niemals passiert, da sich tödliche Gase entwickeln.

REINIGEN UND POLIEREN

Fußböden

Ein billiges Poliermittel für den Fußboden:

Schmelzen Sie einige Enden von Wachskerzen (entsprechend zwei Kerzen) und 250 g geschnitzelte Seife in einem Liter kochendem Wasser. Rühren Sie gut. Wenn das Gemisch kalt ist, geben Sie gleiche Teile Terpentin und Leinsamenöl hinein und vermischen alles gut. Halten Sie das Gefäß geschlossen.

Ein Poliermittel für Krankenhausböden

500 g Bienenwachs

500 ml Terpentin

12 Tassen Wasser

50 g Pottasche

Verwenden Sie einen sauberen Zinkeimer. Geben Sie die zerbrochenen Bienenwachsstücke mit Wasser hinein und kochen Sie auf. Lassen Sie das Gemisch langsam kochen, bis sich das Bienenwachs aufgelöst hat. Dann nehmen Sie es vom Feuer und rühren Terpentin hinein. Lassen Sie es wieder kochen, nehmen Sie es vom Feuer und rühren Sie sehr schnell die Pottasche ein. Rühren Sie unter Benutzung eines langen, sauberen Stocks, bis das Gemisch kalt ist.

Estrichböden

Um mit Estrich überzogene Holzböden zu reinigen, gibt man ein wenig Kerosin in einen Eimer mit warmem Wasser. Scheuerleisten schrubben.

Man gibt einen Teil gelöschten Kalks zu 3 Teilen herkömmlichem Sand. Schrubben Sie mit einer harten Bürste, um Ungeziefer zu vertreiben und das Holz aufzuhellen.

Den Fußboden beizen

1. Geben Sie kochendes Leinsamenöl in eine Dose und geben Sie ein wenig Siennaerde hinzu (gebrannter Ocker), um die gewünschte Farbe zu erhalten. Schmelzen Sie beide Substanzen, rühren Sie sie in einem alten Kochtopf und lassen das Gemisch abkühlen.

Verteilen Sie es großzügig mit einer festen Bürste über den Boden und reiben Sie es gut ein. Ein wenig harte Arbeit mit dem Mob führt zu einem brillanten Glanz. Sodann reinigen Sie nur mit gewöhnlichen Poliermittel, die Oberfläche wird etwas aufgehellt, allerdings kann sie wieder dunkel werden, wenn Sie dieses Gemisch weiter verwenden.

Teppiche befestigen

Teppiche oder Brücken werden auf einer polierten Oberfläche nicht mehr rutschen, wenn Sie ein kleines Gummistück darunter nähen, etwa von einem alten Wagenschlauch.

Die Ausgangsmaterialien

üblicher Name	chemische Bezeichnung	Aussehen	Quelle	Warnungen
Alaun	Aluminiumsulfat	Kristalle	CH/CR/HW	-
Ammoniak (Haushalt)	Ammoniumhydroxid (schwache Lösung)	flüssig	HW/SM	irritiert Augen, Haut, Nase
Backpulver	Natriumbikarbonat	weißes Pulver	SM	-
Bienenwachs	Naturwachs	gelbes Wachs	HB/ Bienenstock	-
Borax	Natriumborat	Kristalle	CH/HW	giftig
Kampfer	Cinnamomum camphora	weiße Kristalle	HW/CH	leicht giftig, brennbar
Karbol (Phenol)	Karbonsäure	flüssig	HW	giftig, brennbar
Pottasche (Perlasche)	Kaliumkarbonat	weißes Pulver	HW	giftig, irritiert
Castile-Seife	Ätznatron/Olivenöl	harte weiße Seife	CH	-
Ätznatron	Natriumhydroxid	weiße Kristalle	HW/SM	giftig, irritier die Augen. Nicht mit Aluminium-geräten in Berührung bringen
Kreide	Kalziumkarbonat	weißer Puder	HW	-
Weinstein (Weinstein-säure)	Kaliumbitartrat	weißes Pulver	SM	-

icher me	chemische Bezeichnung	Aussehen	Quelle	Warnungen
som-Salze	Magnesiumsulfat	weiße Kristalle	CH/SM	-
ssenzen	Zitronengras, Rosenöl usw.	Öl	CH/Kräuter-lieferanten	-
kalyptusöl	Extrakt aus euc. Blättern	Öl	CH	brennbar
llererde on)	Siliziumoxid/ Aluminium	trockener Ton	HW/CR	-
yzerin	Glyzerin (Seifenprodukt)	klare Flüssigkeit	CH/SM	-
mmi bicum	Gummi arabicum	Granulat	Malerläden	-
sserstoff- roxid eroxid)	Wasserstoffperoxid	flüssig	CH/SM	giftig, brennbar, irritierend
rosin	Erdölderivat	klare Flüssigkeit	SM/HW/PS	giftig, brennbar
nolin	Wollfett	gelbes Fett	CR	brennbar
lk dratisiert)	Kaliumhydroxid	weißes Pulver	HW/ Gärtnerei	verbrennt die Haut
insamenöl	Öl aus Flachssamen	gelbes Öl	HW	leicht giftig
ethylalkohol	Holzalkohol	klare Flüssigkeit	SM/HM	giftig, brennbar
mmelfett	Talg vom Schaf	weißliches Fett	Fleischer	brennbar
auenfett	Extrakt von Kuhklauen	gelbes Öl	HW	brennbar

üblicher Name	chemische Bezeichnung	Aussehen	Quelle	Warnungen
Ocker	-	Pulver	HB/ Malerläden	-
Olivenöl (Lucca)	Extrakt aus Oliven	gelbes Öl	SM	brennbar
Oxalsäure	Oxalsäure	farblose Kristalle	CH	giftig
Paraffin (flüssig)	Erdölderivat	flüssig	SM	brennbar
Paraffin (fest)	Erdölderivat	weißes Wachs	SM/HB	brennbar
Vaseline	Erdölderivat	klebriges Gelee	CH/SM	-
Gips	Kalziumsulfat	weißes Pulver	HW/HB	-
Pyrethrum	Chrysanthemum coccineum	Spray oder Staub	Gärtnerei	-
Talkum	Magnesiumsilikat	weißes Pulver	CH/SM	nicht einatmen
Talg	Rinderfett	gelbes Fett	Fleischer	brennbar
Terpentin	Terpentin	farblose Flüssigkeit	SM/HW	giftig, brennbar
Waschpulver	Natriumkarbonat	weiße Kristalle	SM/HW	mäßig giftig
weißes Wachs	gebleichtes Bienenwachs oder Stearinsäure	Wachs	CR/HB	brennbar
Aufheller	Kalziumkarbonat	pulverisierte Kreide	HW	-

Schrubben im allgemeinen

Zerkleinern Sie ein Stück Sandseife in einem Gefäß und geben Sie zwei kleine Pakete Waschpulver hinein. Gießen Sie zehn Tassen kochendes Wasser darüber. Rühren Sie, bis das Gemisch andickt und bewahren Sie es in verschlossenen Gefäßen oder Dosen auf (ein hervorragendes Schrubbmittel)!

Holzwürmer

Lösen Sie Kampfer in Kerosin und drücken Sie das Gemisch mit einer Ölkanne für die Nähmaschine in die Löcher.

Verblichene Teppiche

Um ausgeblichene Teppiche wiederherzustellen, waschen Sie sie mit warmem Wasser, dem eine kleine Menge Ammoniak beigemischt wurde.

Reinigung von japanischen Grasmatten

Japanische Grasmatten sollten niemals mit Seife gewaschen werden. Man sollte sie gut bürsten und sie sodann mit einem in Salzwasser ausgewrungenen Tuch abreiben.

Tapeten-Entfernen

Um Tapeten zu entfernen, benutzt man Zuckerseife, die auch Malerseife genannt wird. Vermischen Sie alles nach Gebrauchsanweisung auf dem Paket. Benetzen Sie die Tapete durch und durch und ziehen Sie sie in Streifen ab. Für die Kanten benutzen Sie eine Spachtel, natürlich auch für die Ecken. Bei Vinyltapeten können Sie dieses Verfahren natürlich nicht anwenden.

Tapezieren geweißter Wände

Wenn Sie eine zuvor geweißte Wand tapezieren wollen, müssen Sie die Wand zuvor gründlich mit Essig abbürsten, da sonst die Tapete nicht kleben bleibt.

Reinigen von Tapeten

1. Entfernen Sie Fettflecke von der Tapete durch sanftes Reiben mit einem weichen Flanelltuch, auf das eines der folgenden Mittel aufgesprüht ist: Gips, Fullererde oder Borax. Reinigen Sie jedesmal nur kleine Abschnitte, reiben Sie gleichmäßig nach unten.
2. Ein Radiergummi entfernt Fett und Bleistiftstriche.

3. Verwenden Sie altbackene Brotscheiben oder das Innere eines altbakkenen Brotlaibes und reiben Sie gleichmäßig. Schneiden Sie das Äußere des Brotes ab, wenn es schmutzig wird.
4. Um alte Tapeten aufzuhellen: Vermischen Sie 2 Teelöffel Backpulver und 2 Teelöffel Ammoniak mit 2 Tassen Mehl. Rühren Sie genügend Wasser hinein, bis sich ein mittelsteifer Teig ergibt. Dämpfen Sie diesen eine Stunde auf dem Wasserbad, kneten Sie den Teig, der dann zum Gebrauch fertig ist. Nehmen Sie kleine Teigstücke zwischen Finger und Daumen und reiben Sie über die Tapete, wodurch Schmutz und Staub entfernt wird.

Entfernen alter Farbe

Zum Entfernen alter Farbe und Lack von Holzwerk verwenden Sie eine Emulsion aus zwei Teilen Ammoniak, die mit einem Teil Terpentin geschüttelt werden. Die Emulsion erweicht die Farbe, so daß sie nach einigen Minuten mit dem Spachtel abgezogen oder abgerieben werden kann.

Möbel

Abziehen von Kiefernholz-Möbeln

Diese Methode kann für Türen, Kleiderschränke, kleine Schränke und Tische aus Kiefernholz verwendet werden. Bringen Sie die Möbelstücke ins Freie. Tragen Sie Schutzkleidung und Handschuhe und benutzen Sie einen Metalleimer.

Vermischen Sie 500 g Ätznatron mit einem Liter kaltem Wasser. Gießen Sie diese Mischung Abschnitt für Abschnitt über das gestrichene Holz und bürsten Sie mit einem Schrubber nach unten. In Ecken und Spalten benutzen Sie Stahlwolle oder eine Nagelbürste. Hierdurch löst sich die Farbe. Spülen Sie mit kaltem Wasser und bürsten Sie erneut, bis alle Farbe abgezogen ist.

Dann wischen Sie das Holz mit Wasser, das eine kleine Menge Essig enthält (1 Teelöffel Essig pro Eimer Wasser); das Ätznatron wird hierdurch neutralisiert. Lassen Sie die Möbel im Freien langsam trocknen, aber schützen Sie sie vor Wettereinflüssen.

Wenn das Holz trocken ist, schmirgeln Sie erst mit mittlerem und dann feinem Sandpapier. Füllen Sie Risse mit Holzpaste und schmirgeln Sie erneut. Wachspolitur verleiht dem Möbelstück eine gute Oberflächenbeschaffenheit. Polieren Sie mit einem Tuch. Oder Sie können auch Lack verwenden. Ersetzen Sie Eisenbeschläge durch Messing, wenn es Ihnen besser gefällt.

Möbelpolitur

1. Gleiche Anteile aus rohem Leinsamenöl, Essig und Methylalkohol. Vermischen Sie diese Bestandteile gut und schütteln Sie sie vor jeder Benutzung. Gehen Sie sparsam damit um und wenden Sie viel »Armschmalz” auf, wenn sie glänzen sollen.
2. Vermischen Sie gleiche Mengen Terpentin und Leinsamenöl. Tragen Sie dünn auf, reiben Sie mit einem weichen Tuch ab und polieren Sie mit einem sauberen, weichen Tuch.
3. Vermischen Sie kurz vor der Anwendung: gleiche Teile Lucca-Öl (Olivenöl) und Essig und tragen Sie dies mit einem Flanelltuch auf.
4. Von dieser Politur sagt man, daß sie sich auch gut für Linoleum, Lederstiefel und Schuhe eignet! Nehmen Sie 50 g zerkleinertes Bienenwachs, 25 g weißes Wachs, 500 ml Terpentin, 25 g Seife, 500 ml Wasser. Lassen Sie die beiden Wachssorten mit dem Terpentin in einem Topf schmelzen. Lösen Sie die Seife im Wasser auf und geben Sie sie zu dem geschmlozenen Wachs. Verrühren Sie das Gemisch zu einer weißen Creme und füllen es ab. Man läßt zwei Tage stehen, bevor man die Creme benutzt. Tragen Sie die Creme sodann dünn auf und polieren Sie.

Wachspolitur

500 g zerkleinertes Bienenwachs in 1 l Terpentin, dem 25 g flüssiger Ammoniak zugesetzt werden.

Kratzer auf Möbeln

Vermischen Sie gleiche Teile Leinsamenöl und Terpentin wie bei der Möbelpolitur (2). Tauchen Sie ein Flanelltuch ein und reiben Sie das Gemisch in die Kratzer ein. Polieren Sie mit einem weichen Staubtuch und Sie werden sehen, daß die Kratzer nahezu unsichtbar geworden sind.

Abgestoßene Stellen an Möbeln

Waschen Sie die entsprechende Stelle mit warmem Wasser. Legen Sie zweilagiges braunes Papier für einige Zeit darüber, lassen Sie das Wasser einziehen und bedecken Sie die Stoßstelle. Bügeln Sie das Papier, bis die Feuchtigkeit verdampft. Wiederholen Sie dies erforderlichenfalls.

Klemmende Fenster oder Schubladen

Reiben Sie die Seitenkanten des Fensterrahmens oder die inneren und Bodenkanten der Schublade entweder mit Seife, einer Kerze oder Wachspolitur ein.

Reinigen von lackierten Gegenständen

Bürsten Sie mit heißem Wasser und Seife, wischen und trocknen Sie am Feuer; polieren Sie mit einem weichen Tuch nach. Verwenden Sie kein Waschpulver, das den Lack angreifen könnte.

Vergoldete Bilderrahmen

Vergoldete Bilderrahmen reinigt man, indem man sie mit einem in Terpentin getauchten Schwamm abwischt. Benetzen Sie den Schwamm nur soweit, um den Schmutz zu entfernen. Lassen Sie die Rahmen trocknen, ohne sie noch einmal abzuwischen.

Keramikwannen

Keramikwannen können leicht gereinigt und harte Ablagerungen entfernt werden, indem man sie gut mit Salz ausreibt. Durch Tropfwasser bedingte schwarze Flecken können in der gleichen Weise behandelt werden.

Reinigung von Bambus

Benutzen Sie zur Reinigung von Bambus eine in warmes Wasser und Salz getauchte Bürste; das verhindert, daß der Bambus seine Farbe verändert.

Möbel umstellen

Wenn Sie Möbel umstellen, legen Sie einen alten Sack oder Matte unter ein Ende und ziehen Sie kräftig. Größere Stücke kann man auf diese Weise leicht bewegen.

Putzen von Fenstern und Glas

Sie können ein Zeitungspapierknäuel benutzen, um feuchte Politur auf Fenster und Spiegel aufzubringen. Trockenes Zeitungspapier verleiht Fenstern absolut den besten Glanz und ist viel besser als Tuch geeignet. Je neuer die Zeitung noch ist, um so besser wird der Glanz (dies wird durch Bestandteile in der Druckfarbe bedingt).

Fenster polieren

1. Verwenden Sie ein Tuch oder Zeitungspapierknäuel, die in Wasser

ausgewrungen sind, dem ein Eßlöffel Essig oder Spiritus zugesetzt wurde. Reiben Sie die Fenster ab und polieren Sie sie mit sauberem Zeitungspapier.
2. Geben Sie 2 Eßlöffel Ammoniak in 1 l Wasser. Tragen Sie die Flüssigkeit mit einem Tuch oder der Spritzdüse eines wiederverwendbaren Plastikbehälters auf. Man nimmt an, daß Ammoniak auch Fliegen von den Fenstern fernhält!

Windschutzscheibenreiniger

Bereiten Sie ein Gemisch aus Wasser und Ammoniak wie unter (2) und füllen es in einen Plastikbehälter. Halten Sie diesen zusammen mit Zeitungspapier stets im Auto bereit. Sie werden dies beim nächsten Mal zu schätzen wissen, wenn Ihre Windschutzscheibe mit Matsch oder Staub verschmiert ist.

Reinigung von Spiegeln

Reinigen Sie Spiegel mit einem in Spiritus getauchten Tuch. Lassen Sie trocknen und polieren Sie sodann mit einem sauberen Lappen oder Zeitungspapierknäuel.

Fleckenentfernen von Spiegeln

Tauchen Sie ein Flanelltuch (oder Kork) in Terpentin und reiben Sie die schwarzen Flecken vom Spiegel ab, dann polieren Sie das Glas mit Schlämmkreise. Oder reiben Sie mit einem mit Ammoniak befeuchteten Tuch und polieren Sie anschließend mit einem sauberen Tuch.

Badezimmer-Spiegel

Reiben Sie mit einem mit Glyzerin angefeuchteten Tuch über den Badezimmerspiegel. Er wird dann beim Baden oder Duschen nicht mehr beschlagen.

Gefrorene Windschutzscheiben

Reiben Sie mit einem in Glyzerin getauchten Lappen über beide Seiten der Windschutzscheibe. Dies verhindert die Bildung von Feuchtigkeit auf dem Glas und ein Gefrieren an kalten Wintermorgen.

Farbe auf Glas

Heben Sie alte Rasierklingen auf, um Farbflecken von Spiegeln oder Fenstern zu kratzen. Es ist die schnellste Methode.

Milchglas

Vermischen Sie Epsom-Salz mit weißer Farbe und streichen Sie damit Glas oder Fenster. Übertupfen Sie die Farbe mit einem Lappen, um einen Eisblumen- oder »Schneeflocken«-Effekt zu erzielen.

Küche

Reinigen von Kupferpfannen

1. 2 Eßlöffel Essig und 1 Eßlöffel Salz. Reiben Sie die Pfanne mit diesem Gemisch vermittels eines sauberen Flanelltuchs ein. Waschen Sie mit sauberem, heißem Wasser und trocknen sie gründlich ab.
2. Mattes Kupfer erhält einen brillanten Glanz, wenn es mit einem Gemisch aus gleichen Teilen Mehl, Salz und Essig abgerieben wird. Waschen Sie mit Seifenwasser und trocknen Sie gründlich ab.

Eierflecken auf Löffeln

Entfernen Sie Eierflecke auf Löffeln, indem Sie diese mit einfachem Salz abreiben.

Flecken auf der Messerklinge

Reiben Sie die Messerklinge mit einer halben rohen Kartoffel ab. Waschen Sie mit Wasser und Seife und polieren Sie.

Flecken auf Fleischmessern und Bestecken

Flecken auf Fleischmessern und Bestecken werden dadurch entfernt, daß man sie mit einem feuchten, in Salz getauchten Tuch abreibt.

Silberputzen

Täglich benutztes Silber hält man glänzend, indem man es gelegentlich in Borax und kochendes Wasser einweicht.

Reinigung von angelaufenem Silber

Obwohl angelaufenes Silber und Platten nicht sehr gut aussehen, kann man sie mit in Spiritus gelöster Schlämmkreide wieder blank bekommen.

Reinigung von Messing

Messing kann gereinigt werden, indem man es gut mit starkem Ammoniak abreibt (für kleine Flächen benutzen Sie eine Zahnbürste). Dann waschen Sie es mit klarem Wasser und trocknen sorgfältig mit einem weichen Tuch ab.

Worcestershire-Soße ist ein gutes Messing-Poliermittel!

Lackiertes Messing wird abgestaubt oder mit einem feuchten Schwamm abgewischt.

Reinigung von Zinn

Geben Sie auf die Oberfläche der Gefäße feinen, mit Weinsteinöl vermischten Sand und polieren Sie.

Reinigung von Bronze

Um Bronzeornamente in gutem Zustand zu halten, wischen Sie sie mit etwas Öl ab und polieren Sie sie sodann mit einem weichen Staubtuch.

Rostfreier Stahl

Man reinigt rostfreien Stahl mit einem in Essig angefeuchteten Tuch. Spülen Sie gründlich und trocknen Sie sodann gut ab.

»Shino«

zum Putzen von Metall - 250 ml Kerosin, 250 ml Spiritus, 500 g Schlämmkreide.

Emaille-Töpfe

Sind sie durch Kalkablagerung braun, können Emailletöpfe durch gründliches Ausreiben mit Salz und Waschen in heißem Sodawasser gereinigt werden.

Verrußte Töpfe

Verrußte Töpfe erhitzt man mit Backpulver (Natriumbikarbonat).

Reinigung von Glaskaraffen

Zum Reinigen von Karaffen zerreißen Sie Zeitungspapier und rollen erbsengroße Stücke zusammen. Geben Sie diese in die Karaffe, waschen Sie sie gründlich mit heißem Wasser und Seife und gießen Sie das Papier aus. Anstelle des Papiers können Kartoffelschnitzel oder Teeblätter verwendet werden.

Reinigung von Fliesen

Flecke auf Fliesen können durch Abwischen mit Kerosin auf einem sauberen Tuch gereinigt werden. Reiben Sie das Kerosin in Risse und

Vertiefungen, um Fett und alte Seife zu lösen. Wischen Sie sodann mit heißem Seifenwasser nach, wenn das Kerosin getrocknet ist.

Spritzfett auf den Fliesen hinter dem Küchenherd (oder nahe einer elektrischen Bratpfanne) läßt sich leichter abwischen, wenn man zuerst Möbelpolitur auf diese Fliesen gebracht hat.

Fettiger Ofen

Um Fett von einem Ofen zu entfernen, tauchen Sie ein Tuch in trokkenen Ruß, reiben Sie diesen sorgfältig über die fettigen Stellen und schwärzen Sie diese.

Fleckenentfernung

Diese Fleckenentfernungsmittel sind für Naturgewebe wie Baumwolle, Leinen und Wolle geeignet, wahrscheinlich jedoch nicht für Kunststoffgewebe. Man kann es aber trotzdem ausprobieren.

Die Hauptidee beruht darauf, die Haltbarkeit der Bekleidung, wie eines bevorzugten Hemds oder Overalls, die man jeden Tag trägt, zu verlängern. Sie sparen Geld, indem Sie diese Kleidungsstücke nicht wegwerfen und mit billigen, leicht erhältlichen Mitteln pflegen.

Kugelschreibertinte

kann aus Kleidungsstücken durch Abreiben mit Spiritus und anschließendem Waschen entfernt werden.

Bier

Nehmen Sie Wasser und anschließend Wasserstoffperoxid.

Blut

Zum Entfernen von Blutflecken nimmt man kaltes oder lauwarmes Wasser – niemals heißes Wasser, das den Fleck verfestigt. Weichen Sie sofort in Salzwasser ein.

Kakao

Reiben Sie mit kaltem Wasser aus. Reiben Sie sodann mit Glyzerin ein und warten Sie ½ Stunde. Waschen Sie sodann mit Seife und Wasser. Dies ist auch für Teeflecken gut geeignet.

Kaffee

Um Kaffee- oder Milchflecken aus Wollsachen zu entfernen, vermischt man 1 Teil Glyzerin mit 9 Teilen Wasser und ½ Teil flüssigem Ammoniak. Reiben Sie sachte über die Flecken.

Eier

Spülen Sie in kaltem Wasser (heißes Wasser würde den Fleck verfestigen). Waschen Sie.

Obst

Reiben oder spülen Sie sofort mit kaltem Wasser; anschließend mit warmer Boraxlösung (oder Wasserstoffperoxid oder weißem Essig).

Wenn das Gewebe farbig ist und nicht farbbeständig, verwenden Sie kaltes Wasser und anschließend Spiritus und waschen Sie sodann.

Alte Obstflecken

Reiben Sie sie mit Glyzerin ein und lassen Sie sie 3–4 Stunden liegen; spülen und waschen Sie (dies ist auch gut für Tee- oder Kakaoflecken, in diesem Fall muß das Glyzerin jedoch länger einwirken).

Oder nehmen Sie verdünnte Oxalsäure. Feuchten Sie den Fleck an, spülen Sie gut mit Wasser, befeuchten Sie den Fleck sodann mit Ammoniak und spülen Sie in klarem Wasser aus.

Gras

Reiben Sie den Fleck mit einem in Spiritus getränkten Schwamm ab und spülen Sie mit kaltem Wasser. Reiben Sie mit Melasse ab und waschen Sie sodann.

Fett und Öl

Weichen Sie in heißem Wasser ein, dem Ammoniak zugesetzt wurde (etwa eine Tasse pro Eimer).

Entfernen von Fett und Öl aus dem Teppich: So schnell wie möglich streuen Sie Mehl oder Schlämmkreide darauf (oder bedecken Sie ihn mit Talkum), um eine Ausbreitung des Öls zu verhindern. Kehren Sie am nächsten Tag das Mehl auf und streuen Sie frische Schlämmkreide auf den Fleck, dann reiben Sie ihn mit einem in Terpentin getauchten Tuch aus. Kerosin entfernt einige Fettflecken.

Tinte

Entfernen Sie Tinte mit Oxal- oder Zitronensäurelösung (oder Zitronensaft und Salz) und waschen Sie sodann.

Milch entfernt Tintenspritzer aus Leinen und Kalico, wenn man sofort mit der Reinigung beginnt. Weichen Sie den Fleck einige Minuten in Milch ein und waschen und reinigen Sie sodann mit Wasser.

Bedecken Sie den Fleck mit Salz und lassen Sie ihn in heißer Milch einige Zeit weichen. Dann waschen Sie gründlich.

Tinte auf dem Teppich

Bedecken Sie den Fleck sofort dick mit Salz und es wird den Fleck aufsaugen. Entfernen Sie das Salz. Vgl. Kugelschreibertinte.

Jod

Verwenden Sie eine Lösung aus Wasserstoffperoxid und Wasser.

Mehltau und Schimmel

Befeuchten Sie die Flecken mit Salz und Zitronensaft und trocknen Sie in der Sonne. Gegebenenfalls wiederholen Sie die Behandlung.

Entfernen Sie die Flecke, indem Sie sie in Kerosin einweichen. Rollen Sie das Material auf und warten Sie 24 Stunden.

Schweißflecken

Weichen Sie in Ammoniak und Wasser ein oder benutzen Sie einen Schwamm.

Rost

Verwenden Sie mit Salz vermischten Zitronensaft. Lassen Sie an der Sonne trocknen und waschen Sie sodann.

Kerosin entfernt Rostflecken von Küchenfliesen. Nach ein paar Stunden waschen Sie mit heißem Seifenwasser aus.

Wachs

Lassen Sie das Wachs erhärten und kratzen Sie soviel wie möglich ab, den Rest entfernen Sie mit Spiritus.

Wein

Streuen Sie sofort auf den Fleck Salz. Spülen Sie vor dem Waschen mit kaltem Wasser.

Um Weinflecken (Rotwein eingeschlossen) aus dem Teppich zu entfernen: Gießen Sie etwas Sodawasser oder Mineralwasser sofort auf den Fleck. Warten Sie einige Minuten und nehmen dann die Flüssigkeit mit einem sauberen Handtuch auf.

Reinigung von Wildlederschuhen, Taschen und Bekleidung

Halten Sie den Gegenstand über Wasserdampf aus der Tülle des Teekessels und bürsten Sie mit einer Drahtbürste. Hierdurch wird »flaches« Wildleder wieder flauschig.

Lederstiefel-Politur

Verschmelzen Sie gleiche Anteile Paraffin, Vaseline und Klauenöl zusammen. Füllen Sie ab. Putzen Sie die Schuhe bei Bedarf damit. Vaseline macht das Leder wasserdicht.

Schuhcreme (farblos)

100 g Bienenwachs
100 g weißes Wachs
50 g Seife
1 l Terpentin

Schneiden Sie Wachs und Seife in feine Schnitzel (ein altes Teppichmesser ist gut für diesem Zweck). Gießen Sie das Terpentin auf und lassen Sie 24 Stunden stehen. Dann geben Sie 1 l kochendes Wasser dazu. Rühren Sie gut, bis die Lösung kalt ist. Wenn das Gemisch zu dick ist, geben Sie etwas mehr Terpentin zu. Bewahren Sie die Schuhcreme in fest verkorkten Flaschen.

Wasserdichte Lederschuhe

Schmelzen Sie 2 Teile Bienenwachs mit 1 Teil Hammelfett und schmieren Sie das Leder damit über Nacht ein. Reiben Sie die Stiefel am nächsten Morgen mit einem nassen Flanelltuch ab. Zunächst lassen sich die Stiefel oder Schuhe nicht gut polieren, hat man sie aber mehrere Male geschwärzt, glänzen sie brillant. Gut bei Schnee und Regenwetter.

Verhindern, daß Schuhe brüchig werden

Um zu verhindern, daß neue Schuhe brüchig werden, nimmt man etwas kochendes Leinsamenöl und reibt es mit einem Stück Flanell oder Lappen ein; reiben Sie auch über die Sohlen und die Schuhkanten. Drehen Sie die Sohlen nach oben, bis sie völlig trocken sind. Diese Methode verhindert nicht nur ein Brüchigwerden, sondern hält auch die Feuchtigkeit ab.

Schuhe biegsam machen

Kerosin macht Stiefel und Schuhe, die durch Wasser hart geworden sind, wieder weich und macht sie so biegsam, als wenn sie neu wären.

Behandlung von Armeestiefeln

Armeestiefel (oder Arbeitsstiefel) erfordern erhebliche Arbeit, bis sie glänzen.

Tragen Sie Schuhcreme dick mit einem nassen Lappen auf. Dann erwärmen Sie einen alten Löffel über Gas oder anderer Wärmequelle und streichen mit der konvexen Seite gleichmäßig über die Stiefel. Wenn sich ein singendes Geräusch einstellt, wird die Politur vom Leder aufgenommen. Nach einigen Reinigungsgängen glänzen die Stiefel wie Lackleder.

Lackleder

Lacklederartikel bleiben in gutem Zustand, wenn man sie alle paar Monate leicht mit Vaseline einreibt und mit einem sauberen Tuch poliert.

Die Antwort ist eine Zitrone!

Zitronensaft, Kerne und Schale sollten niemals weggeworfen werden. Für viele praktische Verwendungszwecke, vom Weichmachen der Finger bis zur Reinigung von Messing oder Kupfer . . . die Antwort ist eine Zitrone!

Deodorant

Vermischen Sie den Saft einer Zitrone mit 1 l starkem Tee. Füllen und lagern Sie die Flüssigkeit in einem alten Spraybehälter. Sprühen Sie Räume damit aus, um ihnen einen frischen Duft zu geben.

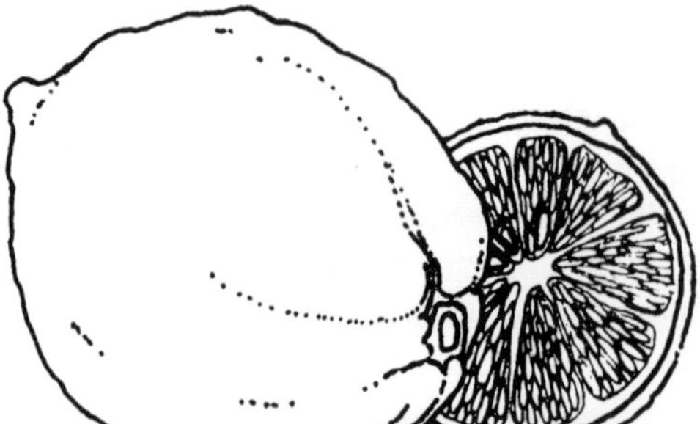

Haarspülung

1. Geben Sie den Saft einer Zitrone nach dem Seihen durch ein Tuch in eine Schüssel mit warmem Wasser. Spülen Sie Ihr Haar nach dem Waschen, um es glänzend zu machen und spülen Sie mit Wasser nach.
2. Weichen Sie ½–1 Zitrone in lauwarmem Wasser ein. Drücken Sie die Schale aus. Spülen Sie Ihr Haar nach dem Waschen.

Haut-Konditionierer

Geben Sie Zitronenschalen ins Badewasser. Quetschen Sie sie aus und reiben Sie Ihre Haut mit der Zitrone ab, um sie weich und hell zu machen. Es duftet hinreißend! Zitronenschale macht auch die Fingernägel weiß.

Münzen reinigen

Um Belag von Münzen zu entfernen und sie zu reinigen, weichen Sie sie über Nacht in Zitronensaft ein und waschen sie dann in warmem Wasser. Reiben Sie die Münzen mit einem weichen Tuch trocken.

Entfernen von Streichholz-Verunreinigungen

Reiben Sie das Kleidungsstück oder anderen Gegenstand mit einem Zitronenstück ein und anschließend mit einem in Wasser getauchten Lappen ab.

Flecken: Man kann Tintenflecke aus weißer Kleidung entfernen, indem man sie mit Zitrone und Salz einreibt und dann wäscht. Diese Behandlung bewährt sich auch bei Schimmel und Mehltau.

Entfernen Sie Rostflecke aus Baumwollbekleidung mit Zitronensaft, der mit Salz und Borax vermischt wurde.

Reinigung von Silber

Es ist die Praxis ostindischer Juweliere, Silber und Gold niemals mit abschleifenden Substanzen in Berührung zu bringen. Sie schneiden einige saftige Zitronen in Scheiben; mit diesen reiben sie große Silber- oder plattierte Gegenstände schnell ab und lassen sie mit den Zitronenscheiben bedeckt einige Stunden in einer Pfanne liegen.

Zur Vertreibung von Ameisen

Legt man Zitronenscheiben auf den Pfad, werden die Ameisen verschwinden und keinen einfachen Weg darum herum finden.

Reinigung von Messing

Genauso wie die im Küchenabschnitt angegebenen Methoden können Sie eine halbe Zitrone, in etwas Salz getaucht, zur Reinigung von Messingwaren verwenden.

Angelaufenes Kupfer

Vermischen Sie einen Eßlöffel Salz mit Essig, tauchen Sie ½ Zitrone hinein und reiben Sie das Kupfer kräftig ab, um Beschlag und Grünspan zu entfernen.

Aufbewahrung von Zitronen

Bewahren Sie Zitronen in einem verschlossenen Gefäß in kaltem Wasser auf. Wechseln Sie das Wasser zweimal wöchentlich und die Zitronen bleiben eine lange Zeit lang saftig und frisch.

Bei Halsschmerzen

Bereiten Sie ein Gemisch aus Zitronensaft, Salbeitee und Honig zu und gurgeln Sie damit, bevor Sie zu Bett gehen.

Weitere Anwendungsmöglichkeiten ...

Ein paar dem Wasser zugesetzte Tropfen Zitronensaft verleihen Glas oder Fenstern beim Reinigen Glanz ... bleicht Reis und trennt die Körner beim Kochen ... entfernt Flecken vom Prozellan. Setzen Sie ein paar tropfen Zitronensaft als Verdicker zu, wenn Sie Sahne schlagen. Ein paar Tropfen Zitronensaft lassen Schuhe glänzen!

Haarbürsten und Kämme

Um Haarbürsten und Kämme zu reinigen, weichen Sie sie in kaltem Wasser mit etwas Ammoniak ein.

Aufhellung von Silberringen

Um stumpf gewordene Silberringe aufzuhellen, weichen Sie sie über Nacht in ein Gemisch aus einer halben Tasse Wasser mit zwei Eßlöffeln Backpulver ein. Spülen Sie gut und polieren Sie mit einem sauberen Tuch.

Wie entfernt man einen zu festen Ring vom Finger?

Streichen Sie erst etwas weiche Seife um den Ring. Wenn das nichts nutzt, tun Sie etwas Baumwolle zwischen Ring und Finger. Nehmen Sie eine feine Nadel. Ziehen Sie den Faden in Richtung auf die Hand. Dann ziehen Sie das andere Fadenende fest und gleichmäßig um den Finger in Richtung auf die Spitze. Halten Sie nun das andere Ende des Fadens mit der Hand und wickeln sie ihn auf. Auf diese Weise wird der Ring vom Finger gelöst und über den festgewickelten Faden abgleiten.

Klebstoff und Tinte

Porzellan kitten

Um Porzellan zu kitten, stellen Sie eine dickliche Lösung aus Gummi arabicum und warmem Wasser her und rühren Sie Gips hinein, bis er ziemlich dick ist. Tragen Sie die Paste mit einer Bürste auf die zerbrochenen Teile auf und drücken Sie sie zusammen. Diese Paste ist weiß.

Verkleben von Glas und Porzellan

Vermischen Sie ½ Tasse Kaseinpulver und ¼ Tasse Borax. Zum Zubereiten einer Paste geben Sie heißes Wasser zu. Dieser Klebstoff bleibt in einer fest verschlossenen Flasche oder einem Krug haltbar und man kann damit Glas, Prozellan oder Papier kleben.

Wirksamer Klebstoff

Vermischen Sie eine Handvoll Ätzkalk mit 125 g Leinsamenöl. Kochen Sie beides auf eine geeignete Dicke ein, breiten Sie das Gemisch im Schatten auf Blechplatten aus und es wird sehr hart werden, kann jedoch über Feuer schnell wieder gelöst werden. Dieser Klebstoff verbindet Holz mit Holz perfekt, ist feuer- und wasserbeständig.

Mehl- und Wasserpaste.

Dies ist ein altes Familienrezept zur Leimherstellung. Geben Sie zu einer Tasse Mehl genügend Wasser hinzu, um eine dicke Paste zu erhalten, die Papier und Pappe und auch Pappmaché verklebt. Diese Paste hält nur eine Woche lang.

Knetmasse

Geben Sie die Bestandteile der Reihenfolge nach in einen großen Topf auf mäßiger Flamme und vermischen Sie sie gut.

2 Tassen Mehl
2 Tassen warmes Wasser

2 Eßlöffel Öl
2 Eßlöffel Weinstein
1 Tasse Salz

Vermischen Sie diese Bestandteile, bis sich eine brauchbare Konsistenz ergibt. Bringen Sie sie in eine andere Schüssel und kneten und schlagen Sie sie ein wenig. Formen Sie sie sodann in faustgroße Stücke, so daß man zwei zur gleichen Zeit verwenden kann. Man braucht das Gemisch nicht in den Kühlschrank zu stellen; ein luftdichtes Gefäß tut es auch und es wird nicht austrocknen. Lagern Sie jedoch den Rest im Kühlschrank, bis er benötigt wird.

Tinte

Wunderschöne blaue Schreibflüssigkeit: Lösen Sie Preußischblau in Regenwasser; Sie erhalten die beständigste und schönste blaue Tinte.

Schwarze Tinte: 100 g Schellack, 50 g Borax, 1 l Wasser. Kochen Sie, bis sich die Bestandteile gelöst haben, und geben Sie 50 g in ein wenig in heißem Wasser gelösten Gummi arabicum dazu; lassen Sie aufkochen. Geben Sie ein gut zerriebenes (gerieben oder pulverisiert) Gemisch aus gleichen Anteilen Indigo und Ruß hinzu, um die richtige Farbe zu erzielen. Nach siebenstündigem Stehen geben Sie die Flüssigkeit in Fläschchen.

Häusliche Ratschläge

Wenn Sie Ihren neuen Lebensstil mit wenig Geld beginnen, oder Ihren alten mit weniger Einkommen fortführen, sollten diese praktischen Ideen Ihnen helfen.

Sich auf sich selbst verlassen und es selber machen, so daß man mit sehr wenig auskommt, erfordert Zeit, Energie, Motivation, Nachdenken, Phantasie, Findigkeit, Verstand und Geduld.

Fragen Sie sich selbst, ob Sie irgendein Problem oder ein Bedürfnis durch ein Ersatzprodukt, eine andere Verfahrensweise oder ein selbst gebasteltes Gerät überwinden können. Halten Sie sich an die Devise: Ist Kaufen wirklich notwendig?

Saugpapierrollen

Zum Aufsaugen von Fetten und Ölen bewahren Sie alles Papier auf, das Sie beim Fleischer und Bäcker bekommen. Schneiden und säumen

Sie ausgefranste Handtücher, Kopfkissenbezüge und Laken usw. als Küchen- und Handtücher.

Einwickelmaterial für den Lunch

Das obige Papier und Tüten oder auch dünne Stücke eines alten Bettlakens (sehr geeignet für Sandwiches). Befeuchten Sie das Papier, aber nicht zu naß, wickeln Sie die Sandwiches ein und tun Sie sie in eine der wiederverwendbaren Kunststofftüten. So behandelte Sandwiches bleiben bis zu 24 Stunden frisch.

Schreib-, Notizblöcke, Mal- und Zeichenpapier für die Kinder

Fragen Sie bei Schulen und Büros, die Computer benutzen, nach überschüssigem Druckpapier. Auf einer Seite ist das Papier bedruckt, auf der anderen nicht. Es sind große Blätter (370 mm × 280 mm) und oft kontinuierliche, perforierte Sätze.

Regal- und Schubladen-Auslegepapier

Alles hier erwähnte Papier kann hierfür verwendet werden; soll es haltbareres, abwaschbares Material für die Küche sein, durchstöbern Sie Maler- und Papiergeschäfte oder große Supermärkte nach billigen Rollen ausgelaufener Tapeten.

Brotkrumen

Altbackenes Brot wird in einem Ofen bei mittlerer Hitze langsam goldgelb getrocknet und mit einem Nudelholz zerkleinert. Bewahren Sie es in einem Steinkrug mit einem Stück Saugpapier auf dem Boden und einem Deckel auf; oder tun Sie das Brot im Kunststoffbeutel in den Kühlschrank (entfernen Sie jedoch zunächst jegliche Luft aus dem Beutel).

Crackerartige Kekse

Einen Tag altes Brot wird dünn geschnitten und langsam auf einem Blech in einem mäßig warmen Ofen goldgelb und knusprig gebacken. Bewahren Sie es in einem Steinkrug oder einer Büchse auf, die mit Saugpapier ausgelegt sind, nicht jedoch im Kühlschrank.

Die so hergestellten Cracker sind viel schmackhafter als gekaufte, insbesondere, wenn man Sie gleich aus dem Ofen mit süßem oder würzigem Aufstrich verzehrt. Als ich ein Kind war, nannten wir es »Feen-

Brot«. Zum Würzen bestreichen Sie die einen Tag alten Brotscheiben mit Butter und bestreuen sie mit Parmesankäse oder getrockneten Kräutern, Kümmel, Knoblauch, Knoblauchsalz und Kräutersalzen.

Reinigung von Flüssigkeiten, Insektensprays und Spraydosen

Heben Sie alle nachfüllbarem Spraybehälter aus Plastik auf oder organisieren Sie welche, die man auffüllen kann, und füllen Sie sie mit Ihren eigenen Mixturen.

Schubladen und Schränke mit Silberfischbefall und Staub

Streuen Sie grobes Salz in die Ecken und Spalten, um die Silberfische zu vernichten. Benutzen Sie das Salz, um muffige Schubladen und Schränke aufzufrischen. Salz ist hygroskopisch - es absorbiert die Feuchtigkeit aus der Atmosphäre - lassen Sie es deshalb kurzzeitig einwirken, insbesondere bei schwülem Wetter.

Alte Teppiche und Polstermöbel

Zum Aufhellen alter Teppiche und Polstermöbel benutzt man ebenfalls Salz. Bürsten Sie die Gegenstände mit dem Salz und entfernen Sie es sodann sorgfältig.

Reinigung von Teppichen und Polstermöbeln

1. Lösen Sie ½ Tasse Seifenflocken oder geriebene Seife in kochendem Wasser. Lassen Sie abkühlen und schlagen Sie die Lösung steif. Benetzen Sie jeweils nur eine kleine Fläche. Wenn die Lösung eingetrocknet ist, entfernen Sie den Rückstand und reiben mit einem feuchten Tuch nach. Wenn das Gewebe fast trocken ist, bürsten Sie es aus.

2. Sie können natürlich auch ein Reinigungsmittel benutzen. Geben Sie genügend in eine Schüssel Wasser und erzeugen Sie durch Schlagen mit der Hand einen kräftigen Schaum. Verwenden Sie zur Teppichreinigung eine harte Bürste und für Polstermöbel eine weichere. Erforderlichenfalls reiben Sie den Schaum mit den Händen in den Gegenstand ein. Beim Reinigen von Teppichen werden Sie gelegentlich eine Gabel zum Entfernen der Teppichhaare aus den Borsten benötigen. Wenn der Teppich trocken ist, bürsten Sie ihn aus oder saugen Sie, um das Gewebe aufzulockern.

Geschirrspülen

• *Beim Waschen von Geschirr oder Kleidung mit der Hand benutzen Sie einen Seifenspender oder in einem Netz aufbewahrte Seifenreste und Stücke (ein altes Zwiebel- oder Obstnetz usw.).*

Verwenden Sie einen Seifenspender und einfache Seife; sollten Sie Reinigungsmittel vorziehen, kaufen Sie konzentriertes und vermischen es in 2½-Liter-Behältern.

Sollte Sie der Geruch billiger Reinigungsmittel stören, bereiten Sie einen starken Zitronen-Tee zu und verwenden Sie diesen anstelle von Wasser zum Verdünnen des Konzentrats.

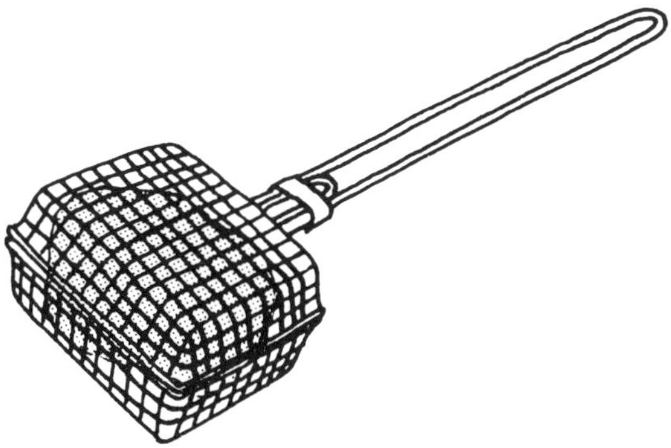

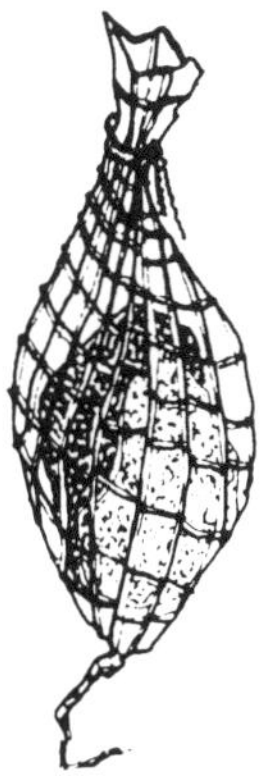

Salben

Sollten Sie sich durch Dornen oder Splitter eitrige Entzündungen oder Verbrennungen zugezogen haben, legen Sie Breiumschläge auf:

1. Rizinusöl mit weißem Mehl zu einer Paste vermischt.
2. Einwandfreie Seife, gerieben (benutzen Sie eine Käsereibe) mit etwas heißem Wasser erweicht und mit weißem Zucker zu einer Paste verarbeitet. Nehmen Sie etwa einen Teelöffel Zucker auf einen Eßlöffel Seife. Diese Paste härtet viel schneller als die diejenige unter 1).
3. Um Giftstoffe aus eiternden und verkrusteten Wunden vor der weiteren Behandlung zu entfernen, nehme man zwei Eßlöffel herkömmlicher Stärke, einen Eßlöffel Borsäure, vermischt mit etwas kaltem Wasser, dann eine Tasse heißen Wassers, um eine ziemlich dicke

Paste zuzubereiten. Lassen Sie vor der Anwendung vollständig abkühlen.

4. Um Verbrennungen zu lindern – ein dickerer Breiumschlag aus Weißbrot, Essig, Borax und Honig, vermischt zu einer Paste. Man kann auch die Salben gemäß 1) und 2) in größeren Mengen anwenden.

Hustenmedizin

Ich hoffe nicht, daß Sie diese schrecklichen Barbiturate kaufen.

1. Ein Eßlöffel Olivenöl, Saft einer Zitrone, ein Eßlöffel Honig, ein Eiweiß. Vermischen Sie alles und reichen Sie alle zwei Stunden einen Teelöffel.
2. Eine mittelgroße, feingehackte Zwiebel, kräftig mit braunem Zucker bestreut. Lassen Sie sie drei Stunden stehen. Der Patient (auch Kinder) kann davon soviel essen, wie er für richtig hält.
3. 50 g Knoblauch (etwa 2 große Zehen). Kochen Sie Nelken in drei Tassen, bis es auf etwa 1½ Tassen eingekocht ist. Seihen Sie durch und geben Sie eine Tasse Honig, eine Tasse Essig hinzu und lassen es etwa 5 Minuten simmern; dann füllt man in Flaschen ab.
4. Ein Teelöffel Glyzerin, ein Eßlöffel Weinbrand, drei Eßlöffel kochendes Wasser. Vermischen Sie. Nimmt man diese Medizin alle halbe Stunde, wird sich ein hartnäckiger Husten lösen.

VERSCHIEDENES

Schnittblumen frisch halten

1. Geben Sie die Stiele in heißes Wasser und belassen Sie sie darin, bis sich das Wasser abgekühlt hat, schneiden Sie dann die Enden ab und stellen Sie die Blumen in Kaltwasser.
2. Ein Stückchen Zucker im Blumenwasser verlängert die Haltbarkeit der Blumen, da der Zucker als »Nahrung« dient.

In Leder gebundene Bücher

Ledereinbände können mit einem Gemisch aus ¼ Tasse Lanolin und ⅓ Tasse Klauenfett konditioniert werden. Erwärmen Sie Lanolin und geben Sie das Klauenfett zu, wenn es sich verflüssigt hat. Bringen Sie das Gemisch mit Gaze oder einem weichen Lappen auf den Einband. Lassen Sie das Buch offen aufgestellt trocknen.

Zum Polieren der Ledereinbände alter Bücher verwende man nur Klauenfett, das man in die Einbände einreibt; sofort mit einem sauberen, weichen Lappen polieren. Ich habe auch Klauenfett zum Restaurieren alter Leineneinbände von Büchern aus dem 19. Jahrhundert benutzt. Insbesondere blaue und rote Deckel und vergilbte Schriften bekommen ihre Farbe wieder.

Schimmel auf Buchdeckeln

Man kann Schimmel von Leinen- oder Ledereinbänden dadurch entfernen, daß man sie leicht mit einem Schwamm und einem Gemisch aus einem Teelöffel Essig pro einer Tasse Wasser abreibt. Man läßt sie sodann in der Sonne oder an der frischen Luft trocknen. Wiederholen Sie die Reinigung erforderlichenfalls.

Parfüm-Stift

Nehmen Sie 40 g Zitronengrasöl, 10 g Nelkenöl und 5 g Lavendelöl. Vermischen Sie sie gut. Für diese Parfümmenge brauchen Sie etwa zwei Liter geschmolzenes Paraffin. Gießen Sie die Öle unter Rühren in das noch warme, geschmolzene Paraffin.

Dieses Parfüm hat nun eine feste, transparente Form und vermittelt, verrieben auf einem Taschentuch, einen exquisiten Geruch. Trägt man es in der Tasche, nimmt die gesamte Kleidung den Duft auf. Legt man es in eine Schublade oder ein Behältnis, nehmen alle darin gelagerten Gegenstände den Duft an.

Behandlung von Schreibmaschinen

Um alte Schreibmaschinen zu reinigen, ölen Sie alle entfernbaren Metallteile mit Nähmaschinenöl. Dann reinigen Sie die Typen mit einer alten, in Spiritus getauchten Zahnbürste. Anschließend reiben Sie die Walze mit etwas Spiritus ab, entstauben die Tasten und wechseln das Farbband aus.

Farbbänder erneuern

Nehmen Sie 10 ml Stempelkissentinte und 20 ml Spiritus und vermischen Sie beides in einem Behälter, der groß genug ist, die Flüssigkeit und das aufgerollte Farbband aufzunehmen. Weichen Sie das Farbband in der Flüssigkeit ein und es sollte genug sein, um das Farbband zu tränken.

Erscheint es Ihnen nicht dunkel genug, wiederholen Sie den Vorgang. Nehmen Sie das Farbband heraus und wickeln Sie es zum Trocknen ab. Am besten legt man es irgendwo im Freien hin, beispielsweise an einen Zaun. Ist es getrocknet, wird es wieder aufgerollt und in die Schreibmaschine eingelegt. Nun können Sie das Schreiben sofort fortsetzen.

Scherenschleifen

Dies ist ein sehr altes Verfahren. Sind die Scheren stumpf, entfernen Sie das Oberteil einer Flasche und schärfen Sie die Scheren durch fünf- oder sechsmaliges Öffnen und Schließen.

Moderner ist es, grobes Sandpapier mehrmals mit den stumpfen Scheren zu schneiden.

Ersatz für Wachs auf Korken

Anstelle der Benutzung von Wachs zum Verschließen von Korken, das beim Einsetzen des Korkens leicht krümeln kann und dessen Teilchen in die Flüssigkeit fallen könnten, sollten Sie den Korken mit einer Gelatinelösung bedecken, die durch Erhitzen in Glyzerin geschmolzen worden ist.

Und so weiter und so weiter - es gibt Tausende von Mitteln, Ersatz, Hinweisen und neuen und alten herumschwirrenden Ideen. Verwerten Sie die Hinweise oder Aufzeichnungen in Ihrem Haus, heben Sie alte und neue technische Daten auf und sammeln Sie nützliche Informationen und Ideen aus Illustrierten, Zeitungen, von Freunden oder aus alten Rezeptbüchern.

Verlassen Sie sich aber hauptsächlich auf Ihren gesunden Menschenverstand - so manch ein altes Hilfsmittel mag überholt sein, mit modernen Materialien und Werkzeugen nur zu unnötigem Aufwand beitragen und viele Bauprinzipien können heutzutage nur Zeit und Energie kosten.

UNGEZIEFER UND INSEKTEN

Finden Sie das Mauseloch!

Ein kleiner Ratschlag an diejenigen, die sich in Ihrem Haus mit Mäusen herumzuärgern haben. Wenn Sie die Löcher, durch die die Mäuse von außen hereinkommen, verschließen möchten, jedoch nicht sicher sind, wo sie liegen, streuen Sie etwas Backpulver (oder Ähnliches) vor die verdächtige Öffnung.

Am nächsten Morgen werden Sie möglicherweise eine Spur finden, welchen Weg die kleinen Hausgenossen nahmen.

Ausrottung von Mäusen und Ratten

Vermischen Sie gleiche Anteile an Mehl und Gips mit Milch zu einem Teig. Legen Sie ihn dort aus, wo sich Mäuse und Ratten herumtreiben. Halten Sie Kinder fern.

Ratten und Mäuse auf dem Dachboden

Wo sich Ratten und Mäuse, insbesondere im Herbst, auf dem Dachboden einfinden, kann man sie mit Kampfer vertreiben. Breiten Sie ihn einfach wahllos aus.

Wie hält man Motten vom Kleiderschrank fern?

Befeuchten Sie ein Tuch mit Terpentin und reiben Sie damit alle Beschläge und das Holz im Inneren von Garderoben, Truhen und Schubladen ein.

Vernichtung von Motten und Käfern

Bereiten Sie eine starke Lösung aus Alaun und heißem Wasser und pinseln Sie sie in die Ritzen. Benetzen Sie mottenbedrohte Teppichecken mit dieser Lösung.

Fliegenvernichtung

Ein ganz einfacher Weg, Fliegen aus einem Raum zu verbannen, ist das Entfachen einen Feuers, dem man ein Stück Kampfer beigegeben hat. Der entstehende Rauch vertreibt Fliegen und anderes Ungeziefer.

Fliegenklatsche

Bevor es Insektenvertilgungsmittel gab, benutzten die Menschen Fliegenpatschen mit einem Holzgriff und einer siebartigen Klatsche. Immer noch kann man Fliegenklatschen aus Kunststoff in einschlägigen Geschäften kaufen oder man kann sie natürlich auch selbst herstellen.

Fliegentöter

Vermischen Sie ½ Teelöffel schwarzen Pfeffer, einen Teelöffel braunen Zucker und etwa einen Teelöffel Sahne (es kann die sich auf einer Milchflasche abgesetzte Sahne sein). Stellen Sie diese Mischung in einem Topf auf die Küchenbank. Die Fliegen fressen davon und werden getötet.

Wie man Fliegen vertreiben kann.

Reiben Sie Fenster und Türen mit einem in Lavendelöl oder Zwiebelwasser getauchten Tuch ab. Die Fliegen werden fern bleiben.

Fliegenfalle aus Fleisch

Diese Fliegenfalle besteht einfach aus einem Marmeladenglas mit einem etwa 5 mm großen Loch im Deckel. Bedecken Sie in dem Glas einen Fleischhappen mit Wasser.

Wenn das Fleisch in Verwesung übergeht, werden allerlei Fliegenarten angelockt. Sie kriechen durch das Loch in das Glas, verzehren das Fleisch und sind unfähig, den Rückweg zu finden.

Wenn nach einigen Tagen der Zersetzungsgeruch des Fleisches und der Fliegen unangenehm wird, kann man diese Art Fliegenfalle vernichten. Wir haben viele dieser Gläser bei uns aufgestellt. In weniger als vier Wochen waren einige der Gläser bis zur Hälfte mit toten Fliegen gefüllt, etwa 2000 in jedem Glas.

Man entledigt sich der toten Fliegen, indem man die Gläser auf Zeitungspapier ausleert und den Inhalt verbrennt. Während unserer Arbeit wird uns dennoch bewußt, daß diese Fallen nicht 100%ig wirksam sind. Immer noch gibt es wenigstens eine Fliege, die sich auf unser duftendes Fleischstück setzt!

Ameisen-Vernichtung

Ein Gemisch aus einem Eßlöffel Borax mit zwei Eßlöffeln Kakao (oder Kristallzucker und Honig) tötet Ameisen. Stellen Sie das Gemisch in Deckeln von Gläsern in den Laufweg der Ameisen. Halten Sie es jedoch von Nahrungsmitteln, Haustieren und Kindern fern. Ameisennester zerstört man mit kochendem Wasser.

Knochenmehl gegen Ameisen

Um den Garten und das Haus frei von Ameisen zu halten, streue ich Knochenmehl im Garten aus. Am nächsten Tag sind alle Ameisen verschwunden. Knochenmehl kauft man beim Gärtner und es ist auch ein ausgezeichnetes Düngemittel für den Garten.

Ameisenbisse

Sind Sie von einer Ameise gebissen worden und haben einen Farn in der Nähe, reiben Sie den Saft des Stempels so schnell wie möglich in die Bißstelle. Ich bekam schmerzhafte Schwellungen, die fast eine Woche dauerten, bevor ich diesen Rat bekam.

Bisse und Stiche

Bei Bissen und Stichen von Mücken oder anderen Insekten verwenden Sie Ammoniak oder ein Gemisch aus Essig und Glyzerin.

Geeignet bei Bissen

Legen Sie einen Breiumschlag aus Brot, Essig, Borax und Honig auf. Erwärmen Sie den Honig, damit er sich mit den anderen Bestandteilen vermischt. Dieser Brei zieht das Gift, auch von Dornen usw., ab.

Vertilgung von Küchenschaben

Sprühen Sie ein 50:50-Gemisch von Borax und braunem Zucker hinter Schränke, unter den Abfluß und solche Stellen, wo Küchenschaben sich üblicherweise aufhalten. Dieses alte Rezept wirkt noch immer. Man kann auch Pyrethrumpulver benutzen.

Küchenschaben-Falle

Ein auf den Boden eines Marmeladenglases gelegtes Bananenstück zieht die Küchenschaben an. Schmieren Sie etwas Petrolatum auf die obere Innenseite des Glases und sie werden nicht mehr herauskommen. Verschrauben Sie das Glas und werfen es auf den Müll.

HAUSGEMACHTE SEIFE

Hausgemachte Seife ist das Ergebnis der Einwirkung von Alkali auf Fett.

Die Lauge erhält man entweder von Ätznatronflocken (Natriumhydroxid) aus der Dose oder aus Wasserlauge, die aus kochendem Wasser über Pottasche erhalten worden ist. Die Lauge wird sodann durchgeseiht.

Das Fett ist gewöhnlich tierisches Fett und muß sauber und frei von Salzen sein; es kann aber auch ein Pflanzenöl oder ein Gemisch aus Fett und Öl sein.

Beim Waschen erzeugt das Fett einen schäumenden Sud und verliert Verunreinigungen. Durch den ätzenden Charakter werden unerwünschte Fettbestandteile aufgebrochen und das Wasser löst die Lauge und wäscht alle Verunreinigungen aus.

So hergestellte Seife enthält keine schädlichen Mittel oder Phosphate, die ein Algenwachstum und somit eine Verunreinigung im Abwassersystem hervorrufen. Mit dem Sud hausgemachter Seife kann man Pflanzen gießen und auch sicher Blattläuse und andere Insekten bekämpfen.

Mit selbstgemachter Seife sparen Sie nicht nur einige Mark, sondern Sie haben auch Spaß beim Baden! Es kann zu einem kreativen Handwerk werden, denn die von Ihnen selbstgemachte Seife hat ihren eigenen Charakter - sie riecht natürlich und kann in verschiedene Formen gebracht werden. Sie können sie natürlich auch einfärben, einkerben oder mit Duftstoffen versehen. Die Seife ist ein geeigneter Gegenstand zum Handeln oder um sie in Kunstgewerbeläden zu verkaufen.

Warnung

Ätznatron und Lauge sind giftig und können, werden sie getrunken, tödlich wirken. Man kann sich auch ernstliche Verbrennungen zuziehen. Lassen Sie beide Bestandteile niemals mit Ihrer Haut oder den Augen in Berührung kommen; die Dämpfe werden Ihren Hals irritieren. Lesen Sie die Gebrauchsanweisung sorgfältig. Lagern und benutzen Sie Ätznatron und stellen Sie Seife nur außerhalb der Reichweite von Kindern her. Tragen Sie Gummihandschuhe und alte Kleidung, da die Lösung ätzend ist. Eine gute Idee wäre, Ihre Seife außerhalb des Hauses herzustellen. Verwenden Sie zusammen mit Ätznatron keine Aluminiumgegenstände und auch kein galvanisiertes Eisen oder Blech.

Ausrüstung

Zur Seifenherstellung benötigen Sie:

- Einen Mischtopf, ein großes Gefäß oder eine Schüssel aus Emaille, Glas oder Steingut. Ein Steingutkrug ist für die Seifenherstellung am besten geeignet. Benutzen Sie keine Töpfe oder Ausrüstungsgegenstände aus Aluminium, Blech, Eisen oder Kunststoff, da Ätznatron Löcher hineinfrißt.

- Einen Holzlöffel, Holzstock oder einen alten Besenstiel zum Rühren des Gemischs.
- Formen, in denen man das Seifengemisch verfestigen läßt, sollten vorzugsweise aus Glas, Emaille, gefetteten Holzbehältern, mit Wachspapier überzogenen Milchbehältern oder ähnlichen Behältern bestehen, die mit dickem Kunststoff aus einem Müllsack, Wachspapier, feuchtem Baumwolltuch oder Musselin ausgekleidet werden. Verwenden Sie eine Vielzahl an Größen und Formen für Ihre Gießformen, wie Dreiecke von gewachster Pappe oder runde Margarinedosen. Am besten eignen sich Behälter mit einer Tiefe von 5–7 cm. Sie können auch Seifenbälle formen oder Seifenstangen in die gewünschte Form schneiden und einkerben.

Bestandteile

- Fett. Talg (geklärtes Rinderfett) ergibt die härteste Seife, Schmalz (Schweinefett) ist gut und Hammel- und Ziegenfett ist ebenfalls geeignet. Übriggebliebenes Bratenfett vom Kochen von Schinken und Wurst oder von der Suppenoberfläche abgeschöpftes Fett können für die Seifenherstellung geklärt werden. Sie können natürlich auch Talg, Nierenfett oder Fettklumpen und -abfälle billig beim Fleischer kaufen (sagen Sie ihm, wofür es gedacht ist) und diese Abfälle klären. Sauberes, weißes Schmalz kann man in Supermärkten kaufen.
- Pflanzenöle können allein oder vermischt zur Seifenherstellung verwandt werden, so daß auch Vegetarier ihre eigene Seife herstellen können. Diese Öle sind allerdings ziemlich teuer und ergeben meistens eine weiche Seife, die sich nicht sehr lange hält. Das Bratenfett von Gemüsen ergibt eine ziemlich gute Seife. Aus tierischem Fett, vermischt mit Pflanzenöl, kann man die besten Toilettenseifen herstellen, wie die berühmte Castile-Seife Spaniens, die ein Gemisch aus Olivenöl und Talg ist.

Zu weiteren bei der Seifenherstellung geeigneten Pflanzenölen gehören Kokosnußöl, Palmkern, Leinsamen, Mandelöl und sogar Rizinusöl. Kokosnußöl hat den Vorteil, daß es auch in Salzwasser schäumt, es kann jedoch einige Hauttypen irritieren, wenn jemand gegen Lanolin allergisch ist, das einigen handelsgängigen Seifen zugesetzt wird. Aus Mineralölen kann man natürlich keine Seife herstellen.

- Wasser. Haben Sie Regenwasser verfügbar, benutzen Sie es, oder kochen Sie Leitungswasser auf, vielleicht mit einigen Kräutern, um die Seife zu parfümieren, bevor Sie sie benutzen. Hartem Wasser wird zum Weichmachen Borax zugesetzt, das auch zu einer Schäumung der Seife führt. Waschpulver (Natriumkarbonat) kann man ebenfalls zum Weichmachen des Wassers verwenden.

- Ammoniak, eine schwache Lösung aus Aluminiumhydroxid in Wasser und ein Allzweckreiniger entfernt Fett und Schmutz und wird einigen Seifenrezepten zugesetzt.

- Glyzerin ist ein Nebenprodukt oder »Verunreinigung«, das von Seifenherstellern aus der Seife entfernt und wiederverkauft wird, da hierdurch die Härtung verringert wird. Bei hausgemachten Seifen behält man Glyzerin meistens bei (oder setzt es sogar zu), da es eine gute Oberflächenbeschaffenheit und Weichheit bedingt.

- *Hausgemachte Seife*

1. Verwenden Sie eine flache Seifenform
2. Gießen Sie das Gemisch in die Form
3. Lassen Sie es sich einen Tag verfestigen
4. Schneiden Sie es in Stücke und lassen Sie 4–8 Wochen härten.

Parfümieren Sie Ihre hausgemachte Seife durch Zusatz von aromatischen Kräuterölen oder einem Gemisch aus Ölessenzen zum kalten Seifengemisch, während es noch flüssig ist und kurz bevor Sie es in die Formen gießen. Versuchen Sie die folgenden Öle: Nelken, Zimt, Zitronen (auch ein Mittel gegen Insekten), Eukalyptus, Lavendel, Zitronengras, Pfefferminz, Jasmin, Patschuli, Rose, Rosmarin, Salbei und Thymian. Citrusöl oder Saft verbessert den Geruch.

Fertige Seifenstücke

- Färben von Seife ist eine knifflige Angelegenheit. Stellen Sie Versuche an, indem Sie zerbröckelte Wachskreide, Kerzenfarbstoff (etwa ein Teelöffel) oder Lebensmittelfarbstoffe zusammen mit dem Parfümierungsstoff hinzugeben. Fichtenharz wird gewöhnlich zu Waschseife zugesetzt, um sie gelb zu färben.

Anmerkungen zur Seifenherstellung

Wenn Sie die folgenden, einfacheren Rezepte ausprobieren, beachten Sie bitte die folgenden Anmerkungen:

Geben Sie das Ätznatron immer zu dem Wasser. Da die chemische Reaktion im Gemisch extrem heftig verläuft, wird es spritzen und gefährlich kochen, wenn Sie es andersherum machen.

Einfache Seife
500 g Ätznatron
1½ l Regenwasser
3 kg ausgelassenes tierisches Fett (Sie können auch ein paar Flaschen Oliven- oder Pflanzenöl verwenden).

Geben Sie das Ätznatron in einen großen Topf Wasser und rühren Sie, bis es gelöst ist (die chemische Reaktion der ätzenden Flüssigkeit verläuft heftig). Kühlen Sie ab, bis die Flüssigkeit lauwarm ist. Schmelzen Sie das Fett unter Erhitzen und geben Sie die Flüssigkeit (oder nicht erhitztes Öl) hinzu. Rühren Sie etwa 5 Minuten.

Gießen Sie die Flüssigkeit in mit Baumwollstoff ausgelegte flache Dosen und belassen Sie diese einen Tag an einem warmen Ort. Schneiden Sie die Seife in Riegel (oder stürzen Sie die Masse wie Margarinewürfel). Benutzen Sie die Seife erst nach sechs Wochen.

Benutzen Sie die Seife gerieben in der Waschmaschine oder in Riegel geschnitten für die Küche und das Bad.

Seemanns-Seife

Anstelle von Fett oder Öl wird hier Kokosnußöl eingesetzt. Der Vorteil besteht darin, daß die Seife in Salzwasser schäumt.

Parfümierte Toilettenseife
2¼ kg Rinder- oder Hammelfett (geklärt)
500 g Ätznatron
1 Liter Wasser
2 Eßlöffel Borax
2 Eßlöffel Ammoniak
10 g Lavendelöl (oder andere Ölessenzen)

Es ist ein sehr altes Rezept. Lösen Sie Ätznatron in kaltem Wasser. Am nächsten Tag schmelzen Sie das Fett bei niedriger Temperatur und lassen es ein wenig auskühlen, aber nicht verfestigen. Schlagen Sie es nach und nach in die Lauge (Ätznatronlösung). Geben Sie Kräuteröle, Borax und Ammoniak – in dieser Reihenfolge – zu und schlagen Sie die

Mischung gut. Gießen Sie sie in Formen mit dem gewünschten Muster. Man kann die Seife nach etwa zehn Stunden schneiden. Belassen Sie sie nicht länger als 12 Stunden in der Form, weil sie dann zu hart wäre. Eine wahlweise Methode:

Geben Sie Lavendel- oder ein anderes Kräuteröl zu, bevor Sie das Seifengemisch in die Form gießen; etwa ein Teelöffel (5 ml) sollte ausreichend sein. Anstelle eines Teils des tierischen Fetts können Sie auch Olivenöl verwenden.

Haushaltsseife

1¼ kg gelöschter Kalk
2½ kg Waschpulver (Natriumkarbonat)
3 kg tierisches Fett (geklärt)
3 Eßlöffel Borax
12 l Regenwasser

Kochen Sie Wasser, Kalk und Waschpulver eine Stunde. Lassen Sie das Gemisch über Nacht stehen. Gießen Sie es am nächsten Tag durch, geben Sie die weiteren Bestandteile zu und lassen es sodann weitere drei Stunden unter ständigem Rühren kochen.

Gießen Sie es in eine Form oder anderes Behältnis und schneiden Sie Seifenriegel nach dem Erkalten.

Hafermehlseife

Stellen Sie eine gesättigte Lösung aus Borax her und geben Sie alle Seifenreste hinein. Setzen Sie etwas Glyzerin zu. Lassen Sie das Gemisch kochen, bis die Seife gelöst ist. Lassen Sie zu einer cremigen Substanz kochen oder setzen Sie mehr Glyzerin zu, wenn das Gemisch zu dick wird. Dann rühren Sie Hafermehl hinein, bis sich eine weiche Paste ergibt. Rühren Sie bis zum Abkühlen und bis es zu härten beginnt. Füllen Sie die Masse in eine gefettete Holzform, stürzen Sie sodann und schneiden Sie sie in die gewünschten Stücke.

Sandseife

Wenn Sie Sandseife haben wollen, gehen Sie nach dem obigen Rezept vor und setzen Sie etwas raffinierten oder gesiebten Sand während des Kochens hinzu. Hiermit kann man die schmutzigsten Hände reinigen.

Eine andere Sandseife

Nehmen Sie einen Riegel Waschseife oder hausgemachter Seife, zerkleinern Sie diese und geben Sie die Seife zu einem Liter Wasser in einen Kochtopf. Rühren Sie, während sich die Seife auflöst und geben Sie dann ein 50:50-Gemisch sauberen, feinen Sandes und weißer Holzasche (sorgfältig gesiebt) zu. Rühren Sie, bis das Gemisch fest zu werden beginnt und gießen Sie es in Formen.

Seifengelee

Sammeln Sie Abfälle milder Toilettenseife, bis Sie etwa 500 g zusammenhaben. Reiben Sie diese Stücke mit einer Küchenreibe und geben Sie 1 l kochendes Wasser und 1 Eßlöffel Borax zu. Rühren Sie unter Aufkochen und lassen Sie sodann abkühlen, bis sich eine geleeartige Konsistenz ergibt. Bewahren Sie die Seife in einem verschlossenen Glas oder Dose mit Deckel auf.

Man erhält eine weiche, weiße Seife, die sich gut zum Waschen von Decken und Wollsachen eignet.

Kleie-Wasser

Kochen Sie eine große Tasse Kleie in einem Liter Wasser 20 Minuten. Filtern Sie die Kleie ab und verdünnen Sie sie erforderlichenfalls. Waschen Sie damit Gesicht, Arme und Schultern, um die Haut geschmeidig zu machen; waschen Sie auch feine Gewebe darin, anstatt Seife zu benutzen.

Waschen von Leinen

Die holländischen und belgischen Waschfrauen, die Leinen am besten wuschen, haben niemals Soda benutzt, sondern Borax im Verhältnis von einer Handvoll gereinigtem Borax zu 45 l kochendem Wasser. Sie haben fast die Hälfte der Seifenmenge eingespart und Borax hat weder die feinen, geknüpften Spitzen noch die kunstvolle Batik angegriffen.

Castille-Seife (oder kastilianische)
750 ml Olivenöl (1 Flasche)
2 kg Talg
350 g Ätznatron
1 l Regenwasser

Verfahren Sie nach dem gleichen Rezept wie für einfache Seife. Man erhält eine harte, cremige, weiße Seife. Schneiden Sie sie in Riegel, sobald sich das Gemisch in der Form zu verfestigen beginnt, andernfalls wird die Seife brüchig.

Olivenöl ist teuer. Sehen Sie sich in spanischen, italienischen und griechischen Geschäften um, oder versuchen Sie es in großen Mengen zu kaufen, wenn Sie viel feine Seife herstellen wollen.

Badesalze

Zerstampfen Sie 500 g Seifen- oder Waschpulver (Natriumkarbonat). Trocknen Sie das Pulver etwa drei Stunden im Ofen. Füllen Sie das Pulver zusammen mit einigen Scheiben Zitronenschale in ein Glasgefäß. Lassen Sie das Gefäß etwa eine Woche fest verkorkt. Es riecht wie ein Zitronenstrauch.

Wenn Sie die Ätznatronlösung zu dem Fett geben, gießen Sie sie sorgfältig in einem dünnen und langsamen Fluß hinein.

Wenn das Gemisch kalt ist, gießen Sie es in die Formen, seine Konsistenz entspricht Honig (am hölzernen Löffel bleibt es kleben) oder Gelee. Füllen Sie die Formen nicht höher als 2 cm, es sei denn, Sie wollen einen besonderen Effekt, denn die Seifenriegel werden sonst zu groß und lassen sich schlecht handhaben.

Benutzen Sie ein scharfes Messer oder einen Draht, um die Seife in Riegel zu schneiden, wenn sie noch einigermaßen weich ist. Dann stapeln Sie die Seifenriegel übereinander, so daß die Luft zirkulieren kann und lassen Sie sie 4–8 Wochen vor der Benutzung härten (wenigstens aber einen Monat). Das chemische Verseifungsverfahren setzt sich noch eine Weile fort und es liegt noch aktiver Ätznatron vor, so daß die Seife zur Benutzung erst geeignet ist, wenn sie genügend ausgehärtet ist.

Klären von Fett

Um aus Fleischfett Verunreinigungen und Sedimente zu entfernen, erhitzt man es in einer sauberen Eisen- oder Kupferpfanne, wobei man nur soviel Hitze verwendet, daß das Fett ausreichend schmilzt. Passieren Sie es durch feines Leinen- oder Musselintuch oder ein Sieb.

Entfernen von Salz aus Fett

Geben sie das Fett in einen Topf und bedecken es mit Wasser. Lassen Sie aufkochen. Wenn es abgekühlt ist, kann man das Fett auf der Oberfläche abschöpfen und Grieben etc. haben sich auf dem Boden abgesetzt. Bei dieser Verfahrensweise setzen sich Salz und andere Verunreinigungen auf dem Topfboden ab.

Durch beide Methoden kann man jegliches Fleisch von dem Fett trennen und es in kleine Stücke schneiden oder aber vor dem Klären durch einen Fleischwolf geben.

Wasser weichmachen

Um Wasser weichzumachen, geben sie einen Eßlöffel Ätznatron zu vier Litern Wasser und rühren Sie. Lassen Sie das Gemisch einige Tage stehen. Gießen Sie das Wasser von der Oberfläche ab und Sie haben ein feines weiches Wasser zur Seifenherstellung. Schütten Sie den Rest Wasser mit den Verunreinigungen und Rückständen am Boden fort.